Carl-Auer

Die Reihe »Beratung, Coaching, Supervision«

Die Bücher der petrolfarbenen Reihe *Beratung, Coaching, Supervision* haben etwas gemeinsam: Sie beschreiben das weite Feld des »Counselling«. Sie fokussieren zwar unterschiedliche Kontexte – lebensweltliche wie arbeitsweltliche –, deren Trennung uns aber z. B. bei dem Begriff »Work-Life-Balance« schon irritieren muss. Es gibt gemeinsame Haltungen, Prinzipien und Grundlagen, Theorien und Modelle, ähnliche Interventionen und Methoden – und eben unterschiedliche Kontexte, Aufträge und Ziele. Der Sinn dieser Reihe besteht darin, innovative bis irritierende Schriften zu veröffentlichen: neue oder vertiefende Modelle von – teils internationalen – erfahrenen Autoren, aber auch von Erstautoren.

In den Kontexten von Beratung, Coaching und auch Supervision hat sich der systemische Ansatz inzwischen durchgesetzt. Drei Viertel der Weiterbildungen haben eine systemische Orientierung. Zum Dogma darf der Ansatz nicht werden. Die Reihe verfolgt deshalb eine systemisch-integrative Profilierung von Beratung, Coaching und Supervision: Humanistische Grundhaltungen (z. B. eine klare Werte-, Gefühls- und Beziehungsorientierung), analytisch-tiefenpsychologisches Verstehen (das z. B. der Bedeutung unserer Kindheit sowie der Bewusstheit von Übertragungen und Gegenübertragungen im Hier und Jetzt Rechnung trägt) wie auch die »dritte Welle« des verhaltenstherapeutischen Konzeptes (mit Stichworten wie Achtsamkeit, Akzeptanz, Metakognition und Schemata) sollen in den systemischen Ansatz integriert werden.

Wenn Counselling in der Gesellschaft etabliert werden soll, bedarf es dreierlei: der Emanzipierung von Therapie(-Schulen), der Beschreibung von konkreten Kompetenzen der Profession und der Erarbeitung von Qualitätsstandards. Psychosoziale Beratung muss in das Gesundheits- und Bildungssystem integriert werden. Vom Arbeitgeber finanziertes Coaching muss ebenso wie Team- und Fallsupervisionen zum Arbeitnehmerrecht werden (wie Urlaub und Krankengeld). Das ist die Vision – und die politische Seite dieser Reihe.

Wie Counselling die Zufriedenheit vergrößern kann, das steht in diesen Büchern; das heißt, die Bücher werden praxistauglich und praxisrelevant sein. Im Sinne der systemischen Grundhaltung des Nicht-Wissens bzw. des Nicht-Besserwissens sind sie nur zum Teil »Beratungsratgeber«. Sie sind hilfreich für die Selbstreflexion, und sie helfen Beratern, Coachs und Supervisoren dabei, hilfreich zu sein. Und nicht zuletzt laden sie alle *Counsellor* zum Dialog und zum Experimentieren ein.

Dr. Dirk Rohr
Herausgeber der Reihe »Beratung, Coaching, Supervision«

Torsten Nicolaisen

Emotionen in Coaching und Organisationsberatung

45 Praxis-Tipps für den Umgang mit bewegten Gemütern

2019

Themenreihe Beratung, Coaching, Supervision
hrsg. von Dirk Rohr
Umschlaggestaltung: Uwe Göbel
Umschlagmotiv: pixabay
Satz: Verlagsservice Hegele, Heiligkreuzsteinach
Printed in Germany
Druck und Bindung: CPI books GmbH, Leck

Erste Auflage, 2019
ISBN 978-3-8497-0273-1 (Printausgabe)
ISBN 978-3-8497-8172-9 (ePub)
© 2019 Carl-Auer-Systeme Verlag
und Verlagsbuchhandlung GmbH, Heidelberg
Alle Rechte vorbehalten

Bibliografische Information der Deutschen Nationalbibliothek:
Die Deutsche Nationalbibliothek verzeichnet diese Publikation
in der Deutschen Nationalbibliografie; detaillierte bibliografische
Daten sind im Internet über http://dnb.d-nb.de abrufbar.

Informationen zu unserem gesamten Programm, unseren Autoren
und zum Verlag finden Sie unter: **www.carl-auer.de**.

Wenn Sie Interesse an unseren monatlichen Nachrichten
aus der Vangerowstraße haben, abonnieren Sie den Newsletter
unter http://www.carl-auer.de/newsletter.

Carl-Auer Verlag GmbH
Vangerowstraße 14 • 69115 Heidelberg
Tel. +49 6221 6438-0 • Fax +49 6221 6438-22
info@carl-auer.de

Inhalt

Einführung

Emotionen – aktuell, spannend und immer besser erforscht

Das Thema »Emotionen« bewegt die Gemüter. Zunehmend taucht es in Zeitschriften und als Buchtitel auf. Bisweilen wird sogar von einer »emotionalen Wende« gesprochen – was zum Ausdruck bringen soll, dass Gefühle mittlerweile hoffähig geworden sind. Ein großer Teil der Ratgeberliteratur beschäftigt sich mit ihnen. Doch auch in der Wissenschaft nimmt die Auseinandersetzung mit Emotionen zu. Spätestens seit den 1990er-Jahren findet eine eingehende Forschung in verschiedenen wissenschaftlichen Disziplinen statt.

Als Ergebnis dieser Untersuchungen scheint der Mensch in einem sehr viel stärkeren Maß von basalen Emotionen und persönlichen Gefühlen gesteuert zu sein als bisher angenommen. Auf verschiedenen Gebieten, z. B. der Motivationspsychologie und der Neurowissenschaften, wird deutlich, dass menschliches Denken und Handeln von emotionalen Anteilen bestimmt ist (Kuhl 2010; Roth 2011). Hinzu kommt, dass ein Großteil dieser Dynamik unbewusst abläuft und körperliche Prozesse massiven Einfluss darauf haben. Die Gattung Mensch kann deshalb mit Fug und Recht als *Homo sapiens emotionalis* bezeichnet werden.

Emotionen und Gefühle sind komplexe dynamische Gefüge, die sich ähnlich den Naturkräften bewegen. Manchmal scheinen sie zart auf, manchmal entladen sie sich explosionsartig. Sie überkommen eine Person oder ergreifen von ihr Besitz. Sie breiten sich in einer Gruppe aus und scheinen »ansteckend« zu sein. Offenbar können kleinste Auslöser ganze Reaktionsketten in Gang setzen. In der Regel entziehen sie sich der willentlichen Kontrolle und ereignen sich unwillkürlich. Dies kann sehr konkret fassbar sein, wie z. B. wenn man auf eine andere Person wütend ist, oder eher unkonkret und nebulös. Mitteilungen wie »Irgendwie geht es mir schon seit Tagen nicht gut« weisen auf emotionale Anteile hin, die unser Erleben eher diffus beeinflussen. Sie sind noch nicht klar und scheinen konturlos, doch prägen sie das innere Klima. In diesem Fall spricht man von einer »Stimmung«.

Auf solcher Weise steuern Emotionen sowohl das subjektive Erleben als auch das Interagieren und Kommunizieren. Jedes Zustandekommen eines sogenannten Problems ist daher mit emotionalen Anteilen verknüpft. Realität, sowohl in subjektiver als auch in sozialer Hinsicht, wird durch Fühl-Denk-Verhaltensprogramme (Ciompi 1997, 2013) konstruiert.

Emotionen als Motivation, Anlass und Thema der Beratung

Wenn eine Person sich entschließt oder Mitglieder einer Organisation zu der Entscheidung kommen, Coaching oder Beratung in Anspruch zu nehmen, spielen neben oder hinter dem vorgebrachten Anlass Gefühle und Emotionen eine erhebliche Rolle. Dies gilt sowohl für eine persönliche Arbeitsunzufriedenheit als auch für organisationale Veränderungsprozesse wie z. B. Umstrukturierungen oder das Initiieren eines Kulturwandels. Der Coach bzw. Berater tut gut daran, die emotionalen Anteile zu beachten und in die Arbeit einzubeziehen. Erst allmählich verbreitet sich die Einsicht, dass Ratschläge wie »Da müssen sie ihre Emotion zur Seite tun« oder »Das dürfen sie nicht persönlich nehmen« keinesfalls hilfreich sind. Vielmehr wirken sie ähnlich wie die paradoxe Aufforderung »Sei spontan!« und führen zu Ratlosigkeit oder Frustration. Ratschläge solcher Art weisen eher darauf hin, dass der Coach unsicher oder sogar unfähig ist, mit emotionalen Anteilen zu arbeiten.

Persönliche Lebenssituationen in Beruf und privatem Alltag bieten Anlässe für Coaching. Sie ergeben sich bei Rollenfragen, beruflichen Neuorientierungen oder konfliktuellen Erfahrungen. Auf der Ebene des inneren Erlebens tauchen dann auf: Stressempfinden oder Ängste, starke Unzufriedenheit oder anhaltende Verstimmungen, Unsicherheit und Ohnmacht, Sehnsüchte und der Wunsch nach Veränderung. Jede Situation wird subjektiv gedeutet und bewertet, was immerzu mit Gefühlen verknüpft ist. In der Geschäftigkeit des Alltags werden die genannten emotionalen Zustände jedoch kaum oder nur teilweise wahrgenommen, geschweige denn bewusst verarbeitet. Vielmehr geht damit oftmals ein diffuses Erleiden einher. Dabei sind es genau diese Erlebensanteile, die in das Coaching führen! Es wäre deshalb hilfreich, sich ihrer anzunehmen. Werden sie als Wirkfaktoren angemessen in die Beratung integriert, dient es der nachhaltigen und erwünschten Veränderung (Schreyögg 2015). Auch für den organisationalen Kontext rückt diese Erkenntnis allmählich in den Fokus der Aufmerksamkeit (Fröse, Kaudela-Baum u. Diever-nich 2015).

Vielleicht hängt es unter anderem mit der jüngeren »Algorith-mengläubigkeit« einer digitalisierten Gesellschaft zusammen, dass Menschen einen konstruktiven Umgang mit den eigenen Emotionen weniger im Blick haben. Bei Gefühlen und Emotionen zeigt sich, wie wenig sich das Leben durch ein trivialisierendes »0/1« beherrschen lässt. Denn emotionale Prozesse verlaufen weder linear noch digital, sondern assoziativ und verbunden mit dem gesamten Organismus. Sie lassen sich nicht instruktiv steuern oder per Knopfdruck beseiti-gen.

In Emotionen zeigt sich die Kreatürlichkeit des Menschen. Sie stellen ein Erbe der Evolution dar und vollziehen sich in Aktivitä-ten des sogenannten limbischen Systems, welches im Zentrum des menschlichen Gehirns liegt. Doch stellen Gefühle nicht nur eine na-türliche Gegebenheit dar. Denn sie werden in Prozessen »bezogener Individuation« (Stierlin 1989) gelernt und weisen auf die Eingebun-denheit des Einzelnen in soziale Kontexte hin.

Zum Aufbau dieses Buches

Das vorliegende Buch will das Thema Emotionen sowohl in theo-retischer als auch in praktischer Hinsicht für den Beratungskontext beleuchten. Daher umfasst es zwei große Teile. Nach der Einführung legen die Kapitel 1 bis 3 in *Teil I: Theoretische Überlegungen* das ideelle und begriffliche Fundament, die Kapitel 4 bis 7 bilden anschließend den umfangreichen *Teil II: Praxis*.

Kapitel 1 stellt grundlegende Gedanken zur Arbeit mit Emotio-nen vor. Es liefert Hinweise, um Emotionen zu verstehen, zu akzep-tieren und zu verändern. Zunächst wird in Kapitel 1.1 »Gefühle ver-stehen« ein kurzer Blick auf ihre Geschichte geworfen (Kap. 1.1.1). Hier wird deutlich, wie unterschiedlich Emotionen in den Geistes- und Naturwissenschaften gesehen und bewertet worden sind. In Kapitel 1.1.2 werden begriffliche Differenzierungen vorgenommen. Mittlerweile sind Emotionen Thema unterschiedlicher Felder wis-senschaftlicher Forschung und werden hinsichtlich diverser Aspekte untersucht. Einige von ihnen finden hier Beachtung. Die Forschun-gen zu Emotionen sind mittlerweile enorm umfangreich und aus-differenziert. Sie alle darzustellen ist aber nicht die Absicht dieses Textes.

Grundsätzlich ist eine Emotion kein fest umrissenes »Ding«, sondern vielmehr ein dynamisches Gefüge, welches sich aus verschiedenen Komponenten zusammensetzt (Kap. 1.1.3). Damit lässt sich beispielsweise zwischen dem subjektiv erlebten Gefühl und der körperlich verankerten Emotion unterscheiden.

Für den Kontext von Coaching und Organisationsberatung sind solche Aspekte wie die Relation zwischen Emotionen und Bedürfnissen (Kap. 1.1.4), die Rolle des Unbewussten (Kap. 1.1.6) oder die Wechselwirkungen zwischen Gehirn und Körper von Belang (Kap. 1.1.5). Diese Themen werden in eigenen Abschnitten kurz dargestellt und mit Hinweisen zu den jeweiligen wissenschaftlichen Forschungsfeldern versehen. In einigen Abschnitten, sowohl im Theorie- als auch im Praxisteil, beziehe ich mich auf das Konzept der Affektlogik nach Luc Ciompi (1997, 2013), das in einem eigenen Unterkapitel dargestellt ist (Kap. 1.1.7). Von Ciompi stammt der Begriff des »Fühl-Denk-Verhaltensprogramms«, welcher bereits darauf hinweist, dass menschliches Denken und Verhalten weitgehend von emotionalen Anteilen gesteuert werden. In seinem Konzept sind auch kollektive Affektlogiken erläutert, die gerade in der Arbeit mit Teams, Gruppen und mit einer gesamten Organisation eine wichtige Rolle spielen können. Bereits Ciompi weist auf die wirklichkeitskonstruierende und unwillkürliche Kraft von Emotionen hin. Wie sie sich auf der individuell-subjektiven Ebene und im sozialen Miteinander auswirkt, wird in den Kapiteln 1.1.8 und 1.1.9 dargestellt.

Mit dem Blick auf die bis dahin zusammengetragenen Aspekte lässt sich dann die Gretchenfrage stellen, ob und inwieweit sich Emotionen verändern lassen (Kap. 1.3). Auf jeden Fall ist es nötig, sie zu akzeptieren, anstatt gegen sie anzugehen (Kap. 1.2). Ebenso braucht es eine Arbeit auf der »limbischen Ebene« (Kap. 1.3.3).

Kapitel 2 schaut auf die Kontexte Coaching und Organisationsberatung. Beide Begriffe werden anhand ihrer Historie in Kürze erläutert (Kap. 2.1 u. 2.4). Im Laufe der letzten zehn Jahre wurde deutlich, dass das Einbeziehen der emotionalen Ebene als Erfolgsfaktor gesehen werden kann (Kap. 2.2). Siegfried Greif (2008) hat dazu entsprechende Ergebnisse zusammengetragen. Die Professionalisierungsphase, die das Coaching derzeit durchläuft, gibt Anlass, über Bearbeitungstiefen hinsichtlich der Emotionsarbeit nachzudenken (Kap. 2.2.1). Dabei trifft die Frage nach der Abgrenzung zur Psychotherapie einen wichtigen Punkt. Auf der theoretischen Ebene ist sie eindeutig zu beantworten (Kap. 2.2.2). In der Praxis zeigt sich die Grenze eher fließend (Kap. 2.2.3). Dies erfordert vom Coach umso mehr Klarheit. In pragmatischer Hinsicht wäre ihm zu empfehlen, auf der Haltungsebene wie in seinem Kommunikationsverhalten Wege zu entwickeln, die eigene Grenze zu erkennen und einen Übergang zur Psychotherapie angemessen gestalten zu können. Weiterhin sind in Kapitel 2 verschiedene Aspekte der Relation zwischen Emotion, Person und Organisation dargestellt (Kap. 2.3 und 2.4).

Kapitel 3 enthält Überlegungen zu einem Punkt, der in Ausbildungsgängen zum Coach oder Organisationsberater eher wenig Beachtung findet: die Selbsterfahrung des Beraters. Gerade in der Arbeit mit Emotionen kommt ihr eine wichtige Rolle zu. Je stärker der Berater sich mit sich selbst und den eigenen emotionalen Mustern auseinandergesetzt hat, desto klarer agiert er im Kontakt mit dem Kunden (Kap. 3.1 und 3.2). Eingehende Selbstexploration erfordert eine professionelle Begleitung. In Eigenregie ist sie nur sehr eingeschränkt möglich. In Kapitel 3.3 wird das Verhältnis von »Ich« und »Selbst« aus handlungspsychologischer Perspektive beleuchtet (Kuhl 2001). Beide wirken als psychische Funktionsprofile zusammen. Die Aktivierung des Selbstmodus wirkt integrierend für die Arbeit mit Emotionen. Darauf wird im nachfolgenden Text wiederholt Bezug genommen.

Kapitel 4 eröffnet den *Teil II: Praxis*. Es enthält praktische Hinweise zur Selbstexploration des Beraters bzw. Coachs (Kap. 4.1 bis 4.3). Je mehr der Coach bzw. Berater im wahrsten Sinne des Wortes »bei sich selbst« bleiben kann, umso weniger wird er sich verstricken (Kap. 4.4). Umso leichter wird es ihm fallen, in Situationen, in denen es für den Beratungsprozess förderlich ist, von seinen egogetriebenen Ansprüchen loszulassen. Und umso besser kann er mit dem Einzelkunden bzw. der Organisation in Resonanz gehen. Die Selbstklärung des Coachs ist ein wesentliches Basiselement für die Coachingtätigkeit allgemein und mehr noch für die Emotionsarbeit.

Die Arbeit mit Emotionen im Coaching ist der Schwerpunkt von *Kapitel 5*. In Kapitel 5.1 werden einzelne Handlungselemente aufgezeigt, die besonders in der Emotionsarbeit förderlich sind. Dazu gehören unter anderem das würdigende Akzeptieren der Emotion oder das Halten einer Balance zwischen Erkunden des Problemerlebens und dem Herstellen eines kräftigenden Kontakts zu den eigenen

Ressourcen. Diese Vorgehensweisen stärken auch die Arbeitsbeziehung zwischen Coach und Coachee.

Das Kapitel 5.2 widmet sich dem »Limbisch Sprechen«. Darunter sind Interventionen versammelt, mit denen sich auf das emotionale Erleben einwirken lässt: Imaginationen, Embodiment, Rituale, Metaphern, Geschichten sowie das Einbeziehen der Natur. Neben kurzen Erläuterungen werden konkrete methodische Anleitungen dargestellt. Auf diese Vorgehensweisen beziehe ich mich auch in den beiden letzten Kapiteln zur Organisationsberatung sowie zum Coaching von Führungskräften immer wieder.

Ein Coachingansatz, der sich insbesondere für die Arbeit mit heftigen Gefühlen eignet, ist das »generative Coaching« nach Stephen Gilligan (2014). Dieser wird in Kapitel 5.3 erläutert. Darin werden auch Parallelen zum »Limbisch Sprechen« deutlich. Bereits Gilligan weist auf die positive Kraft archetypischer Bilder hin (Kap. 5.4). Diese bieten gute Unterstützung in der Arbeit mit Gefühlen.

Kapitel 5.5 zeigt schließlich auf, dass Emotionen mit Qualitäten verbunden sein können. So ist z. B. »Mut« nicht nur ein kognitives Konstrukt, sondern auch eine emotionale Qualität. Sie in Besitz zu nehmen fördert die eigene emotionale Entwicklung. Zu diesem Zweck lässt sich mit ihren Verzerrungen arbeiten. Eine verzerrte Form von Mut könnte z. B. Leichtsinnigkeit sein. Zur Auseinandersetzung mit solchen Anteilen sind Vorgehensweisen nötig, die das Feld des »Developmental Coaching« betreten. In diesem Zusammenhang dient Coaching der Persönlichkeitsentwicklung.

In *Kapitel 6* schauen wir auf Emotionen im Kontext von Organisationsberatung. Die emotionale Dimension in der Beziehungsgestaltung wird auch hier betont. Dabei zeigen sich eindeutige Parallelen zum Coaching. Allerdings erfordert es vom Berater in diesem Kontext, mit einer weitaus höheren Komplexität umgehen zu können (Kap. 6.1): Wie vermag er mit der Organisation in Resonanz zu treten? Wie lassen sich die Dynamiken im sozialen Feld erfassen – ohne sich darin zu verlieren? Wie ist es ihm möglich, mit den emotionalen Ladungen in einer Teamberatung zu arbeiten? Mit dem »Eisbergmodell« werden die verschiedenen affektlogischen Tiefenschichten in einer Organisation dargestellt (Kap. 6.2). Der Zugang zu ihnen ist über das Wahrnehmen von Atmosphären möglich. Eine Atmosphäre hat mit sinnlich-körperlicher Erfahrung in Raum und Zeit zu tun. Solche Erfahrungen finden sich in Metaphern ausgedrückt.

Während Gefühle im Einzelcoaching durchaus zum Thema gemacht werden, stehen sie in der Beratung von Teams und Gruppen weniger im Vordergrund – was nicht bedeutet, dass sie dort keinen Einfluss hätten (Kap. 6.3). Die Interaktionen in der Arbeitseinheit einer Organisation sind durch die Aufgabenerfüllung gerahmt. Daher entzünden sich Emotionen häufig an aktuellen Themen, die z. B. für ein Team momentan relevant sind. Die aufkommenden Gefühle und die dadurch entstehenden emotionalen Dynamiken können das gemeinsame Erfüllen der Aufgabe jedoch sehr stark beeinträchtigen oder sogar sabotieren. Daher finden sich im Unterkapitel zu Teams und Gruppen Vorgehensweisen, wie sich Gefühle angemessen thematisieren lassen. Der Einsatz von Geschichten und Feedback leistet dazu gute Dienste.

Emotionen tauchen im organisationalen Geschehen zwar in konkreten Interaktionen auf, können aber unter Umständen eine langjährige Historie haben. Um zu verstehen, wie so etwas zustande kommt, wird die transgenerationale Perspektive eingenommen (Kap. 6.4). Personen handeln aufgrund ihrer biografisch geprägten Fühl-Denk-Verhaltensmuster. Manches dieser Muster kann sich hinderlich im Kontakt mit anderen Personen in der Organisation auswirken. Mitunter führt es zu Konflikten. Eine Führungskraft, die jahrelang einen eher aggressiv-herablassenden Verhaltensstil gegenüber ihren Mitarbeitenden pflegt, wird sich damit quasi »in das soziale Feld der Organisation einbrennen«. Wenn dadurch eine Atmosphäre des Sich-Wegduckens entsteht, kann sie sich selbst dann aufrechterhalten, wenn die Führungskraft schon längst ihren Posten geräumt hat. Ihrem Nachfolger wird man in diesem Fall eher mit Skepsis begegnen.

Organisationaler Wandel löst Emotionen aus. Nicht selten treten Enttäuschung, Wut und Trauer bei den Systemteilnehmenden auf. Es wäre förderlich, den Gefühlen der Agierenden eine Art Gefäß bereitzustellen. Im Kontext von Changemanagement finden sich Modelle zum Verstehen und methodische Ansätze zum Umgang mit emotionalen Ladungen (Kap. 6.5). Der Vertrauensbildung kommt dabei eine zentrale Rolle zu. Dazu werden entsprechende Vorgehensweisen aufgezeigt. Dennoch wird in diesem Unterkapitel auch kritisch auf die Grenzen von Changemanagement geschaut.

Das abschließende Kapitel 7 beschäftigt sich mit der emotionalen Dimension von Führung und ihren Spannungsfeldern (Kap. 7.1).

Dabei nimmt es thematische Stränge auf, die bereits in den vorhergehenden Kapiteln beleuchtet worden sind. Das Coaching für Führungskräfte bewegt sich häufig über ein bloßes Performance-Coaching hinaus in den persönlichen Bereich (Kap. 7.2). Hier öffnet sich die Sinndimension. Die Arbeit am emotionalen Stil bekommt einen erhöhten Stellenwert. Denn die Führungsperson wirkt beileibe nicht nur über das Ausfüllen ihrer Rolle in die Organisation hinein, sondern ebenso über ihre persönlichen emotionalen Muster. Nicht selten sind sie egogetrieben, was sich durchaus hinderlich auf eine produktive Zusammenarbeit auswirken kann. Das Coaching könnte den Raum bieten, in welchem die Führungskraft sich mit eigenen negativ geladenen Mustern auseinandersetzt (Kap. 7.3). Es lassen sich Wege finden, das eigene kleine »Ich« loszulassen und den Kontakt zum eigenen »Selbst« herzustellen (Kap. 7.4). Auch in diesem Zusammenhang liefert die handlungspsychologische Perspektive, wie sie Julius Kuhl in seiner PSI-Theorie ausgearbeitet hat, wieder Begründungszusammenhänge (Kuhl 2001).

Kapitel 7.5 geht auf den emotionalen Stil der Führungskraft ein. Er zeigt die Dimensionen auf, wie Richard Davidson sie kategorisiert hat, sowie Möglichkeiten zur schrittweisen Veränderung (Davidson u. Begley 2012).

In diesem Zusammenhang wird das persönlich ausgeprägte Konfliktmuster betrachtet (Kap. 7.6). Wenn die Führungskraft darüber Bewusstsein erlangt und nur minimale Unterschiede einbaut, wird ihr dies ein höheres Maß an Gelassenheit und Souveränität im Alltag bescheren. Hier gilt das Motto »Erkenne dich selbst«.

Die »Heldenreise« als Erzählstruktur und grundlegende Betrachtungsweise bildet den Abschluss des Buches (Kap. 7.7). In ihr versammelt sich eine Vielzahl an Ansätzen und Interventionen, die bereits in vorhergehenden Abschnitten beschrieben worden sind. Zwar richtet sich dieses Instrument an Führungskräfte, doch lässt es sich auch in anderen Coaching- und Beratungskontexten einsetzen. Für die Arbeit mit Emotionen kann es als Leitbild genommen werden: Indem wir die eigenen Gefühle akzeptieren und uns mit ihnen auseinandersetzen, entwickeln wir unsere Persönlichkeit. So unternimmt jeder Mensch seine ganz eigene Heldenreise.

Dank

Wir stehen auf den Schultern von Riesen. Das durfte ich auch beim Verfassen dieses Buches immer wieder erfahren. So konnte ich mich auf manches Konzept, manches Modell und bewährte Methoden beziehen, die bereits in der Welt sind. Gerade bei der Schilderung praktischer Vorgehensweisen finden sich »alte Bekannte«, die vielleicht durch den Emotionsfokus eine neue Nuance erhalten.

Direkt benachbart befindet sich eine Anzahl an Menschen, die mich durch Gespräche mit ihnen zum Weiterdenken, genaueren Hinschauen und präziseren Formulieren angeregt haben. Ihnen allen möchte ich meinen herzlichen Dank aussprechen.

Christian Kuhlmann danke ich für sein kritisches Probelesen und zutiefst anregende Dialoge. *Volkmar Husfeld* danke ich für seinen pragmatischen und dadurch nicht weniger systemischen Blick auf das Feld von Personalentwicklung. Ich danke *Peter Zängl* für unsere langjährigen, launigen Marktgespräche über Organisationen, Leadership, Südafrika und die Welt überhaupt. Tausend Dank an *Volker Biesel* für gemeinsames Elaborieren und fortwährendes Praktizieren: So möge es weitergehen! Herzlichen Dank an *Johannes Schley* für unsere beständige Kooperation und für seinen sozialpsychologischen Blick. Ein lieber Dank geht an *Ilka Kass* für das Anlegen des Literaturverzeichnisses. Ich danke dem *Team vom Carl-Auer Verlag* für die wunderbare Begleitung und Unterstützung, allen voran *Ralf Holtzmann:* Es ist mir eine helle Freude gewesen!

Mit Blick in die Ferne gilt meine tiefe Dankbarkeit *Paul Czempin,* dank dessen Begleitung ich die Basis meines Tuns gelernt und gelegt habe. Ebenso danke ich *Waldemar »Grischa« Pallasch,* von dem ich entscheidende Impulse zum Coaching sowie zur Arbeit in Seminaren nicht nur in der Erwachsenenpädagogik erhalten habe. Mein herzlicher Dank geht an *Alf Gürtler* für seine Unterstützung und Inspiration in vielerlei Hinsicht.

Last, but not least danke ich all den Menschen, Gruppen, Teams und Organisationen, die mir für eine gemeinsame Arbeit ihr Vertrauen geschenkt haben: eine beständige und beglückende Aktionsforschung.

Teil I: Theoretische Überlegungen

1 Zur Arbeit mit Emotionen

1.1 Emotionen verstehen

Über einen langen Zeitraum fanden Emotionen in modernen Lebens- und Arbeitswelten wenig Beachtung: Im Alltag wurden sie als »Gefühlsduselei« abgetan, im wissenschaftlichen Bereich eher vernachlässigt. Bisweilen geschieht dies auch noch heutzutage. Bei der Arbeit mit Emotionen kann es hilfreich sein, besser zu verstehen, was sie kennzeichnet und welche Dynamiken mit ihnen verbunden sind.

1.1.1 Die emotionale Wende:
Kurzer Blick in die Geschichte der Emotionen

Wo kommen Emotionen her, und wie ist der Mensch im Laufe der Jahrhunderte mit ihnen umgegangen? Zum Verständnis der Frage, wie der sogenannte moderne Mensch mit eigenen und fremden Gefühlen umgeht, lohnt sich ein Blick in die Geschichte.

Antike und Mittelalter

Der Blick auf Emotionen ist zunächst über viele Jahrhunderte von der abendländischen Philosophie geprägt gewesen. Platon (428–347 v. Chr.) bezeichnet die Vernunft als oberste Instanz. Affektive Regungen betrachtet er hingegen als minderwertig oder sogar schädlich – sie stünden der Seele dabei im Weg, die reinen Ideen zu schauen, und schränkten das logische Denken ein. Doch schon Aristoteles (384–322 v. Chr.) zeichnet ein weitaus positiveres Bild der Emotionen. Aus seiner Sicht sind sie fester Bestandteil menschlichen Lebens und keineswegs per se schlecht. Zwar stehen sie in ihrer Wertigkeit unterhalb der Vernunft, doch können sie durchaus eine angemessene Reaktion sein, wenn die Situation dies erfordert. Es komme nur darauf an, einen maßvollen Umgang mit ihnen zu finden.

Wenn auch die Rezeption der aristotelischen Gedankenwelt maßgeblich die christlich-mittelalterliche Philosophie geprägt hat, so erfahren Emotionen im Mittelalter dennoch eine Abwertung. In ihnen wird eher etwas Schlechtes, ja sogar Böses gesehen. Denn im Wertesystem dieser historischen Epoche stehen sie als Zeichen von

Unzucht und Begierde sowie für die Versuchung, die vom »richtigen«, dem christlichen, Weg abführt. Bildhaft ist dies in den sieben Hauptsünden zum Ausdruck gebracht: Hochmut, Neid, Geiz, Gier, Lust, Jähzorn, Faulheit. Zudem sind sie eng mit körperlichen Regungen verknüpft – und diese sind ohnehin dem Teufel erlegen. Die Körperfeindlichkeit hat in der christlichen Geschichte eine traurige Tradition (Dinzelbacher 2003).

Spätmittelalter und frühe Neuzeit

Folgt man den Geschichtswissenschaften, die sich seit einigen Jahren auch dem Thema Emotionen widmen, dann entstanden im Spätmittelalter und in der frühen Neuzeit Codierungen zu einzelnen Affekten. Demgemäß wurden Menschen je nach Gesellschaftsstand und Geschlecht unterschiedliche Emotionen beigemessen. Beispielsweise wurden Angst, Trauer oder Scham eher dem weiblichen Geschlecht zugeschrieben. Angehörige niederer Stände seien eher von Affekten beherrscht. Hieran zeigt sich, wie bereits mit dem Beginn der Entwicklung frühmoderner Gesellschaftsformen Gefühle sozial konstruiert wurden.

Descartes

René Descartes (1596–1650) gilt als einer jener europäischen Philosophen, die das westliche Menschen- und Weltbild bis in die Gegenwart geprägt haben, und als Begründer des neuzeitlichen Rationalismus. Darüber hinaus wird sein Name häufig mit der Idee des Leib-Seele-Dualismus in Zusammenhang gebracht. Descartes sieht einen substanziellen Unterschied zwischen der Materie (Res extensa) und dem Geist (Res cogitans) – oder anders ausgedrückt: zwischen Körper und Denken. Vor diesem Hintergrund wird der menschliche Organismus mit einem Apparat verglichen. Lebendiges funktioniere gleich dem Mechanismus eines Räderwerks. Daraus entstand ein mechanistisches Weltbild.

Trotz seines mechanistischen Verständnisses – oder vielleicht auch gerade aufgrund dieser Sichtweise – beschäftigte sich René Descartes zugleich sehr differenziert mit dem Entstehen sowie den Wirkungen von Emotionen. Darin zeigte er sich durchaus als mitfühlender Beobachter. Zwar dachte der Philosoph die Verbindung von Geist und Materie als mechanistisch-pneumatischen Vorgang, doch formuliert er bereits Annahmen über Emotionen als komplexe

Wirkungsgefüge. Im Jahr 1649 wird seine Schrift »Die Leidenschaften der Seele« veröffentlicht (Descartes 2018). Einige seine Gedanken, die er darin formuliert, scheinen wie Vorwegnahmen historisch späterer Modelle emotionaler Dynamiken:

- Gefühle kommen erst durch das Wahrnehmen der körperlichen Regung auf. Diese Idee stellt in ähnlicher Weise die Grundlage für die James-Lange-Theorie aus dem 19. Jahrhundert dar (Wassmann 2002).
- Descartes' Klassifizierung von Leidenschaften ist erstaunlicherweise mit der Annahme von Basisemotionen vergleichbar, wie sie in den 1970er-Jahren aus biologisch-evolutionärer Perspektive beschrieben werden (Wassmann 2002).
- Descartes gibt bereits Hinweise zum Umgang mit Emotionen, die eine verblüffende Nähe zu imaginativen Vorgehensweisen in aktuellen hypnotherapeutischen Konzepten (Schmidt 2005) kennzeichnet.

Kurzum: Bereits im 17. Jahrhundert blickten Philosophen wie Descartes sehr differenziert auf das Thema Emotionen.

19. Jahrhundert

Im 19. Jahrhundert formuliert der britische Naturforscher Charles Darwin (1809–1882) seine Gedanken über das Entstehen und die Funktion von Emotionen. Er versteht sie als biologisch verankertes Verhaltensrepertoire, mit welchem ein Organismus in der Lage ist, schnell auf Reize aus seiner Umwelt zu reagieren. Darwin untersucht den Aspekt des körperlich-mimischen Ausdrucks und betrachtet ihn in Hinblick auf seinen evolutionären Nutzen. Er legt damit die Grundlage für spätere biologisch-evolutionäre Perspektiven auf Emotionen und Gefühle.

Neben Darwin muss sein Zeitgenosse, der US-amerikanische Psychologe und Philosoph William James (1842–1910), genannt werden, der sich ebenfalls intensiv mit Emotionen auseinandergesetzt hat. In seiner Schrift »Was ist eine Emotion?« (James 1884) beschreibt er die körperliche Komponente als grundlegend für emotionale Prozesse. Dies kann man sich folgendermaßen vorstellen: Wenn wir eine äußere Situation wahrnehmen, z. B. einen zähnefletschenden Hund, der vor uns steht, so wird unser Körper darauf reagieren, indem das Herz schneller schlägt und Hitze aufsteigt. Erst die Wahrnehmung dieser körperlichen Reaktionen lässt die Emotion »Angst« entstehen. James stellt die Frage: »Weinen wir, weil wir traurig sind, oder sind wir traurig, weil wir weinen?« Seine Antwort findet sich im zweiten Teil der Frage: Wir sind traurig, weil wir weinen. Diese Behauptung mag überraschen, sie machte jedoch bereits im 19. Jahrhundert deutlich, dass der Körper eine entscheidende Rolle beim Entstehen von Emotionen spielt. Viele Jahrzehnte später zeigt sich mit dem Aufkommen der Neurowissenschaften die Aktualität dieses Gedankens – obwohl er nach wie vor kontrovers diskutiert wird.

20. Jahrhundert

Eine differenzierte Betrachtungsweise von Emotionen, wie sie bereits Descartes, Darwin und James entwickelt hatten, wurde im Kontext des Behaviorismus nahezu komplett ausgeblendet. In diesem Menschenbild galten subjektiv erlebte Gefühle als irrelevant. Das Reiz-Reaktions-Schema diente den Behavioristen als ausschließliches Begründungsmodell menschlichen Verhaltens. Unter stark mechanistischen Vorzeichen wurde der Mensch als triviale Maschine angesehen. Das Erlernen eines Verhaltens sei lediglich eine Schrittfolge von Konditionierungen.

Erst mit dem Aufkommen kognitivistischer Theorien und Modelle seit den 1960er-Jahren erfuhren Gefühle eine deutliche Aufwertung. In diesen Ansätzen wird ihnen sogar eine urteilsbildende Kraft zugesprochen: Emotionale Prozesse bewerten eine aktuelle Situation. Dadurch entstehen Überzeugungen, Vermutungen, Gedanken und Einschätzungen. Hierin zeigt sich die kognitive Seite der Gefühle (Hartmann 2005).

Neurowissenschaften

Mit dem Voranschreiten neurowissenschaftlicher Forschung wurden maßgebliche Erkenntnisse zum Stellenwert, zur körperlichen Grundlage und zu den Wirkungen von Emotionen gewonnen. Die technischen Neuerungen im Bereich der bildgebenden Verfahren, wie z. B. funktionelle Magnetresonanztomografie, Positronenemissionstomografie (PET) und die erheblich optimierte Elektroenzephalografie (EEG), ermöglichten nunmehr Einblicke in die Mikroebene des Gehirns sowie seiner Verbindungen innerhalb des Organismus. Der in Wien geborene US-amerikanische Psychiater, Neurowissenschaftler und Medizin-Nobelpreisträger des Jahres 2000 Eric Kandel brachte die Psychoanalyse, welche über lange Zeit geisteswissenschaftlich ausgerichtet gewesen ist, wieder in Verbindung mit der Neurophysiologie (Kandel 2008; Roth u. Ryba 2016, S. 16 ff.).

Je mehr Details zutage gefördert werden, desto stärker zeigt sich die Komplexität neuronal-körperlicher und emotionaler Prozesse. Wahrscheinlich stehen wir erst am Anfang des wissenschaftlichen Verstehens dieser Zusammenhänge.

»Ich fühle, also bin ich« lautet ein Buchtitel des portugiesischen Neurowissenschaftlers António Damásio (Damásio 2000). Er bezieht sich damit auf das descartessche »cogito ergo sum« (»Ich denke, also bin ich«), welches über Jahrhunderte das Selbstverständnis des Menschen geprägt hatte. Damásio will mit seinem Titel darauf hinweisen, dass der moderne Homo sapiens bei aller Fähigkeit zum rationalen Denken in weiten Teilen von Emotionen und Gefühlen beeinflusst ist.

Neurowissenschaftler wie Antonio Damásio brachten anhand der modernen bildgebenden Verfahren eindeutige Hinweise für den physiologischen Ursprung von Emotionen. Dies ist noch vor wenigen Jahrzehnten alles andere als selbstverständlich gewesen. Der US-amerikanische Hirnforscher Richard Davidson, der die neurobiologische Emotionsforschung maßgeblich mitentwickelt hat, schildert mit Blick auf seinen eigenen Lebenslauf als Forscher, inwieweit Gefühle als hirnphysiologische Vorgänge in der Wissenschaft lange Zeit geradezu ignoriert worden sind (Davidson u. Begley 2012, S. 51):

> »Das Desinteresse der akademischen Welt an der Rolle und Funktion des Gehirns im Emotionsgeschehen erschien mir ebenso rätselhaft, als würde ich in die nephrologische Abteilung eines Krankenhauses gehen und dort erfahren, dass man sich nicht für Nieren interessiert.«

Im Zuge des genannten wissenschaftlichen Erkenntnisgewinns wurde die enorme Wichtigkeit der Emotionen zunehmend erkannt. Dennoch erschien es noch in den 1980er-Jahren als obsolet, Emotionen als wesentlichen Bestandteil des menschlichen rationalen Denkens zu betrachten. Vielmehr galten sie als störend und als gedanklich-kognitive Prozesse beeinträchtigend. Sogenannte höhere Hirnfunktionen wurden allein dem Kortex, der evolutionär noch jungen Großhirnrinde, zugerechnet. Affekte galten als primitiver, minderwertiger Gegenpart zur Kognition. Sie wurden allein im sogenannten limbischen System verortet, einer komplex vernetzten Funktionseinheit

zur Verarbeitung von Emotionen und zur Steuerung des Triebver-
haltens, die aus evolutionär alten, nicht kortikalen Anteilen des End-
hirns unterhalb der Großhirnrinde (d. h. subkortikalen Strukturen)
gebildet wird (Kap. 1.1.5). Mit einiger Süffisanz beschreibt Richard
Davidson diese Zuordnungen als »kortikalen Snobismus« (ebd.,
S. 42). Mittlerweile gilt es als vielfach belegt, dass rationales Denken
ohne Emotion gar nicht möglich ist und sogar von emotionalen Prozessen gesteuert wird (Damásio 2003; LeDoux 2001).

Sozialwissenschaften

Auch in den Sozialwissenschaften finden Affekte, Emotionen und
Gefühle lange Zeit nur wenig Beachtung. Bisweilen werden sie sogar
als blinder Fleck bezeichnet (Reckwitz 2015). Pointiert zeigt Jan Phi-
lipp Reemtsma auf, »dass in manchen sozialwissenschaftlichen Tex-
ten geradezu lautstark von Emotionen *nicht* die Rede ist« (Reemtsma
2015, S. 17 f.).

Soziologische Perspektiven sehen die gesellschaftliche Entwick-
lung durch eine zunehmende Emotionskontrolle gekennzeichnet.
Demzufolge würde der rationale Verstand die Affekte im öffentlichen
Raum sowie in Institutionen neutralisieren. Das Rationale würde die
Emotion beherrschen. Diese Position aus der klassischen Soziologie
wird zuweilen kritisch gesehen (Reckwitz 2015, S. 35):

> »Die Diagnose einer affektneutralen Sozialität in der Moderne beruht
> [...] auf einer fundamentalen Fehleinschätzung: Die Affekte mögen in
> manchen institutionellen Komplexen der Moderne zwar *anders* model-
> liert worden sein, doch sind sie keineswegs verschwunden. [...] Jede so-
> ziale Ordnung im Sinne eines Arrangements von Praktiken ist auf spezi-
> fische Weise immer auch eine affektive Ordnung.«

So manche Mitarbeitenden in einem Unternehmen oder Minis-
terium schauen während des Tagesgeschäfts auf die Launen bzw.
Gefühlslage der Vorgesetzten und Abteilungsleiter – wohl wissend,
wann man ihnen besser aus dem Weg geht oder zu welchem Zeitpunkt man eine Vorlage hereinreicht, um für ein Projekt eine zu-
stimmende Unterschrift zu bekommen. Strategisches Kalkül spielt
in solchem Verhalten eine große Rolle, jedoch liegt der eigentliche
Treiber auf der emotionalen Ebene: nämlich die Befindlichkeiten der
Vorgesetzten sowie die Befürchtungen und Vorerfahrungen der Mitarbeitenden, denen im jeden Fall eine emotionale Bewertung inne-
wohnt – im »guten« oder im »schlechten« Sinne.

1 Zur Arbeit mit Emotionen

Darüber hinaus zeigt ein Blick in die täglichen Nachrichten sehr deutlich, wie stark Affektlogiken die Politik und Gesellschaft beeinflussen. Der Narzissmus so manches Präsidenten lässt sich nur mit Blick auf seinen emotionalen Persönlichkeitsstil verstehen. In verschiedene Richtungen löst er Wellen von Empörung oder wutentbrannt-fanatische Zustimmung aus. Dynamiken in den Social Media scheinen geradezu von Emotionen getrieben. Autoritäre Regime sind bestimmt von Selbstüberhöhung, Ängsten und rücksichtsloser Sucht und Gier nach Macht. Doch auch auf den Fluren und in den Büros demokratischer Institutionen gedeihen Statusdenken, Machtstreben und Eigendünkel, die ohne eine Gefühlsdimension nicht denkbar wären. Viele Entscheidungen werden weniger im Sinne der guten Sache getroffen, sondern mit der Motivation oder dem Ziel, das eigene Gesicht zu wahren oder den Arbeitsplatz nicht zu verlieren. Solche emotional getriebenen Verhaltensweisen werden mit Sachargumenten überschminkt und zurechtgerückt.

Im öffentlichen Raum und in Organisationen besteht ein gewisser Grad an Selbstzwang und Emotionskontrolle. Übten in früheren Jahrhunderten gesellschaftliche Konventionen und Zwänge Druck von außen aus, so tut dies nunmehr das Subjekt selbst – die Kontrolle hat sich längst subkutan in die Körper verlagert.

Mit solchem Fokus hat die soziologische Forschung eingehend das Phänomen von Selbstentfremdung untersucht. Dieses tritt auf, wenn Menschen z. B. im Geschäftsleben ein Gefühl von Freundlichkeit zeigen sollen, obwohl sie in ihrem Inneren völlig anders fühlen. Manche Individuen übernehmen solche gesellschaftlichen Regeln bisweilen so stark, dass sie internalisierte Zwänge ausbilden sowie Selbstverbote, gewisse Emotionen nicht zu zeigen. Körber spricht von »emotionalem Selbstmanagement in den paradoxen Strukturen des gegenwärtigen Kapitalismus« (Körber 2012, S. 61). Diese Diskrepanzen führen dann zu einem Empfinden von Unstimmigkeit oder sogar Selbstverleugnung. Nicht selten sind sie (Neben-)Thema in Coaching und Beratung.

1.1.2 Emotionen, Gefühle, Affekte

Im alltäglichen Sprachgebrauch wird kaum zwischen Emotion, Gefühl, Affekt und Leidenschaft unterschieden. Allgemein dient der Begriff »Affekt« als Sammelbegriff. Hingegen bezeichnen »Emotion« und »Gefühl« konkrete Empfindungen, die sich auf ein Objekt oder eine Situation beziehen. Beide Begriffe werden in der Regel synonym gebraucht. Auch in den Wissenschaften findet sich keine einheitliche Terminologie. Definitionen gibt es in einer Vielzahl und in großer Unterschiedlichkeit. Sie hängen stark vom theoretischen Hintergrund des jeweiligen Forschungsansatzes ab (Rothermund u. Eder 2011; Schiewer 2014; Wassmann 2002).

Neben der Emotion beschreibt der Begriff »Stimmung« einen eher konturlosen Gemütszustand, der über mehrere Tage oder sogar Wochen andauern kann. Im Gegensatz zu einer Emotion oder einem Gefühl ist er weniger auf ein konkretes Objekt ausgerichtet und von längerer Dauer, wenn auch von geringerer Intensität. So kann beispielsweise eine trübsinnige Gemütslage die Wahrnehmung und das Befinden weitaus länger als 24 Stunden einfärben.

Im Alltag werden Emotionen und Gefühle häufig als Beiwerk verstanden, so als wären sie einer Situation oder einem Erleben lediglich hinzugefügt. Als das »Eigentliche« wird dann häufig eine Sachlage oder ein Verhalten genannt, um die bzw. das es geht. Doch Emotionen laufen im »uneigentlichen« Modus. *Sie* liefern die Beweggründe für unser Denken und Verhalten. Nicht selten berichten Coachingkunden von folgender Erfahrung: »Eigentlich wollte ich ja deutlich meine Meinung sagen, ... aber dann blieb ich doch stumm ... meine Befürchtungen waren zu groß.« Hier deutet sich an, dass das eigentliche Verhalten durch ein uneigentliches bestimmt wird. In diesem Sinne ist eine Emotion alles andere als Beiwerk – vielmehr ist sie die uneigentliche Kraft, »die man nicht als etwas, das zum Handeln hinzukommt, verstehen kann, sondern die essenziell das Handeln selbst ist« (Reemtsma 2015, S. 21).

Mit Emotionen ist jeder Mensch zwangsläufig auf etwas oder jemanden bezogen. Dazu ist es erstaunlicherweise nicht einmal nötig, dass dieses Gegenüber räumlich präsent ist: Eine gedankliche Vorstellung von ihm reicht aus. Die Bezogenheit jedoch bleibt bestehen.

Beispiel: Emotionen haben einen Nachklang
Ein Paar ist am Abend in eine lebhafte Auseinandersetzung geraten. Beide Partner haben sich gegenseitig heftige Vorwürfe gemacht. Die Stimmung ist mies. Am darauffolgenden Tag wird das morgendliche Frühstücksritual von beiden Seiten recht frostig vollzogen. Schließlich

starten Frau und Mann in den Berufstag. Während sie zu einem Geschäftstermin fährt, legt er einen Homeoffice-Tag ein.

Obwohl die Partner sich räumlich voneinander entfernen, hängen sie in Gedanken noch dem abendlichen Streit nach. Beide tun sich schwer damit, konzentriert ihrer Arbeit nachzugehen. Die Bilder der Auseinandersetzung und die Worte des Gegenübers klingen nach und wollen keine Ruhe geben. Die Erinnerungen reichen aus, dass Ärger, Enttäuschung und Verletztheit nahezu so lebendig bleiben wie am Abend zuvor.

1.1.3 Komponenten einer Emotion

Jegliche Emotion ist ein mehrdimensionales Geschehen. Sie umfasst fünf Komponenten (Abb. 1; Rothermund u. Eder 2011):

- eine physiologische,
- eine motivationale,
- eine ausdrucksbezogene,
- eine kognitive und
- eine gefühlsbezogene.

Die einzelnen Komponenten spielen in jedem Erleben unauflösbar ineinander.

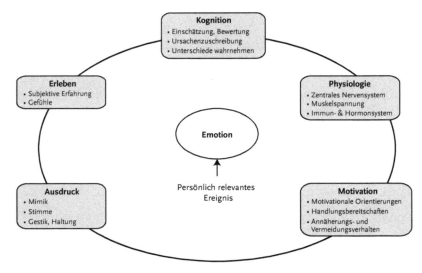

Abb. 1: Komponenten einer Emotion
(modifiziert nach Rothermund u. Eder 2011)

Physiologische Komponente
Emotionen spielen sich in den Wechselwirkungen des gesamten Organismus ab. Zwar nimmt das Gehirn dabei eine zentrale Rolle ein, doch lässt sich das emotionale Geschehen bei Weitem nicht auf die zerebralen Aktivitäten reduzieren. Emotionales Geschehen vollzieht sich im ganzen Körper. Es kommt nicht von ungefähr, dass eine Person sich als von ihren Emotionen »ergriffen« beschreibt, so als ob diese den Körper in Besitz nähmen.

Die physiologische Komponente von Emotionen umfasst die Körperprozesse und -zustände, die mit ihnen einhergehen, hirnbiologische Netzwerke aus synaptischen Verschaltungen und Neurotransmittern sowie Vorgänge im zentralen Nervensystem: Bei Bedrohung ist der Sympathikus aktiviert, bei Beruhigung der Parasympathikus. Diese Regungen sind unmittelbar sowohl mit den Organen und Muskeln als auch mit dem Blutkreislauf sowie dem Immun- und Hormonsystem verknüpft.

Motivationale Komponente
Die genannten physiologischen Dynamiken wirken sich im wahrsten Sinne des Wortes motivierend aus: Sie sorgen dafür, dass ein Verhalten ausgeführt oder unterlassen wird. Die biologische Ebene stellt dem Körper die Energie bereit, sich von einer Situation wegzubewegen bzw. sich auf etwas hinzubewegen. Daraus entstehen persönliche Verhaltensmuster. Die Neurowissenschaften sprechen von Annäherungs- und Vermeidungsschemata (Grawe 2004). Emotionen stellen die dazu notwendige Handlungsbereitschaft zur Verfügung. Das lateinische Verb *movere* bedeutet »sich herausbewegen« bzw. »in Bewegung setzen«. So motiviert z. B. Angst den Organismus zu einer Antwortreaktion auf eine bedrohliche Situation. Jegliche Motivation wäre ohne Emotion nicht möglich.

Ausdruckskomponente
Die bisher beschriebenen Vorgänge wirken sich gleichzeitig auf verschiedenen körperlichen Ebenen aus, z. B. in Veränderungen von Mimik, Gestik und Körperhaltung sowie des Tonus' der Stimme. Der Organismus teilt sich gewissermaßen auf der nonverbalen Ebene mit und gibt Hinweise auf seine innere Verfasstheit. Insbesondere die Gesichtsmimik trägt zum emotionalen Ausdruck bei. Inneres Geschehen wird unwillkürlich im Phänotypischen gezeigt. In

der Gestaltpsychologie gilt das Motto: »Jeder Eindruck verlangt nach Ausdruck.«

Diese Dynamik ereignet sich keineswegs als Einbahnstraße von innen nach außen. Denn Veränderungen auf der körperlichen Ebene beeinflussen erheblich emotionale Prozesse. Dies zeigt unter anderem die Embodimentforschung (Storch u. Tschacher 2014). Eine emotionale Regung drückt sich in der Mimik aus, und zugleich verstärkt der unwillkürliche Gesichtsausdruck den emotionalen Zustand.

Kognitive Komponente

Die kognitive Komponente einer Emotion dient der Informationsverarbeitung. Sie sorgt dafür, dass Unterschiede wahrgenommen werden, im Sinne von: Dieses ist anders als jenes. Hier zeigt sich, wie Emotionen zum Erkennen beitragen. Sie sind mit Denkprozessen verknüpft. Auf der kognitiven Ebene etwas zu unterscheiden, führt zu Einschätzungen und Bewertungen.

Um nicht im permanenten Informationsfluss aus der Umwelt unterzugehen, ist es äußerst sinnvoll, Unterschiede wahrzunehmen. Die emotionale Seite bewertet die Information während ihrer Verarbeitung bezüglich ihrer unmittelbaren Relevanz für die eigenen Ziele: im Sinne von »gut« oder »schlecht« für mich. Dieses Geschehen kann ins Bewusstsein steigen. So spielt der kognitive Anteil von Emotionen auch in höheren Bewusstseinsprozessen eine wesentliche Rolle. Jedes subjektive Erleben und jede Aussage von »Ich fühle x« wäre ohne die kognitive Komponente nicht möglich.

Erlebenskomponente

Die Erlebenskomponente wird auch als Gefühlskomponente bezeichnet. Mit ihr kann sich eine Person bewusst werden, was in ihrem Inneren vor sich geht. Ein Gefühl zeigt an, was in einer aktuellen Situation vom Individuum als stimmig oder unstimmig erlebt wird. An diesem Punkt entstehen Bewertungen und Einschätzungen: Dem aktuellen Geschehen wird eine Bedeutung gegeben. Häufig hängt es mit dem persönlichen Werteerleben zusammen, z. B.: »Ich fühle mich mit dem erfolgreichen Projektabschluss so wohl, weil es mir wichtig ist, eine gute Leistung zu bringen.«

Auf der unbewussten Ebene laufen im Organismus unzählige Prozesse ab, die das situative Geschehen im Außen mit der Bedürfnislage im Inneren abgleichen. Dadurch kommen ebenfalls emotionale Bewertungen zustande – was wieder weitestgehend nicht bewusst abläuft. Über die Komponente des Gefühls können solche somatisch-emotionale Prozesse teilweise in das Ich-Bewusstsein treten.

Praxis: Einbeziehen von Emotionen

Das Komponentenmodell macht deutlich, dass in Coaching und Beratung ein Zugang zu Emotionen auf verschiedenen Wegen möglich ist, z. B. über:

- Beachten des nonverbalen Ausdrucks in Mimik, Gestik und Körperhaltung des Coachingkunden,
- Fragen des Coachs nach Körperempfindungen,
- Zielfragen nach dem Erwünschten (motivationale Annäherungsschemata),
- Fragen nach dem subjektiven Erleben und den persönlichen Bewertungen des Kunden.

1.1.4 Emotionen als Hinweise auf Bedürfnisse

Mit dem Komponentenmodell zeichnet sich ab, dass Emotionen vielerlei Zwecke erfüllen. Sie tauchen niemals in einem Vakuum auf, sondern entstehen im unmittelbaren Bezug auf das Geschehen in der Umgebung. Zugleich verweisen sie auf die Bedürfnislage in diesem konkreten Kontext.

Beispiel: Orientierungslosigkeit im Veränderungsprozess

Während eines umfangreichen Umstrukturierungsprozesses in einem großen Unternehmen werden einzelne Mitarbeitende einer Abteilung nicht über die geplanten Schritte informiert. Sie fühlen sich orientierungslos. Während der Kaffeepausen und der Arbeitszeit wird über mögliche Szenarien wild spekuliert. Emotionen kochen hoch. Einige sehen die Sicherheit ihres Arbeitsplatzes gefährdet. Die Zukunft bleibt komplett im Dunkeln. Zudem äußern einige der Betroffenen, dass sie sich durch das Nicht-informiert-Werden von der Führungsebene nicht wertgeschätzt fühlen. Dies führt zu Bemerkungen wie »Wir sind denen da oben doch völlig egal«, begleitet von emotionalen Anteilen wie Ängsten, Enttäuschung, Wut und Verachtung.

Der menschliche Organismus trachtet danach, dass grundlegende Bedürfnisse befriedigt oder zumindest beachtet werden. Wird auf sie eingegangen, hat dies eine hohe motivationale Wirkung. Dies gilt auf der individuellen Ebene wie in gruppenbezogenen und organisationalen Kontexten. Emotionen sind »das Gesicht anerkennenswerter Bedürfnisse«. Es ist überaus wichtig, sie in Coaching und Beratung anzuerkennen, zu würdigen und in die Arbeit einzubeziehen.

Stellenwert des Bindungsbedürfnisses

Eines der stärksten menschlichen Bedürfnisse ist jenes nach Bindung. Gemäß Klaus Grawe kann es als »das empirisch am besten abgesicherte Grundbedürfnis angesehen werden, gerade auch aus neurobiologischer Sicht« (Grawe 2004, S. 192). Es ist tief in der Physiologie wie auch in der Psyche verankert. Grawe bezieht sich neben seiner neurobiologischen Forschung auf die Bindungstheorie von John Bowlby (2005). Die Beziehungserfahrungen mit bedeutsamen Bezugspersonen, die jeder Mensch in seinen ersten Lebensjahren sammelt, prägen ihn in seinem späteren Erwachsenenleben (Grawe 2004, S. 193):

> »Das Kind verinnerlicht seine frühen dyadischen Beziehungserfahrungen. Sie schlagen sich in seinem impliziten Gedächtnis in Form von Wahrnehmungs-, Verhaltens-, emotionalen Reaktionsbereitschaften und motivationalen Bereitschaften nieder.«

So bilden sich Annäherungs- und Vermeidungsschemata, die unmittelbar mit emotionaler Bewertung verbunden sind. Hier geht es nur um ein »gut für mich« bzw. »schlecht für mich«. Blitzartig zeigen die Emotionen an, wann eine Situation als positiv bzw. erwünscht oder als negativ bzw. unerwünscht erlebt wird. Entsprechend schließt sich eine Verhaltensweise an.

Weil das Bindungsbedürfnis so grundlegend ist, spielt es auch in der professionellen Beratungsbeziehung eine erhebliche Rolle. Die Wirksamkeit der Coachingarbeit hängt vom personalen Faktor ab (Nicolaisen 2013a). Er entscheidet weitaus stärker als etwa die zum Einsatz kommenden Methoden, ob das Coaching bzw. die Beratung gelingt (de Haan 2013).

1.1.5 Limbisches System

Bei aller Faszination, welche von den Neurowissenschaften ausgeht, ist deren Erkenntnislage zurzeit in vielen Punkten nichtsdestotrotz noch nicht gesichert. »Eindeutigen Rückschlüssen« aus diesen Forschungen auf die Anwendungsfelder Therapie, Coaching und Beratung sollte man deshalb mit Vorsicht begegnen. Relativierungen sind hier angemessen. Denn die Lücke zwischen wissenschaftlicher Forschung und pragmatischem Expertenwissen ist noch sehr groß (Wittfoth 2016). Dennoch mögen neurowissenschaftliche Erkenntnisse für den Beratungskontext fruchtbare Impulse liefern (Roth u. Ryba 2016).

Das limbische System[1] ist ein außerordentlich wichtiger und strukturell komplexer Bestandteil des menschlichen Gehirns (Abschnitt **»Neurowissenschaften«** in Kap. 1.1.1). Es verknüpft das Stammhirn mit Arealen der Großhirnrinde (Carter et al. 2010). Während das Stammhirn lebensnotwendige Körperfunktionen wie Blutdruck, Atmung und Herzfunktion zentral reguliert, ermöglicht die Großhirnrinde bewusstes Denken und absichtsvolles Handeln.

Emotionen haben ihren Ursprung im Zusammenwirken limbischer Areale, vollziehen sich jedoch auch in ganz anderen Teilen des Großhirns. Das limbische System wird gemeinhin als »subkortikal« beschrieben (Roth 2007; Roth u. Ryba 2016). Dabei sind insbesondere die rechtshemisphärischen präfrontalen Rindenbezirke des Stirnhirns (Frontallappens) einbezogen. Andererseits leisten limbische Aktivitäten erhebliche Beiträge zu kognitiven Prozessen. Kortex und limbisches System wirken über sogenannte auf- und absteigende Assoziationsfasern in vielfachen Schleifen aufeinander ein (ebd.).

Das »dreieinige Gehirn« – eine Metapher

Der US-amerikanische Hirnforscher Paul MacLean (1913–2007) sprach bereits in den 1950er-Jahren vom »dreieinigen Gehirn« (LeDoux 2001, S. 105 ff.). Die Dreiteilung von Stammhirn, limbischem System und Kortex betrachtete er als Ergebnis der Evolution:

- Als evolutionär ältester Teil ist das Stammhirn unmittelbar mit dem vegetativen Nervensystem verbunden. Es regelt lebensnotwendige Vitalfunktionen des Körpers.

---

1 Lat. *limbus*, dt. »Rand, Saum, Umgrenzung«.

1) Im Laufe von Jahrmillionen hat sich über dem Hirnstamm ein komplexes System herausgebildet, welches von MacLean im Jahr 1952 erstmals als »limbisches System« bezeichnet wurde. Hier entstehen Emotionen, die dafür sorgen, dass der Organismus auf seine Umwelt reagieren kann, z. B. mit Aggression oder Zuneigung, Annäherungs- oder Fluchtverhalten. Die Basisemotionen von Angst, Wut, Trauer, Ekel und Freude dienen genau diesem Zweck.

2) Als dritten Teil des Gehirns nannte MacLean die Großhirnrinde: den Kortex. Mit ihm wurde im Laufe der Menschheitsentwicklung bewusstes Denken möglich.

Das emotionale Geschehen lokalisierte MacLean ausschließlich im limbischen System. Diese Annahme hat sich in späteren Jahrzehnten durch weitere Forschungen relativiert. Mittlerweile gilt es als gesichert, dass auch kortikale Bereiche am Entstehen von Emotionen Anteil haben: Schließlich sind Großhirnrinde und limbische Areale sehr eng miteinander verknüpft. Dennoch hat sich die Vorstellung vom limbischen System als »emotionalem Gehirn« bis in die Gegenwart erhalten (ebd., S. 107) – ebenso wie die Dreiteilung des Hirns. Als stark metaphorische Reduktion mag sie ihre Berechtigung haben. Denn wie der deutsche Psychologe Jürgen Kriz (2017, S. 45) schreibt, soll

> »der Hinweis auf das ›Dreifachhirn‹ des Menschen [...] der Gefahr vorbeugen, ›Bedeutung‹ vorschnell und zu einseitig auf Prozesse im Neokortex mit seinen kognitiv-rationalen Fähigkeiten und begrifflichen Konzepten zurückzuführen zu wollen [...]. Stattdessen müssen wir akzeptieren, dass ein beachtlicher Teil vitaler Bedeutungen vor aller Begrifflichkeit liegt.«

Drei Schichten im limbischen System

Der deutsche Biologe und Hirnforscher Gerhard Roth nennt drei Ebenen des limbischen Systems, die unterschiedliche Qualitäten von Emotionen hervorbringen (Roth 2011, S. 42 ff.):

- In einer unteren Schicht ereignen sich *elementare Affekte* wie panische Angst oder unbändige Wut.
- Auf einer mittleren Ebene ist das *biografische Gedächtnis* angesiedelt, in welchem unzählige Episoden aus dem eigenen Le-

ben abgespeichert sind. Sie sind mit emotionalen Anteilen wie Freude oder Kummer eingefärbt. Grundsätzlich können sie in unser Bewusstsein gelangen, allerdings nur anlassbezogen.

- Mithilfe der obersten Schicht ergeben sich *subjektiv erlebte Gefühle,* die zu Aussagen über sich selbst führen wie z. B. »Ich fühle mich niedergeschlagen« oder »Ich bin obenauf«. Beim Zustandekommen solcher Gefühle sind auch kortikale Areale aktiviert. Weiterhin ist diese Schicht am Entstehen der sogenannten *Bauchgefühle* beteiligt.

Eine Sichtweise, welche dem Drei-Schichten-Modell nahekommt, findet sich in der sogenannten kognitiven Bewertungstheorie des deutschen Psychologen Klaus R. Scherer (Scherer 2001; Davidson, Scherer a. Hill Goldsmith 2009). Scherer forschte viele Jahre am Swiss Center for Affective Science in Genf über Emotionen. Zwar sieht er die kognitive Komponente von Emotionen als zentral an. Dennoch stellt er auch die Wichtigkeit des limbischen Systems heraus. In seiner Theorie beschreibt er, wie sich jegliche Informationsverarbeitung auf diversen Schichten im Gehirn ereignet. Jede emotionale Bewertung findet als mehrstufiges Reizprüfschema statt. Ein Großteil dieser Aktivitäten läuft im unbewussten Modus ab.

1.1.6 Die Rolle des Unbewussten

Der Einfluss des Unbewussten auf das Denken, Fühlen und Verhalten gilt mittlerweile als wissenschaftlich belegt (Grawe 2004; LeDoux 2001; Roth 2007; Wilson 2007). Der niederländische Sozialpsychologe Albert Jan »Ap« Dijksterhuis (2010) schildert, inwieweit sich sämtliche Informationsverarbeitung weitestgehend im unbewussten Modus vollzieht. Während das Bewusstsein ungefähr 60 Bits pro Sekunde verarbeitet, schafft das Unbewusste bis zu 11,2 Mio. Demnach ist die Kapazität des Unbewussten etwa 200.000 Mal größer. Dies erklärt, weshalb das Erleben in erster Linie aus dem Unbewussten heraus gesteuert wird (Grawe 2004, S. 120):

> »Das subjektive Erleben [...] ist Produkt, nicht Produzent der Prozesse, die unser Selbst oder unsere Persönlichkeit konstituieren, und diese Prozesse verlaufen ganz überwiegend unbewusst. [...] Was wir denken, entscheiden und tun, wird nicht von unseren bewussten Prozessen bestimmt, sondern von Prozessen, die zuvor ohne Bewusstsein abgelaufen sind.«

Häufig reagieren wir auf etwas, das wir gar nicht bewusst wahrgenommen haben, und wundern uns über das eigene Verhalten. Dies hängt unter anderem damit zusammen, dass wir permanent eine enorme Anzahl von Wahrnehmungen verarbeiten, von denen einige unmittelbar zu Handlungspotenzialen führen. Entsprechende Belege liefert die sogenannte Priming-Forschung[2] (Bargh, Chen

---

Praxis: Kooperation von bewussten und unbewussten Anteilen

Die Entwicklung eines höheren Grades an Selbstregulation kann als ein übergeordnetes Ziel im Coaching verstanden werden. Zu diesem Zweck lassen sich die Möglichkeiten einer kooperativen Zusammenspiels zwischen dem Unbewussten und dem Bewusstsein genauer betrachten. Denn nicht selten schildern Kunden die Dynamik eines »Ich will ja, aber es geht nicht«: Eine bewusst gefasste Intention wird durch einen kraftvollen Anteil aus dem Unbewussten konterkariert. Emotionen liefern solcher Dynamik Energie. Bislang finden diese Aspekte im Beratungskontext jedoch nur wenig Beachtung (Roth u. Ryba 2016). Vielen Coachingkunden wäre allein dadurch geholfen, jene Vorgänge als etwas zutiefst Menschliches zu erklären. Es könnte ein wertvoller Beitrag zum Entwickeln von Selbstempathie sein. Manch eine Selbstverurteilung ließe sich damit relativieren.

Mittlerweile gibt es Vorgehensweisen im Coaching, die jenes Zusammenspiel zwischen dem Unbewussten und dem Bewusstsein im Blick haben und explizit nutzen. Das Trainingsprogramm des Zürcher Ressourcenmodells (ZRM; Storch u. Krause 2002) nimmt darauf Bezug. Das systematische Aufbauen eines kooperativen Verhältnisses zwischen dem unbewussten und dem bewussten Bereich ist eine zentrale Idee jüngerer Beratungsansätze, wie z. B. der »generativen Trance« von Stephen Gilligan (2014; Kap. 5.3) oder der hypnosystemischen Konzepte von Gunther Schmidt (2005, 2007). Beide Pioniere haben als Schüler Milton Ericksons dessen hypnotherapeutischen Ansatz weiterentwickelt und betonen die Gleichrangigkeit kognitiv-bewusster und somatisch-unbewusster Anteile. Demnach würden Problemlösungen größere Kraft und Nachhaltigkeit entfalten, wenn beide Bewusstseinsbereiche zusammenwirken. Lösungen ließen sich als erwünschtes Zusammenwirken unwillkürlicher Erlebensmuster und willentlicher Handlungssteuerung verstehen.

---

2 Priming oder Bahnung bezeichnet die Beeinflussung der Verarbeitung (Kognition) eines Reizes dadurch, dass ein vorangegangener Reiz implizite Gedächtnisinhalte aktiviert hat (https://de.wikipedia.org/wiki/Priming_(Psychologie)) [Zugriff: 12.09.2018].

a. Burrows 1996; Ulfert 2016). Sie zeigt anhand einer Vielzahl von Experimenten, wie das menschliche Fühlen, Denken und Handeln auf unbewusster Ebene gebahnt wird. Körperhaltung und Sinneseindrücke spielen dabei eine verblüffend wichtige Rolle. Wenn wir aus unserem Unbewussten heraus agieren, kann dies als vollkommen normal bewertet werden. Auch der Großteil des sogenannten vernunftmäßigen Denkens vollzieht sich in unbewussten Bahnen (Roth 2007, S. 102 ff.).

1.1.7 Affektlogik: Zum Verhältnis von Emotion und Kognition

Luc Ciompi prägte den Begriff »Affektlogik« (1997), womit er zum Ausdruck brachte, »dass Fühlen und Denken – oder Emotion und Kognition, Affektivität und Logik im weiten Sinn – [...] in sämtlichen psychischen Leistungen untrennbar zusammenwirken« (Ciompi 2013, S. 16). Weiterhin lassen sich aus seinem Konzept pragmatische Konsequenzen für eine professionelle Arbeit mit Emotionen ableiten.

Thesen zur Affektlogik und mögliche Konsequenzen für Coaching und Beratung

Im Laufe seiner reichhaltigen Forschungstätigkeit hat Ciompi das Ineinanderwirken von Emotion und Kognition eingehend untersucht und daraus vier Thesen abgeleitet:

- *These 1:* »Fühlen und Denken – oder Emotion und Kognition, Affektivität und Logik im weiten Sinn – wirken in sämtlichen psychischen Leistungen untrennbar zusammen.« (Ciompi 1997, S. 16).

Eine strikte Trennung zwischen Emotion und Kognition wäre demnach kaum praktikabel. Vertreter theoretischer Modelle, welche beide Funktionen derart isolieren, sollten nicht vergessen, dass das »pralle Leben« in anderen Bahnen läuft. Missachtet beispielsweise ein Coach die emotionale Seite komplett oder würdigt sie sogar bewusst herab, wird sich dies höchstwahrscheinlich wenig förderlich auf den Beratungsprozess auswirken, z. B. in Form einer weniger tragfähigen Arbeitsbeziehung zum Kunden und einer weitaus geringeren Nachhaltigkeit.

- *These 2:* Affekte begleiten nicht nur andauernd alles Denken und Verhalten, sondern leiten es zu einem guten Teil auch. Die affektive Grundstimmung beeinflusst laufend den Fokus der Aufmerksamkeit und bestimmt damit zugleich, was gerade als wichtig oder unwichtig erscheint (Ciompi 2013, S. 22 f.).

In diesem Sinne wirken Emotionen schneller und stärker als kognitive Anteile. Sie verfügen über eine Filter- wie auch eine Attraktorwirkung (Kap. 1.1.8). Das Bild, welches ein Mensch sich von seiner Umgebung macht, beruht auf einer selektiven Wahrnehmung. Diese kann immer nur einen kleinen Ausschnitt erkennen. Sie ist maßgeblich durch den aktuellen somatoemotionalen Zustand gefärbt. Von den Emotionen hängt es ab, wie wir eine Situation oder die Begegnung mit einem Menschen bewerten. In Coaching und Beratung empfiehlt es sich, die jeweiligen Konstruktionen gerade in Hinsicht auf ihre emotionale Sogwirkung genauer zu betrachten.

- *These 3:* »[...] situativ zusammengehörige Gefühle, Wahrnehmungen und Verhaltensweisen verbinden sich im Gedächtnis zu funktionellen Einheiten im Sinn von integrierten Fühl-, Denk- und Verhaltensprogrammen, die sich in ähnlichen Situationen immer wieder neu aktualisieren, differenzieren und gegebenenfalls auch modifizieren« (ebd., S. 29 f.).

Diese These deckt sich mit der neurowissenschaftlichen Annahme, dass Erleben in neuronalen Netzwerken organisiert ist. Fühlen, Denken und Verhalten hängen nicht nur unmittelbar zusammen, sondern bilden ein »Konnektom«.[3] Aktuelle Wahrnehmungsdaten verknüpfen sich mit gespeicherten Vorerfahrungen, Gedankenfragmenten, Körperempfindungen und Bewertungen. Darin ist die emotionale Seite die ausschlaggebende Kraft. Gewissermaßen steuert sie die Verknüpfung und wirkt gleichzeitig wie ein Bindegewebe. Auf solche Weise vollzieht sich jegliches Erleben in assoziativen, netzwerkartigen Bahnen. Um Veränderung zu initiieren, könnte es in der Coachingpraxis hilfreich sein, ein einzelnes unerwünschtes Fühl-Denk-Verhaltensprogramm genauer zu betrachten, um heraus-

---

3 Gesamtheit der Verbindungen im Nervensystem eines Lebewesens mit dem Fokus auf den Eigenschaften dieses Netzwerks. Details sind verfügbar unter: https://de.wikipedia.org/wiki/Konnektom [Zugriff: 13.09.2018].

zufinden, welches Detail in diesem Erlebensnetzwerk sich vielleicht verändern lässt.

- *These 4:* Subjektives Erleben lässt sich kleinschrittig dadurch modifizieren, dass in bestehende Fühl-, Denk- und Verhaltensprogramme kleine Unterschiede eingebaut werden. Für die Arbeit in Coaching und Beratung lassen sich »solche konträren Einsprengsel in einem scheinbar einförmigen Leidenszustand [...] nutzen, indem winzige gegenläufige Fühl-, Denk- und Verhaltensweisen quasi mit der Lupe gesucht, gezielt ins Auge gefasst und dann systematisch zu (wiederum) gangbaren Tritten und Wegen ausgebaut werden« (ebd., S. 35).

Hier zeichnet sich ab, wie ein Arbeiten mit Emotionen aussehen könnte: Es bräuchte zunächst die Akzeptanz ihres Daseins. Im nächsten Schritt könnten die einzelnen Bestandteile des emotionalen Erlebensnetzwerks erkundet werden, z. B. mit der Frage, welches Körperempfinden und welche einzelnen Gedanken oder Erinnerungen mit der Emotion einhergehen. Weiterhin ließen sich die feinen Verästelungen auf der Mikroebene des Erlebens erfassen. Beispielsweise könnte man die Submodalitäten des Körperempfindens befragen: Wie zeigt sich die Emotion auf der körperlichen Ebene? Wo im Körper? Wie genau: schwer/leicht, punktuell/dumpf, warm/kalt etc.? Sind die einzelnen Elemente erst erfasst, lässt sich eventuell ein Unterschied einfügen, z. B. indem man fragt: Würde es einen Unterschied machen, tief und langsam durchzuatmen? Wie würde der Organismus darauf reagieren? Inwieweit verändert sich damit das emotionale Erleben? Wird es schwerer oder leichter? Hier ginge es um einen Unterschied, der tatsächlich einen Unterschied macht, indem er das Erleben in eine erwünschte Richtung verändert.

Dies entspricht in weiten Teilen den Vorgehensweisen der hypnosystemischen Konzepte, wie sie Gunther Schmidt entwickelt hat. Darin beschreibt er Veränderungsarbeit als das Einfügen von Unterschieden in bestehende Erlebensmuster (Schmidt 2005, 2007).

Kollektive Affektlogiken

Ciompi hat sich nicht nur eingehend mit der Dynamik von Fühl-Denk-Verhaltensprogrammen auf der individuell-psychischen

Ebene beschäftigt. Er hat deren Wirkung auch in sozialen Kontexten untersucht. Hier entfalten sie oftmals eine noch größere Kraft. Denn Emotionen können ansteckend sein. Sie wirken als »soziale Verstärker und Resonanzmechanismen [...], die auf der individuellen Ebene fehlen« (Ciompi u. Endert 2011, S. 16). Im Miteinander schaukeln sich emotionale Ladungen hoch. Solche kollektiven Affektlogiken führen zu Geschichten und schreiben Geschichte.

Für den Kontext von Organisationsberatung haben diese Phänomene Relevanz. Denn ein Veränderungsprozess, der auf der rationalen Ebene durchaus sachlich gut begründet sein mag, erfährt auf der emotionalen Ebene noch lange keine Akzeptanz. Hier wäre eine Arbeit mit der vorherrschenden kollektiven Affektlogik unter Umständen sehr angemessen.

1.1.8 Emotionen konstruieren Wirklichkeiten

Mit der Affektlogik zeichnet sich bereits ab, wie emotionale Anteile an der Konstruktion von Wirklichkeit beteiligt sind. Sie lenken die Aufmerksamkeit und wirken bisweilen wie Wahrnehmungsfilter: Gemäß dem Spruch »Ich sehe was, was du nicht siehst« blicken wir auf einen Mitmenschen und nehmen etwas wahr, das einem anderen Beobachter nicht auffallen würde. Oder wir übersehen, was einem Dritten sofort ins Auge fällt. Aus der Perspektive der Neurowissenschaften bezeichnet Gerhard Roth dies als »Blindheit durch Unaufmerksamkeit« (»*inattentional blindness*«) (Roth 2011, S. 131): »Je stärker wir uns auf etwas ›fokussieren‹, desto mehr verschwindet alles außerhalb dieses Fokus‘ aus unserem Bewusstsein – wir sind wie blind.«

Emotionen als Attraktor

Emotionen wirken wie eine Art Magnet, der die Aufmerksamkeit auf sich zieht und in eine bestimmte Richtung lenkt. Daran knüpfen sich dann weitere Erlebenselemente. Erinnert sich jemand an eine schmerzhafte Lebensepisode, so wird dies mit einiger Wahrscheinlichkeit auch eine entsprechende Körperhaltung oder Mikromimik nach sich ziehen. Mit solchen somatischen Komponenten intensiviert sich wiederum das emotionale Erleben.

Beispiel

Nahezu jeder Mensch macht folgende Erfahrung: Man redet z. B. in einem Gespräch über etwas, das unvermittelt und womöglich zunächst unbemerkt eine emotionale Rührung auslöst. Es verläuft nur in den wenigsten Fällen bewusst. Innerhalb weniger Sekunden kann sich das Erleben verändern. Schlagartig breitet sich die Emotion innerlich aus. Mitunter wird sie sogar so stark, dass sie von der Person Besitz zu ergreifen scheint. Ist man soeben noch ruhig und gelassen gewesen, kommt nun eine zunächst unterschwellige Angst auf, die mit sorgenvollen Gedanken an die Zukunft verknüpft ist. Doch dabei bleibt es nicht: Weitere dunkle Gedanken schließen sich an, türmen sich auf wie Gewitterwolken und ziehen ihre Kreise. Ein Gedankenkarussell nimmt Fahrt auf und raubt einem bisweilen den Schlaf. Je mehr es einen beschäftigt, desto mehr scheinen die Gefühle sich zu intensivieren. Bald färben sie den Blick auf die Welt.

Die Energiezufuhr, die solche Dynamiken in Gang hält, stammt aus dem unwillkürlichen emotionalen Erleben. Zwar stehen die Gedanken und konkreten Vorstellungen im Vordergrund des Bewusstseins, die Emotionen jedoch verleihen ihnen erst ihre machtvolle Wirkung.

Emotionen als Filter

Emotionen wirken wie Schleusen, die eine unüberschaubare Menge an Sinnesdaten kanalisieren. Allein aus der Außenwelt strömen in jeder Sekunde Millionen Bits an Informationen auf das Individuum ein. Vieles davon wird gar nicht erst in das Arbeitsgedächtnis bzw. ins Bewusstsein gelassen, sondern ausgeblendet. Ciompi spricht von »affektselektionierten Gedanken und Wahrnehmungen« (Ciompi 1997, S. 97). Aus dem fortwährenden Strom unseres Unbewussten und unseres Bewusstseins wählen wir unwillkürlich nur diejenigen Gedanken, Gefühle und Empfindungen aus, die zu unserer aktuellen Gestimmtheit passen. Wenn wir unsere Umwelt nur ausschnitthaft wahrnehmen, dann liegt es an unseren biologischen Gegebenheiten, aber auch an unseren Gefühlen und emotionalen Zuständen.

Die Aufmerksamkeit lässt sich mit dem Strahl einer Taschenlampe vergleichen. Er holt immer nur einen sehr kleinen Ausschnitt der Wirklichkeit in den Lichtkegel des Bewusstseins. Um im Bild zu bleiben: Die Emotionen lenken den Lampenstrahl.

Praxis: Aufmerksamkeitsfokussierung

Jedes Erleben kann als das Ergebnis eines Fokussierens von Aufmerksamkeit verstanden werden (Schmidt 2007). Erfragt der Berater das problematische emotionale Erleben seines Kunden, richtet er automatisch den Fokus auf eben dieses Erleben. Bis zu einem gewissen Grad ist dies sinnvoll und aus Pacing-Gründen sogar notwendig (Kap. 1.2.3). Verstärkt es jedoch das Problemerleben und führt in eine Art »Problemtrance«, sollte die Aufmerksamkeit auf ein erwünschtes Erleben bzw. auf Ressourcen gelenkt werden. Insofern wirkt jede Frage sowie jede Intervention als aufmerksamkeitsfokussierender Akt. Dessen sollte sich der Berater bewusst sein.

Subjektives Erleben und soziale Konstruktion

Obgleich Emotionen subjektiv erlebt werden, spielen sie sich nicht nur intrapsychisch ab. Sie sind das Medium, mit welchem wir uns in Beziehung zu unseren Mitmenschen oder situativen Gegebenheiten setzen. Daher sind »Emotionen nicht als Binnenzustände von Subjekten zu verstehen und zu beschreiben, sondern als eine Art und Weise, mittels derer Subjekte sich die Welt erschließen und aneignen« (Reemtsma 2015, S. 24). Sie ereignen sich an der Nahtstelle zwischen dem Individuum und seiner Umwelt. Insofern sind Emotionen an ein zwischenmenschliches Geschehen gebunden oder an eine »Interaktion« zwischen Person und Objekt. Doch die Begegnung mit einem Mitmenschen und die Auseinandersetzung mit den unmittelbaren Umweltreizen unterliegen gesellschaftlichen Konventionen. Also entstehen oder verstärken sich Emotionen immer in einem bestimmten Kontext, der sich situativ und kulturell unterscheidet (Ciompi u. Endert 2011). So wenig, wie Emotionen vom subjektiven Erleben losgelöst werden können, ist es möglich, sie ohne ihren sozialen bzw. situativen Kontext zu verstehen.

Wir sind es gewohnt, ein Gefühl »in« einer Person zu verorten. Die Vorstellung, dass es darüber hinaus auch ein Ergebnis von Interaktion ist, scheint weniger verbreitet. Genau darauf weisen systemische und sozial-konstruktionistische Perspektiven hin (Gergen u. Gergen 2009): Verhaltensweisen und Gefühlsphänomene entstehen in Wechselwirkungen von zirkulärer Kausalität.

Beziehungsrealitäten

Leben findet in Relationen statt. Im Kontext des Lebendigen gibt es kein isoliertes Ereignis oder Element. Der natürliche Zustand ist der eines Verflochtenseins. Dies gilt ebenso für jegliche zwischenmenschliche oder innerliche Dynamik. So ist der Mensch ohne Bezogenheit nicht vorstellbar.

Mit Bezug auf Gregory Bateson spricht Helm Stierlin von »Beziehungsrealität« (Stierlin 1989). Diese Beziehungsrealität ist durchtränkt von basalen Emotionen: Freude, Kummer, Wut, Angst, Ekel, Überraschung. Damit gehen einerseits Gefühle einher wie Glücksempfinden, Enttäuschung, Stimmigkeit, Verzweiflung oder Gelassenheit. Andererseits ist das Tor zum »Zwischenmenschelnden« aufgetan: Liebe und Hass, Sich-angezogen- und Sich-abgestoßen-Fühlen, Begehren und Verachten – kurzum: der Stoff, aus dem die großen Dramen gewoben sind.

Menschen erfahren Emotionen in Prozessen »bezogener Individuation« (ebd.). Beim Heranwachsen erlernen wir durch unsere unmittelbaren Beziehungserfahrungen eine Weise, mit bestimmten Emotionen umzugehen oder eben auch nicht umzugehen. Es entstehen Muster, sich mit einem Gefühl auseinanderzusetzen oder es »zur Seite zu packen«. Nicht selten wird auf diesem Wege aus einer primären Emotion ein facettenreicher Gefühlscocktail. Fühlt sich ein Kind traurig und macht dazu die Erfahrung, in dieser Verfassung nicht erwünscht zu sein, wird dies mit einiger Wahrscheinlichkeit die Traurigkeit verstärken. Die Bemerkung »Traurig darf man nicht sein« spricht dem womöglich sehr berechtigten Kummer sein Existenzrecht ab. Kommt dann noch eine weitere Beurteilung hinzu (»Stell dich nicht so an!«), taucht eine zusätzliche Gefühlsfacette auf, nämlich jene von Sich-nicht-akzeptiert-Fühlen. Jeder Mensch hat ähnliche emotionale Verkettungen in seiner früheren oder späteren Kindheit erlernt. Häufig erfordert es einige Arbeit, um sich solcher Zusammenhänge bewusst zu werden.

1.1.9 Unwillkürliches Erleben

Emotionale Prozesse vollziehen sich unwillkürlich (Arnold 2009). Der Begriff »unwillkürlich« drückt aus, dass ein Erleben oder Verhalten anscheinend wie von selbst geschieht – ohne dass es willentlich oder bewusst steuerbar wäre. Kunden, die im Coaching von einem unerwünschten oder leidvollen Erlebenszustand berichten, beschreiben es sehr häufig als unwillkürliches Muster. Äußerungen wie z. B. »Ich wollte mich darüber nicht mehr aufregen, aber dann gingen mit mir die Pferde durch«, »Ich kann nicht aus meiner Haut« oder »Ich will ja, aber es geht nicht« geben dies wieder. Man fühlt sich dann wie fremdgesteuert. Oftmals schließen sich selbstabwertende Dialoge an: »Meine Güte, das ist wirklich blöd von mir gewesen« oder »Wie konnte ich nur ...«.

Unwillkürliche Prozesse vollziehen sich sowohl auf der Ebene des subjektiven Erlebens als auch in der zwischenmenschlichen Interaktion. Beide Prozessebenen befinden sich in permanenten Wechselwirkungen. Soziale Realität entsteht, indem sich die beteiligten Akteure immerzu gewissermaßen gegenseitig zu einem Verhalten und emotionalen Reaktionen »einladen« – auch wenn sie dies nicht bewusst beabsichtigen. Auf diese Art und Weise läuft die soziale Konstruktion von Wirklichkeit größtenteils in unwillkürlichen Affektlogiken ab: das konkrete Fühl-Denk-Verhaltensmuster des einen Akteurs verknüpft sich mit dem Fühl-Denk-Verhaltensmuster eines anderen.

Einfluss und Dynamik unwillkürlicher Prozesse werden bislang im Coaching wie auch in der Organisationsberatung nur wenig beachtet und in der Regel ignoriert. Häufig gilt das Steuern von Handlungen und Erleben als komplett willentlicher Akt. Wie jedoch Neurowissenschaften und Motivationspsychologie aufzeigen, ist diese Annahme offenbar ein Irrtum.

> »Unwillkürliche Prozesse wirken schneller und effektiver als willkürliche. [...] Veränderungsprozesse können sich dann schwierig gestalten, wenn man bewusst-willkürlich Änderung will, aber unwillkürliche Muster noch gegenläufig funktionieren.« (Schmidt 2007, S. 183)

In seinen hypnosystemischen Konzepten zeigt Gunther Schmidt (2007) systematische Vorgehensweisen auf, wie sich das Unwillkürliche in Kooperation mit dem Willentlichen bringen lässt. Emotionale Anteile werden dazu bildhaft und körperlich erlebt. Über Imaginationen und Körperkoordination kann so indirekt auf ein Gefühl eingewirkt werden. Dies wäre ein Art »Limbisch Sprechen« (Kap. 5.2) mit sich selbst. Vor diesem Hintergrund erscheinen Lösungen in einem neuen Licht: nämlich als das Übereinstimmen willentlich-bewusster und unwillkürlicher Erlebensprozesse.

1.2 Emotionen akzeptieren

Es würde einer höheren Nachhaltigkeit in Coaching und Beratung dienen, mit aufkommenden Emotionen zu arbeiten anstatt gegen sie anzugehen. Dennoch liegt vielen Coachingmodellen ein rational-kognitives Verständnis von Veränderungsprozessen zugrunde. Dabei werden Emotionen eher als Begleitphänomen gesehen. Entsprechend bewegen sich viele Coaches tendenziell auf der kognitiven Ebene (Roth u. Ryba 2016). Emotionales Erleben lässt sich jedoch nur eingeschränkt und kurzfristig über einen überwiegend rationalen Zugang verändern.

1.2.1 Professionelle Beziehung als emotionales Geschehen

In einer Metastudie über die Wirkung von Therapie und Coaching zeigt Eric de Haan (2013), dass der entscheidende Wirkfaktor in der Beziehungsqualität liegt, die zwischen Coach und Coachee entsteht. Darauf weisen auch weitere Autoren hin (Auszra, Hermann u. Greenberg 2017; O'Broin a. Palmer 2010; Roth u. Ryba 2016; Runde 2004). Diese zu gestalten liegt in der Verantwortung des Begleiters. Beziehung ist in erster Linie ein emotionales Geschehen. Es ist eng an das Bindungsbedürfnis gekoppelt. Jede Form von professioneller prozessorientierter Beratung ist eine »helfende Beziehung« (Schein 2003), welche ohne die emotionale Interaktion nicht möglich wäre. Greif (2008) nennt die affektive Dimension im Coaching als maßgeblichen Erfolgsfaktor (Kap. 2.2).

Der Coach bietet dem Coachee auf der emotionalen Beziehungsebene Sicherheit und Akzeptanz. Dadurch wird das Bindungsbedürfnis zumindest tendenziell befriedigt. So entsteht eine Metastabilität, mit welcher es dem Anlassgeber eher möglich ist, sich mit unliebsamen Wahrheiten und herausfordernden Emotionen auseinanderzusetzen. Der Coachee kann seine Fähigkeit zur Selbstregulation leichter entwickeln, wenn er eine unterstützende Beziehungserfahrung macht. Bereits das Mitteilen von Gefühlen reguliert häufig deren emotionale Ladung herunter (Saarni 2002). Im Beratungskontext wird es mit dem Begriff »Psychohygiene« beschrieben oder alltagssprachlich mit Metaphern wie »sich den Kummer von der Seele reden«.

1.2.2 Eine Sprache für die Emotionen finden

Menschen stehen nicht selten vor der Herausforderung, zunächst einmal ein Gespür oder eine Sprache für das eigene Innenleben zu finden. So sind sich auch Coachingkunden ihrer Gefühle nicht immer bewusst. Es kann vorkommen, dass ihnen die Worte dafür fehlen, was sie aktuell empfinden. In der Regel nennt der Kunde eine problembehaftete Situation oder eine schwierige Interaktion als Anlass für das Coaching. Sein Fokus ist auf das äußere Geschehen gerichtet, das eigene persönliche Erleben wird weniger beachtet. Oftmals ist dies Teil der Problematik: Es fehlt ein klarer Zugang zum eigenen Innenleben und der damit verknüpften eigenen Bedürfnislage. Wenn eine Person gar nicht oder nur diffus wahrnimmt, was eine Situation in ihr auslöst, mindert das die Fähigkeit zum souveränen (Re-)Agieren.

Dies kann ein wesentlicher Punkt sein – sowohl im Coaching als auch in Gesprächen zur Organisationsberatung mit beteiligten Akteuren: Es geht darum, emotionale Anteile zu akzeptieren, akute, unberücksichtigte Bedürfnisse nicht zu ignorieren, sondern sie anzusprechen, anzuerkennen und ihnen Raum zu geben. Nicht selten wollen Kunden lieber darüber hinweggehen oder sind sich nicht bewusst, dass sie es bereits tun. An solchem Punkt wird eine sensible Hartnäckigkeit des Coaches benötigt. Ähnlich einem Spürhund bleibt er am emotionalen Geschehen dran – allerdings ohne zu drängen. Gegebenenfalls leiht er den Emotionen des Kunden seine Stimme. Er kann Bilder oder Metaphern anbieten, um dem »limbischen« Geschehen eine Gestalt zu verleihen. Dies mag empathisch oder konfrontativ geschehen. Der Coach geht jedoch nur so weit, wie sein Gegenüber dazu bereit ist. Solange er sich in guter Resonanz mit seinem Gegenüber befindet, wird er sensibel registrieren, was er dem Kunden zumuten kann.

1.2.3 Der Coach bzw. der Berater als Resonanzsubjekt

Das lateinische Wort *re-sonare* bedeutet »**widerhallen**, mitschwingen«. Der Begriff Resonanz kommt auch im Bereich der Akustik vor. Im Beratungskontext beschreibt er die Qualität des Miteinanders von Coach und Coachee. Es geht um Dynamik, Rhythmus und Frequenz und um ein Synchronisieren mit dem Gegenüber. Der Coach benötigt einen guten Grad an Resonanzfähigkeit, um sich auf seine Kunden einzustimmen und sich in sie hineinzuversetzen. Mögliche Begründungszusammenhänge liefert unter anderem die Erforschung der sogenannten Spiegelneuronen (Bauer 2005), visuomotorischer Nervenzellen, die ermöglichen, dass Menschen miteinander in Resonanz treten. Spiegelneuronen tragen dazu bei, dass wir uns als Mensch in einen anderen Menschen hineinversetzen können. In einem guten Gespräch gleichen wir uns unwillkürlich auf der körperlichen Ebene einander an (Zaboura 2009, S. 60): »So wird die Bewegung des Gegenübers auf körperliche Art und Weise empathisch nachvollzogen und gleichsam – ohne Zwischenschaltung und Vermittlung des Bewusstseins [...] – somatisch ›verstanden‹.«

Resonanz ist ohne die somatisch-emotionale Dimension nicht möglich (Trautmann-Voigt u. Voigt 2009). Sie bedeutet, sich auf eine Wellenlänge zu begeben, sich einzuschwingen. Das mag etwas lyrisch klingen, doch lassen sich daraus in pragmatischer Hinsicht klare Konsequenzen für das Handeln als Coach ziehen.

Praxis: Pacing

Die körperliche Kommunikationsebene spielt in der gelingenden Beratungsbeziehung eine wesentliche Rolle. In diversen Coachingmodellen wird das Angleichen des Coachs an den Coachee mit dem Begriff *Pacing* benannt: Der Coach nimmt achtsam die »Frequenzen« auf der nonverbalen Ebene seines Gegenübers wahr. Er synchronisiert sich hinsichtlich des Sprachduktus und -tempos sowie der Körperhaltung und des Atemmusters. Er beachtet, dass dies nicht zu einem technischen Nachäffen gerät. Stattdessen ist ein mittleres Synchronisierungsniveau (Storch u. Tschacher 2014, S. 63) zu empfehlen, welches dem Coach ein authentisches Agieren ermöglicht. Jegliches Pacing wird aus einer Haltung von Wertschätzung und Respekt vorgenommen – und nicht als technisches Trickmittel.

Sich in Resonanz begeben – anstatt Ratschläge zu erteilen

Sich in Resonanz zu begeben bedeutet auch, vorgefertigte eigene Lösungsideen zu suspendieren. Folgt man dieser Linie mit einiger Konsequenz, zieht dies nach sich, eigene vorschnelle Ratschläge zurückzuhalten (Motschnig u. Nykl 2009, S. 65):

»Ratschläge [...] werden häufig als Versuche verstanden, eine Person zu ändern oder in eine bestimmte Richtung zu lenken. Sie bedeuten oft Hindernisse im Erforschen des eigenen Zugangs und in der Entstehung einer kreativen Beziehung.«

Immer wieder geben Teilnehmende in Coachingausbildungen an, dass jene Zurückhaltung schwer zu praktizieren sei. Deshalb ist viel Übung nötig. Die Zurückhaltung lässt sich leichter umsetzen, wenn man auf die paradoxen Auswirkungen so manch gut gemeinten Ratschlags schaut: Ein Satz wie »Da müssen sie gelassen bleiben« wirkt bei einem aufgebrachten Coachee keineswegs unterstützend. Eher löst er ein Gefühl des Nicht-verstanden-Seins aus. Oder wenn der Coachee seine große Niedergeschlagenheit schildert, wäre es vom Coach geradezu dümmlich, den Coachee aufzufordern, einfach glücklich und obenauf zu sein. Das ist die äußerst kritische Vulgärvariante positiven Denkens. Denn es würdigt keinesfalls das Problemerleben oder die aktuelle Bedürfnislage des Kunden. Wie bereits Paul Watzlawick und Mitautoren erkannt haben, ist einer »der landläufigen Irrtümer über das Wesen des Wandels die naive Annahme [...], dass die Herbeiführung des Gegenteils dessen, was geändert werden muss, die Lösung darstellt.« (Watzlawick, Weakland u. Fisch 1974, S. 38).

Sich in Resonanz zu begeben, verlangt vom Coach:

- sich vorbehaltlos auf das Gegenüber einzulassen,
- mit dem emotionalen Erleben des Kunden zunächst mitzugehen,
- sich von der Kultur des Ratschlagens zu verabschieden,
- vorläufige Lösungslosigkeit zuzulassen,
- sich von der Kontrollillusion zu verabschieden,
- auf eigene somatische Reaktionen zu achten und
- auf den Entwicklungsprozess zu vertrauen.

Im Kontext von Coaching und Beratung lassen sich Ergebnisse niemals vorhersagen (Schmidt-Lellek 2007a). Es erfordert die Fähigkeit und Bereitschaft des Coachs, »sich auf Unvorhersehbares einzulassen, Unsicherheit zu begrüßen und Vertrauen in die autopoietischen Prozesse des Gegenübers zu entwickeln. Das Zulassen von Lösungslosigkeit erhöht die Qualität des Coaching-Gesprächs.« (Nicolaisen 2017, S. 102).

1.3 Emotionen verändern

Emotionales Erleben lässt sich verändern – wenn auch gewiss nicht auf Knopfdruck und nach Belieben. Ob Emotionen deswegen als beherrschbar gelten, sollte mit Skepsis gesehen werden. In der Literatur taucht wiederholt der Begriff »Emotionsregulation« auf (Barnow, Reinelt u. Sauer 2015). »Regulation« könnte suggerieren, dass eine Ich-Instanz die Emotionen ohne Weiteres hoch- und herunterzuregeln vermag. Allein die Erkenntnisse der Neurowissenschaften liefern eindeutige Hinweise, dass es keineswegs so einfach vonstattengeht. Zu einem bestimmten Grad liegt es im Bereich des Möglichen – doch gewiss nicht als Dominanz des sogenannten Verstandes über die Emotionen. Diese sind kleine Naturkräfte, die sich ebenso wenig beherrschen lassen wie ein Vulkanausbruch oder ein Gewitterregen. Daher wäre zu empfehlen, sich in Demut zu üben und eher auf einen gelasseneren Umgang mit Emotionen zu fokussieren. Kontrolle ist niemals zu hundert Prozent möglich. Wenn ein Gefühl oder eine emotionale Ladung einen Menschen »ergreift«, hat dies gute Gründe. Emotionen sind lebensnotwendig und haben sich im Laufe der Evolution zu genau diesem Zweck entwickelt. Das Verändern emotionaler Muster gelingt sehr viel leichter, wenn solche ursprüngliche Funktion der Emotion gewürdigt wird.

1.3.1 Der Berater als hilfreiche Variable

Für die Arbeit mit Emotionen stellt sich der professionelle Begleiter als unterstützendes Resonanzsubjekt zur Verfügung. Insofern ist er eine günstige Umwelt für eine mögliche Veränderung. Dennoch findet Letztere als Prozess von Selbstorganisation im Kunden statt. Kriz (2001, S. 229) formuliert es so:

> »Die Ordnung im System entsteht [...] wesentlich aufgrund der inhärenten wechselseitigen Beziehungen der Variablen, externe Variablen der System-Umgebung stellen nur den Anlass [...] zur Verfügung. Es wird also keine Ordnung von außen importiert, sondern von innen entfaltet.«

Entsprechend sollte sich der Coach bzw. Berater lediglich als externe Variable verstehen. Er stellt einen förderlichen Rahmen für die Selbstentwicklung des Kunden zur Verfügung. Aussagen eines Coachs wie z. B. »Ich habe dem Kunden seine Angst genommen« oder »Ich habe sein Potenzial aktiviert« können als kompletter Unfug angesehen werden. Sie zeugen eher von maßloser Selbstüberschätzung oder einem überwertigen Helfersyndrom des Beraters. Günstiger wäre es, dieser würde sich von der eigenen Machermentalität und Profilierungsbedürftigkeit verabschieden. Coaching bedeutet für den Coach eine fortwährende Übung in Demut, in steter Hochachtung vor den selbstorganisatorischen Kräften seines Kunden.

Wer steuert die Seele?

Wie Gregory Bateson formuliert hat, sind »wir keineswegs die Kapitäne unserer Seele« (Bateson 1985, S. 564). Wenn schon der Kunde nicht als Kapitän seiner Seele zu sehen ist, dann kann noch weniger der Coach ein Kapitän für das psychische Erleben (und mithin der Emotionen) seines Kunden sein. Er vermag seinen Auftraggeber lediglich darin zu unterstützen, Selbstwirksamkeit und Kompetenzerleben im Umgang mit emotionalen Anteilen aufzubauen. Dazu ist entsprechendes Know-how nötig. Doch ebenso ist auf der Haltungsebene ein demütiger Respekt gegenüber den selbstorganisatorischen Prozessen des Anlassgebers erforderlich. Jeder Mensch ist ein Wunderwerk. Vertreter systemisch-konstruktivistischer Perspektiven haben vielfach betont, dass er keineswegs als triviale Maschine zu verstehen ist. Genauer betrachtet, ist auch die Metapher vom Menschen als »nicht triviale Maschine« fragwürdig: Denn Maschinen sind nicht an ihrer Fortdauer interessiert, der Mensch als fühlendes Wesen allerdings schon. Er ist eine pulsierende Lebenseinheit, welche sich auf die Entfaltung ihrer Erlebens- und Handlungsmöglichkeiten hinbewegt.

1.3.2 Emotionen als Lernanlässe

Gefühle und Emotionen sind Botschaften aus dem eigenen Organismus an das eigene Bewusstsein. Sie weisen auf die aktuelle Bedürfnislage hin. Weiterhin sind sie zutiefst mit der Biografie verknüpft.

> »Indem wir uns unserer Emotionen und Bedürfnisse bewusstwerden und sie artikulieren, erlangen wir Kenntnis darüber, welche Bedeutung Dinge für uns haben. Durch Bewusstmachung unserer Emotionen lernen wir uns wahrhaft selbst kennen.« (Greenberg, Rice u. Elliott 2003, S. 32).

Vor diesem Hintergrund können Emotionen als Wegweiser gelesen werden, der je nach Kontext anzeigt: »Schau genau hin! Was ist gerade mit dir los? Was sind jetzt deine Bedürfnisse? Was gilt es zu beachten? Was gilt es womöglich zu überwinden? Wohin soll die Reise gehen?« Solche Fragen laden nicht zum blinden Folgen des emotionalen Impulses ein, sondern zum genauen Erkunden dessen, was im Erleben der aktuellen Wirklichkeitskonstruktion vor sich geht. Denn die Wirklichkeit ist nicht so, wie wir sie zunächst fühlen.

Insoweit zielt das Betrachten der eigenen Emotionen keineswegs auf eine naive Selbstbestätigung, sondern es dient als Impuls zur Auseinandersetzung mit sich selbst. Wenn wir uns entwickeln wollen, müssen wir uns gar nicht mühen und lange nach Anlässen suchen. Das Leben serviert uns Lernmöglichkeiten auf dem Silbertablett – speziell für uns als Unikat ganz individuell zubereitet.

> »Die angemessene, wenn auch provozierende Frage, die man angesichts überraschender oder überwertiger Verhaltensweisen sich selbst stellen sollte, lautet deshalb nicht: ›Warum tust du mir das an?‹, sondern: ›Seit wann habe ich das?‹ – Gemeint ist damit: ›Seit wann habe ich diese besondere Art, in solchen Schlüsselsituationen so und nicht anders zu reagieren?‹ Oder: ›Warum tue ich mir dies an?‹ Diese Fragen sind unbequem. Sie lenken den Blick vom vermeintlichen Verursacher meines Problems (dem ›Übeltäter‹) auf mich selbst und auf meine Reaktion in dieser besonderen Situation. Dabei gerät der eigene Gefühlskörper bzw. unser emotionales Ich in den Blick.« (Arnold 2009, S. 13).

Mittels solcher Fragen kann man den eigenen emotionalen Mustern auf die Schliche kommen. Die Auseinandersetzung mit dunklen Gemütszuständen gehört zweifelsohne dazu. Denn wie formuliert Stephen Gilligan (1999, S. 31) so passend: »Das Leben ist hinter uns her.« Und es hält immer wieder Aufforderungen bereit, uns fortwährend weiterzuentwickeln. So kann jedes Ärgernis, jeder Konflikt und sogar jeder Herzensschmerz, dem wir im Alltag begegnen, als Anlass zum Lernen genommen werden. Stephen Gilligan spricht in seinem Konzept der Selbstbeziehung sogar davon, dass der Mensch sich darin üben könnte, effektiver zu leiden (Gilligan 1999, S. 35). Das ist keinesfalls als Einladung zum Masochismus gemeint, sondern als Aufforderung, sich den dunklen und schmerzvollen Gefühlen zu stellen, um sie als Lektion zu nehmen. Nicht selten können sie kleine Lehrmeister für die persönliche Entwicklung sein. Dazu ist es allerdings notwendig, sie zu akzeptieren und nicht rigide kontrollieren oder unterdrücken zu wollen.

Reflexion: Erkunden des persönlichen emotionalen Erlebens

Mögliche Einstiegsfragen:

- Wenn ich mich in Verbissenheit mit jemandem verhake: Seit wann kenne ich das von mir?
- In welcher Art von unliebsamen Gedankenschleifen bleibe ich wiederholt hängen?
- Wo, wann und zu welchen Anlässen neige ich zu Horrorszenarien oder Katastrophengedanken?

Mögliche Erkundungsfragen:

- Wie genau zeigen sich bestimmte Empfindungen?
- Was geht auf der Ebene körperlichen Empfindens mit diesen Gefühlen einher, z. B. hinsichtlich Muskelspannung oder Atemmuster?
- Kommen sie mir aus anderen Zusammenhängen bekannt vor?
- Scheint mir mein aktuelles Erleben wie ein Echo aus längst vergangener Zeit?

Mögliche Veränderungsfragen:

- Was hilft mir dabei, das Gefühl besser zu akzeptieren?
- Inwieweit lassen sich Unterschiede in das Erleben einbauen?
- Welche inneren Dialoge, welche Veränderung in der Körperkoordination oder welche inneren Vorstellungen sind dafür hilfreich?
- In welche erwünschte Richtung ließe sich das Erleben verändern?

Nachdenken reicht nicht aus

In dem gerade Genannten steckt nicht nur eine Aufforderung zur Selbstreflexion im Sinne eines sinnierenden Nachdenkens, sondern mindestens ebenso zur energievollen Selbsterkenntnis, die das Reflexive übersteigt. Beispielsweise ärgert man sich über sich selbst, eine überaus notwendige Entscheidung immer wieder vor sich herzuschieben und nicht den Mut aufzubringen, für die eigenen Bedürfnisse einzustehen. Die Auseinandersetzung mit solchen emotionalen Anteilen ist sicher nicht angenehm, aber durchaus zu empfehlen: Diese bergen die Einladung, etwas anderes als das Bisherige zu tun.

In diesem Sinne behauptet der US-amerikanische Soziologe Jack Katz (1999), dass Emotionen eine verwandelnde Magie in sich tragen. In jedem noch so heftigen Gefühl liegt ein positiver Kern, der uns letztlich zu uns selbst bringen will. Mit emotionalen Anteilen zu arbeiten bedeutet, von sich selbst zu lernen.

1.3.3 Arbeiten auf der »limbischen Ebene«

Um mit Emotionen zu arbeiten oder um sie zu verändern, ist es notwendig, »Limbisch« zu sprechen. Damit ist die Welt der Bilder und inneren Vorstellungen sowie die des Körpers gemeint. Wilma Bucci (2002) benennt drei verschiedene Codes, über welche der Mensch Informationen verarbeitet (Abb. 2):

- den *symbolisch-verbalen* Code (gesprochene und geschriebene Worte),
- den *symbolisch-nonverbalen* Code (Bilder) und
- den *vorsymbolischen* Code (Körper).

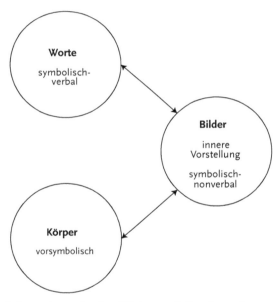

Abb. 2: Informationscodes (modifiziert nach Bucci 2002)

Worte können nicht direkt auf das Körpergeschehen einwirken. Dazu braucht es den Weg über Bilder und Imaginationen. Mittlerweile beziehen sich unterschiedliche Beratungsansätze, die dem Selbstmanagement (Storch u. Krause 2002) oder der Selbstregulation von Emotionen (Künzler 2010) dienen, auf das Modell der Informationscodes.

Bucci (2002) beschreibt für die Beratungsarbeit eine Dynamik, die sie als referenziellen Prozess (»*referential process*«) bezeichnet.

Dieser umfasst drei Phasen:

1) das Akutwerden eines emotionalen Erlebnisses (»*arousal*«, »Wecken, Erregung«),
2) sein symbolhaftes Benennen und Bearbeiten (»*symbolizing*«) und
3) schließlich das Neugestalten (»*reorganizing*«) des ursprünglichen Erlebnisses

Im affektiven Wiedererleben steckt die Chance, das bisherige Erleben zu wandeln. So lässt sich eine Emotion nur durch ein neues emotionales Erleben verändern bzw. relativieren. Dies erfordert Formen des Erfahrungslernens.

Für den Coach oder Berater bedeutet dies, das Gespräch als eine Art Gefäß zu gestalten, in welchem die vom Kunden genannte Emotion zunächst gut gehalten wird. Respektvoll und wertschätzend lenkt er den Fokus auf das somatisch-emotionale Erleben. Solches Betrachten des aktuellen Zustands entspricht der oben genannten »*Arousal*«-Phase bei Bucci. Anschließend ließe sich gemäß der 2. Phase der Emotion eine symbolhafte Gestalt geben. In Phase 3 würde das Erleben in eine vom Kunden erwünschte Richtung neu konstelliert. Es bleibt zu erwähnen, dass allein das würdigende Akzeptieren vonseiten des Coachs bisweilen schon ein »*Reorganizing*« bewirken kann: Denn das Gefühl, welches vordem ignoriert oder niedergehalten wurde, darf nun sein.

Um mit einer Emotion zu arbeiten, ist also ihr Akutwerden notwendig. Erst dann ist das unerwünschte Erleben »heiß«, sodass es sich gewissermaßen neu schmieden lässt. Entsprechende Hinweise finden sich bei Auszra, Hermann u. Greenberg (2017), Künzler (2010) und Rüegg (2010).

Die in Kapitel 5 dargestellten Elemente zur Arbeit mit Emotionen lassen sich grob dem folgenden Dreischritt zuordnen:

»Arousal«	»Symbolizing«	»Reorganizing«
• Empathisches Zuhören • Achtsames Wahrnehmen • Würdigendes Akzeptieren	• Gestalt verleihen • Balance halten • Limbisch sprechen	• Ressourcen aktivieren • Unterschiede bilden • Künftige Schritte berücksichtigen

2 Zum Spannungsfeld Coaching – Person – Emotion – Organisation

Allgemein dienen Beratung und Coaching der Klärung, der Problembewältigung sowie der Entwicklung personaler und organisationaler Kompetenzen.
Im *Einzelcoaching* geht es häufig um Selbstklärung und um das Auffinden von Ressourcen. Mit ihnen soll eine konkrete Problemsituation überwunden werden. Auf einer Metaebene dient die Coachingarbeit dem (Wieder-)Erlangen von Selbstwirksamkeitserleben aufseiten des Kunden. Der Coachee erhält von seinem Coach Unterstützung für das Erreichen selbstkongruenter Ziele.

Organisationsberatung unterstützt komplexe soziale Systemen darin, konstruktiv auf eine Herausforderung zu reagieren oder einen Veränderungsprozess zu gestalten. Die Anlässe dazu finden sich in der Umwelt der Organisation (z. B. Markt oder gesellschaftliche Veränderungen) oder organisationsintern (z. B. Entscheidungskrisen, Umstrukturierungen, Kommunikationsprobleme oder atmosphärische Störungen). Unwillkürlich lösen solche Ereignisse bei den Systemteilnehmenden Emotionen aus. Das wird in der Regel wenig wertgeschätzt und als Ärgernis abgetan – wenn es denn überhaupt klar ins Bewusstsein kommt. Nicht selten sind es emotionsgeladene Kommunikationen oder bereits verfahrene Situationen, die zum Anlass genommen werden, einen externen Berater hinzuzuziehen.

> **Beispiel: Veränderung außen und innen**
> Eine Führungskraft hat in Abstimmung mit ihrem Vorstand in einer Abteilung einen Umstrukturierungsprozess angeschoben. Allmählich wird es ihr deutlich, dass die Auswirkungen sehr viel weiter in die Organisation ausstrahlen als ursprünglich angedacht. In einigen Momenten fühlt sich die Führungsperson damit unsicher und bisweilen höchst unkomfortabel. Unplanbares taucht auf, häufig in Gestalt emotionaler Reaktionen der Beteiligten: Unmut und Beschwerden brechen sich Bahn. Die Mitarbeitenden beanstanden, nicht genügend informiert worden zu sein. Die Führungskraft tut dies als »Kindergartengetue« ab, regt sich aber gleichzeitig darüber auf. Zur gleichen Zeit meldet sich der Vor-

stand mit der unterschwellig provokanten Frage, ob die Führungsperson ihre Leute nicht »im Griff« habe. Man habe da so einiges Ungutes über den »Flurfunk« gehört.

Die verschiedenen Akteure finden sich in Kommunikationsschleifen wieder, die wenig zum guten Voranschreiten im Veränderungsprozess beitragen. Wo gegenseitiges Verstehen für die emotionale Reaktion der jeweiligen Partei notwendig wäre, treten Vorwürfe und Misstrauen auf den Plan.

Die Führungskraft holt sich Unterstützung durch ein Coaching. Der Coach erweckt ihr gutes Vertrauen. Daher öffnet sie sich im sicheren Rahmen des Coachings. Zum ersten Mal spricht die Führungsperson ungeschminkt über ihren angestauten Ärger, die eigenen Frustrationen und ihre Empörungen. Während die Worte aus ihrem Mund kommen, ist sie bisweilen von sich selbst überrascht. Erst jetzt wird ihr deutlich, wie sehr und wie lange schon sie die Situation als beschwerlich erlebt. Nachdem sie ihren Kummer von der Seele geredet hat, tritt bereits ein Gefühl von Erleichterung auf.

In den weiteren Sitzungen entwirft der Coachee mithilfe seines Coachs einen Handlungsplan, wann und wo mit welchen Akteuren im Feld ein Gespräch durchzuführen sei. Eine Kraftfeldanalyse leistet dazu gute Dienste. Dabei wird deutlich, dass einige der organisationalen Kommunikationsstrukturen alles andere als klar festgelegt sind. Dem Anlassgeber erscheint es als sinnvoll, diese Beobachtung mit in die Gespräche einfließen zu lassen. Gleichzeitig wird ihm bewusst, dass er bei einigen Gesprächspartnern sehr genau darauf schauen muss, wie er mit seinen eigenen emotionalen Anteilen umgeht: Wann soll mit den Vorgesetzten und mit den Mitarbeitenden auf welche Art und Weise kommuniziert werden? Welcher Zustand wäre dafür angemessen und hilfreich?

Das Eingehen auf Stimmungen, emotionale Anteile und persönlichen Gefühle der involvierten Personen dient der intensiven Bearbeitung sowie der Nachhaltigkeit. Der Coach bzw. Berater sollte beachten, dass der Kunde bzw. das Kundensystem neu gewonnene Erkenntnisse möglichst auf der emotionalen Ebene verankert (Schreyögg 2015, S. 47):

> »Lernen im Kontext von Beratungsgesprächen ist effektiver, wenn es in Emotionen eingebunden wird. Emotionen erhöhen die Wahrscheinlichkeit, dass Informationen und Ereignisse nach ihrer ersten Präsentation gespeichert werden.«

2.1 Zum Coachingbegriff

Coaching wird als eine professionelle, personzentrierte Beratungs-dienstleistung beschrieben. Im Dialog mit seinem Coach klärt der Kunde eigene Anliegen und Situationen und erarbeitet mögliche Handlungsoptionen. Grundsätzlich dient Coaching zur »Verbesse-rung der Erreichung selbstkongruenter Ziele oder zur bewussten Selbstveränderung und Selbstentwicklung« (Greif 2008, S. 69). Häufig bezieht sich Coaching auf die Steigerung der beruflichen Leistungsfähigkeit. Nicht selten zeigen sich im Verlauf des Bera-tungsprozesses Verknüpfungen zwischen dem beruflichen und dem persönlich-privaten Bereich (Heyn u. Grimmer 2009). Es kommt vor, dass Kunden auf ihre Situation am Arbeitsplatz blicken und eine Leistungsoptimierung als Coachingziel nennen. Doch im Laufe des Gesprächs zeigt sich, dass es vielmehr darum geht, die eigene Fähig-keit zur Selbstregulation zu entwickeln. Das Erlernen eines konstruk-tiven Umgangs mit eigenen Emotionen oder misslichen Situationen steht dann im Vordergrund. Eine daraus resultierende optimierte Leistung ist dann eher ein Nebeneffekt. Insoweit findet Lernen im Coaching auf verschiedenen Ebenen statt (Ebner 2016).

Historie
Der Begriff »Coaching« stammt aus dem Sportkontext. Hier wird der Coach als eine professionell agierende Person genannt, die einen Sportler darin unterstützt, bessere Leistung zu bringen. Der US-ame-rikanische Sportpädagoge und Mentaltrainer Timothy Gallwey hat die Entstehungsphase von Coaching mitgeprägt. Er nutzte den Be-griff »*inner game*«, um deutlich zu machen, dass die mentale Verfas-sung bzw. das innerpsychische Geschehen maßgeblich zum Erbrin-gen einer Leistung beiträgt oder es beeinträchtigt (O'Connor u. Lages 2009). In diesem Sinne begleitete Gallwey zunächst Tennisspieler, um Selbstdialoge und innere Vorstellungen zu finden, die der Sport-ler als stärkend erlebte. Das Erarbeiten individuell passender Ziele war ein weiterer wesentlicher Bestandteil solcher Coachings (Gallwey 2011).

Gallweys Prinzipien wurden ab Ende der 1970er- und Anfang der 1980er-Jahre auf den Managementbereich übertragen. Dies hat-te vornehmlich die Steigerung der Leistungsfähigkeit zum Zweck (Buer 2007). Allmählich kamen weitere Aspekte für ein persönliches

Selbstmanagement hinzu, beispielsweise die Gesundheitsförderung und das Herstellen von Lebensbalance (Birgmeier 2010). Damit öffnete sich das Coachingfeld zunehmend dem Bereich von Persönlichkeitsentwicklung. Seit den 1990er-Jahren hat Coaching eine starke Verbreitung erfahren. Es wird mittlerweile nicht nur in Unternehmen als Instrument zur Personalentwicklung (Böning 2005) eingesetzt, sondern auch z. B. in der sozialen Arbeit (Birgmeier 2010) oder im pädagogischen Kontext (Nicolaisen 2017).

In den Statuten des Deutschen Bundesverbands Coaching als größten Verband werden Grundlinien für eine qualitätsvolle Coachingarbeit aufgeführt (DBVC 2007). Die Arbeit mit Emotionen wird nur indirekt und ohne nähere Differenzierung genannt. So finden sich hier allgemeine Formulierungen wie »Auseinandersetzung mit prärationalen Mustern« (Schreyögg 2007, S. 36). Hier lässt sich erahnen, dass Emotionen sehr wohl Thema im Coaching sein können. Obwohl sie nicht explizit genannt werden, sind Anlässe wie z. B. eine Konfliktklärung oder eine Krisenbewältigung verständlicherweise emotional geladen. Für Bereiche wie Persönlichkeitscoaching und Potenzialentwicklung gilt dies in ähnlicher Weise.

2.2 Einbeziehen der emotionalen Ebene als Erfolgsfaktor im Coaching

Die emotionale Dimension kann im Coaching eine entscheidende Rolle einnehmen. Siegfried Greif hat sich eingehend mit Erfolgsfaktoren im Coachingprozess beschäftigt und stellt folgendes Ranking auf (Greif 2008, S. 146 ff.):

1) Wertschätzung und emotionale Unterstützung
2) Affektreflexion und -kalibrierung
3) Ergebnisorientierte Problemreflexion
4) Ergebnisorientierte Selbstreflexion
5) Zielklärung
6) Ressourcenaktivierung und Umsetzungsunterstützung
7) Evaluation der Fortschritte im Verlauf

Mit der emotionalen Beziehung an erster Stelle des Rankings und der Arbeit mit Affekten an zweiter Stelle zeigt sich der Stellenwert von Emotionen im Coaching. Fühlt sich der Kunde akzeptiert und gesehen? Inwieweit ist es ihm möglich, sich der eigenen emotionalen Regungen bewusst zu werden? Vermag er die eigenen Gefühle zu betrachten und sich zu ihnen in Beziehung zu setzen? In seiner Darstellung bezieht sich Greif auf eigene Forschungsprojekte und diverse Studien zum Thema (ebd., S. 278 ff.). Demnach wären die emotionale Beziehungsgestaltung aufseiten des Coachs sowie der Umgang mit Emotionen aufseiten des Coachees keineswegs die einzigen, aber doch wesentliche Effektstärken im Coaching.

Das bewusste Eingehen auf die emotionale Dimension in der Coachingarbeit erfordert vom Coach emotionale Klarheit und Unabhängigkeit. Zwangsläufig ereignen sich in der Beratungsarbeit Projektionen und Übertragungen (Kap. 4.4). Der Coach braucht einen Umgang mit diesen Phänomenen – was kein leichtes Unterfangen ist, da sie vorbewusst ablaufen. Würden sie leichtfertig unterschätzt, könnten sie das professionelle Agieren stark beeinträchtigen. Dies gilt insbesondere für die Arbeit mit Emotionen. Die Gefahr, sich zu verstricken, ist nicht von der Hand zu weisen. Leider werden solche Dynamiken in Coachingausbildungen nur am Rande oder mitunter gar nicht thematisiert. Intellektuelles Räsonieren reicht hier nicht aus: Konkrete Selbsterfahrung ist erforderlich. Ähnliches gilt für emotionale Muster aufseiten des professionellen Helfers: Er sollte eigene Bedürftigkeiten nach Anerkennung und Erfolgsstreben weitestgehend erkannt haben. Es gehört zur Aufgabe des Coachs, sich von eigenen Ansprüchen freizumachen. Je souveräner er für sich steht, desto förderlicher ist es für die Begegnung mit dem Coachee (Kap. 4.1).

Eine Kompetenzvertiefung durch Selbsterfahrung ist jedem Berater und Coach zu empfehlen. Sie steht im unmittelbaren Zusammenhang mit seiner inneren Haltung. Aus ihr erwachsen Fähigkeiten wie z. B. ein geduldiges, achtsames Wahrnehmen oder ein souveränes Umgehen mit Emotionen. Beides wird weder durch Buchlektüre noch durch ein stupides Methodenlernen erreicht. Wie heißt es doch so treffend: »A fool with a tool is still a fool.« (Ein Narr mit einer Methode ist immer noch ein Narr.)

2.2.1 Bearbeitungstiefen im Coaching

Im Coaching wird nicht nach Gefühlen gegraben. Schon die weit verbreitete Standardfrage »Was macht das mit ihnen?« können Kunden bisweilen als übergriffig erleben. Es empfiehlt sich, lediglich mit jenen emotionalen Anteilen zu arbeiten, die den Coachee ohnehin beschäftigen und die er bereitwillig im Gespräch erwähnt oder von sich aus thematisiert. Oftmals geschieht dies beiläufig. Es ist Aufgabe des Coachs, dafür aufmerksam zu sein.

Die Auseinandersetzung mit Emotionen und Gefühlen geschieht nicht um ihrer selbst willen, sondern sie dient der Selbstklärung und dem Verändern des Erlebenszustands in eine vom Kunden erwünschte Richtung. Im Kern geht es darum, dass der Coachee (wieder) zu einem Erleben von Selbstwirksamkeit gelangt. Daher ist es »beim Coaching nicht typisch, sich über mehrere Sitzungen vorwiegend mit den Gefühlen des Klienten zu beschäftigen oder intensive Gefühle zu evozieren« (Greif 2008, S. 147). Stattdessen achtet der Coach darauf, aufkommende emotionale Anteile aufseiten des Kunden wahrzunehmen, zu akzeptieren und als wichtige Information für die erwünschte Veränderung einzubeziehen. Über die Gefühle ist ein besserer Selbstzugang möglich (ebd.).

Coaching kann auf verschiedenen Ebenen der Persönlichkeit ansetzen. In der Literatur zum Coaching wird unterschieden zwischen (Segers, Vloeberghs a. Hendrickx 2011):

- Skills-Coaching,
- Performance-Coaching und
- Developmental Coaching, Life-Coaching bzw. Personal Coaching

Skills-Coaching
Beim Skills-Coaching geht um das Einüben konkreter Verhaltensweisen, die in einem beruflichen Handlungsfeld erforderlich sind. Das Coaching orientiert sich damit unmittelbar an der Praxis. In der Regel geht es reibungslos über die Bühne. Hier geschehen einfache Lernprozesse, bezogen auf ein spezifisches Verhalten in einem eingeschränkten Kontext. Solches Lernen geschieht in Organisationen nahezu tagtäglich. Skills-Coaching liefert mit seiner Funktionsorientierung die entsprechende Begleitung.

Beispielsweise formuliert ein Coachee, der im Innendienst arbeitet, das Vorhaben, für Telefonate mit Neukunden seine Gesprächsführung optimieren zu wollen. Oder ein Produktionsleiter sieht sich aufgrund stetig wachsenden Personals in der Situation, seine Mitarbeitendengespräche neu zu gestalten. Hier werden neue Fertigkeiten benötigt. Skills-Coaching dient dazu, diese maßgeschneidert für den Coachee zu entwickeln und gegebenenfalls einzuüben. Im Allgemeinen reichen wenige Sitzungen dafür aus.

Performance-Coaching

Beim Performance-Coaching steht die berufliche Leistung im Zentrum. Häufig wird es von Führungskräften der mittleren und gehobenen Ebene in Anspruch genommen. Neue Rollenanforderungen oder der Wechsel in eine neue Verantwortlichkeit können bisweilen herausfordernd sein und Emotionen auslösen. Oftmals geht es um Veränderungen im persönlichen Führungsstil oder um das Klären eigener Ziele.

Wird im Coaching an solchen Themen gearbeitet, geht es kaum vonstatten, ohne bisherige Selbstverständlichkeiten in Bewegung zu bringen. Damit berührt es stärker den persönlichen Bereich und bisweilen auch das Identitätserleben, obwohl eher selten auf einer tieferen Ebene. Beispielsweise konsultiert eine Führungskraft einen Coach für ihren nächsten Karriereschritt. Im Dialog kann sich die Führungskraft eigener Ziele vergewissern. Der Coach fragt kritisch nach Konsequenzen und nach erforderlichen Kompetenzen, die der Anlassgeber noch für sich zu erarbeiten hat.

Im Performance-Coaching geht es um die Leistungssteigerung und Kompetenzerweiterung. Zwar setzt dieses Format vornehmlich im Businesskontext an. Dennoch bezieht es mehr oder minder bereits die Persönlichkeit des Fallgebers mit ein, inklusive seines emotionalen Stils.

Developmental Coaching

Diese Art von Coaching nimmt die Gesamtpersönlichkeit des Kunden in den Blick. Developmental Coaching wird auch als »Life-Coaching« oder »Personal Coaching« bezeichnet. Darin werden persönliche Themen bearbeitet, und die Ebene des Identitätserlebens wird angesprochen. Dieses Coachingformat bewegt sich in Richtung Persönlichkeitsentwicklung. Hier ist die emotionale Dimension in den meisten Fällen integraler Bestandteil der Coachingarbeit. Das Thema kann z. B. die Auseinandersetzung mit konkreten Gefühlen oder das Verändern eines alten, eingeschliffenen Fühl-Denk-Verhaltensprogramms sein. Dazu zählt auch die Arbeit mit Glaubenssätzen oder anderen biografisch erlernten Mustern, die aktuell als einschränkend oder sogar leidvoll erlebt werden. Manchmal zeigt sich in diesem Zusammenhang die Verknüpfung von beruflichen und privaten Problemen. Soll ein Coaching dem Stressmanagement dienen, sind Aspekte des Developmental Coaching kaum zu umgehen. Die Arbeit mit inneren Antreibern bringt eine Auseinandersetzung mit emotionalen Ladungen mit sich. Bis zu einem bestimmten Grad und abhängig vom Ausbildungshintergrund des Beraters kann Coaching in diesem Kontext auch Krisenintervention bedeuten. Die Bearbeitung von Anliegen im Rahmen der sogenannten Work-Life-Balance eröffnet im Developmental Coaching mitunter den Raum zu Werte- und Sinnfragen (Bachkirova 2016). Auch hier spielen tiefe persönliche Gefühle eine wichtige Rolle. Dabei geht es nicht in jedem Fall vordergründig darum, das emotionale Erleben zu verändern, sondern darum, die mögliche Botschaft zu beleuchten, welche in einer Emotion enthalten sein mag.

Im Allgemeinen bringen die drei Arten von Coaching einen unterschiedlichen Grad an emotionaler Involvierung mit sich. Je stärker es in Richtung Developmental- bzw. Life-Coaching geht, desto höher ist die Wahrscheinlichkeit, dass intensiv mit emotionalen Aspekten gearbeitet wird.

Fazit

Die Grenzen zwischen den Coachingkategorien sind fließend. In einer Studie zur Funktion von Coaching in Großunternehmen kommen Heyn und Grimmer zu dem Ergebnis, »dass Anlässe für ein Coaching häufiger persönlicher als geschäftlicher Natur sind, also häufiger die Persönlichkeit des Coachingsnehmers oder allfällige soziale Konflikte betreffen als die Arbeit oder das Unternehmen« (Heyn u. Grimmer 2009, S. 96). Das Arbeitsumfeld ist dann lediglich der Rahmen, worin ein unerwünschtes Erleben akut wird.

> »So entsteht im Coaching oft ein Spannungsbogen zwischen intimen, persönlichen Fragestellungen eines Klienten einerseits, die ansonsten in der Psychotherapie bearbeitet werden, und der Beschäftigung mit institutionellen Dynamiken seines Arbeitsplatzes andererseits, für die ansonsten die Organisationsberatung zuständig ist.« (Schmidt-Lellek 2007b, S. 138)

2.2.2 Abgrenzung von Coaching und Psychotherapie

Damit Coaching seine Wirkung entfalten kann, braucht der Coach Klarheit über die Grenzen seiner Tätigkeit. Denn er kann unmöglich alle Menschen mit sämtlichen Anliegen gleichermaßen unterstützen. Dort, wo sich schwerwiegende psychische Probleme abzeichnen, ist Coaching nicht mehr das angemessene Begleitungsformat.

In der Literatur wird immer wieder betont, dass zwischen Coaching und Psychotherapie eine notwendige Grenze besteht: Coaching diene dem Selbstmanagement gesunder Menschen, Therapie hingegen als Unterstützung für Menschen mit psychischen Störungen. Gemäß dem Psychotherapeutengesetz ist Therapie »jede mittels wissenschaftlich anerkannter psychotherapeutischer Verfahren vorgenommene Tätigkeit zur Feststellung, Heilung oder Linderung von Störungen mit Krankheitswert« (§ 1 Absatz 3 Satz 1 PsychThG). Die »Störungen mit Krankheitswert« sind im Diagnoseschlüssel der *International Classification of Disease* (ICD-10) aufgelistet und dort mit ihren Symptomen beschrieben (DIMDI 2003).

Das Störungsverständnis der therapeutischen Arbeit steht oftmals in der Tradition der medizinischen Profession. In diesem Kontext werden Kunden als »Patienten« bezeichnet und durch die Pathologiebrille betrachtet. Psychotherapie ist häufig über einen längeren Zeitraum angelegt. Gemäß ihrem Selbstverständnis wird an überdauernden, schwerwiegenden Problemen gearbeitet, die als psychopathologisch definiert werden.

Ein therapeutisches Vorgehen (in der tiefenpsychologischen Tradition) widmet sich der Aufarbeitung vergangener, schmerzhafter Erfahrungen, die vornehmlich aus der Kindheit oder aus traumatischen Erlebnissen stammen. Sie sind in der Regel im Unterbewusstsein gespeichert. Führen sie zu überdauernden Problemen, die übermäßig die Lebensqualität beeinträchtigen, geben sie den Anlass, sich therapeutische Unterstützung zu suchen.

Tabelle 1 vergleicht die Themen und Anlässe für Coaching und Psychotherapie.

Coaching(-Anlässe)	Therapie(-Anlässe)
Emotionen regulieren	Überdauernde emotionale Instabilität
Verbesserung Selbstreflexionsfähigkeit	Mangelnde Selbstreflexionsfähigkeit
Mangelnde Kommunikationsfähigkeit	Mangelnde Kommunikationsfähigkeit
Disziplinprobleme	Impulsivität, psychische Instabilität

Tab. 1: Anlässe in Coaching und Therapie
(modifiziert nach Ineichen u. Grimmer 2009)

Psychotherapie wird mit der Arbeit an schwerwiegenden Defiziten in Verbindung gebracht, Coaching eher mit dem Aspekt der Leistungssteigerung (Grimmer u. Neukom 2010). Eine klare Unterscheidung von Psychotherapie und Coaching ist unbedingt notwendig. Denn sogenannte pathologische Phänomene überschreiten den Zuständigkeits- wie auch den Kompetenzbereich eines Coachs. Sie benötigen eine andere professionelle Zuwendung. Psychotherapeuten verfügen über eingehendes störungsspezifisches Wissen sowie über Knowhow, wie sie z. B. Klienten mit Depressionen, Süchten, Essstörungen, Zwangs- oder Persönlichkeitsstörungen behandeln. Während Coaching sich weitestgehend im Modus der Prozessberatung und der Coach sich mit dem Coachee auf Augenhöhe bewegt, muss Psychotherapie, die zur Begleitung sogenannter Störungen mit Krankheitswert herangezogen wird, einen größeren Teil an Expertenberatung beinhalten. Dies umfasst unter anderem notwendiges Wissen über Medikation oder psychiatrische Unterstützung.

Der Coach sollte sich Kriterien zur Einschätzung aneignen und ein Gespür dafür entwickeln, wann der Bereich des Pathologischen betreten ist. Dazu kann ein Grad an therapeutischer Kompetenz sowie ein störungsspezifisches Wissen aufseiten des Coachs sehr hilfreich sein (von Schlippe u. Schweitzer 2006). Eine professionelle Verortung der Grenze des Coachings wäre somit leichter möglich. Besonders bei der Arbeit mit stark ausgeprägten Gefühlen bzw. beim Einbeziehen von emotionalen Anteilen ist solche Kompetenz gefragt. Die weiter oben genannten unterschiedlichen Bearbeitungstiefen (Kap. 2.2.1) können zur Orientierung beitragen.

Die zunehmende Forschung im Bereich Coaching legt für das Verhältnis von Coaching und Psychotherapie nahe (Roth u. Ryba 2016, S. 79),

> »dass die beiden Dienstleistungen zwei Pole eines Kontinuums sind, mit einem Überschneidungsbereich, der viel größer ist als bisher angenommen. Die Schwere der Beeinträchtigungen scheint das brauchbarste Unterscheidungsmaß zu sein [...]«.

Entsprechend sollte der Coach im Kundenkontakt präzise darauf achten, welcher Grad an Beeinträchtigung beim Coachee vorliegen mag.

2.2.3 Übergang zwischen Coaching und Therapie gestalten

Wenn in Coaching und Beratung mit Emotionen gearbeitet wird, dient es dem Kunden zur Klärung und dazu, bei sich selbst zu landen. In dieser Hinsicht kann es der Anlassgeber als sinnstiftend, gewinnbringend und unterstützend erleben. Diese Arbeit ersetzt jedoch keine Therapie.

Sollten sich im Laufe des Gesprächs die Hinweise mehren, dass eine schwere psychische Beeinträchtigung, eine Suchtproblematik oder sogar eine psychische Erkrankung vorliegt, wären die Möglichkeiten von Coaching ausgeschöpft. Manchmal reichen auch schon sehr heftige Gefühle, die es dem Kunden unmöglich machen, seinem geregelten Alltag nachzugehen. Die Emotionen werden dann als übermäßig besitzergreifend oder überschwemmend geschildert. Es liegt in der Verantwortung des Coachs, dies aufmerksam zu beobachten und sensibel ansprechen. Mit der Rolle des Prozessbegleiters geht die Aufgabe einher, sich der eigenen Grenze bewusst zu sein und diese gegebenenfalls gegenüber dem Kunden zu thematisieren. So bedarf es aufseiten des Coachs einer fortwährenden »radikal aufrichtigen inneren Selbstprüfung« (Erpenbeck 2017, S. 76). Als Konsequenz gehört bisweilen auch dazu, gegenüber dem Kunden die Möglichkeit einer psychotherapeutischen Unterstützung anzusprechen und zu initiieren. Letzteres erfordert ein gutes Maß an Transparenz sowie eine einfühlsame Ansprache.

Reflexion: Hinweise aufseiten des Coachs, dass er an seine Grenze gelangt ist

- Diffuses Unbehagen bereits im Erstkontakt
- Schnelles Anspringen des Helfersyndroms bzw. der Retterrolle
- Leichtfertige Selbstüberschätzung (»Das schaffe ich schon!«)
- Bedürftigkeit nach Selbsterhöhung (»Wenn ich diesem Kunden helfe, bin ich ein toller Hecht!«)

Erwähnt der Kunde bereits vor Beginn des Coachings seine Depressionen oder seine Alkoholsucht, ist hier eine Grenze erreicht, bevor das Coaching überhaupt gestartet ist. An diesem Punkt drückt der Coach in aller Klarheit und Empathie seine Einschätzung aus. Er legt nahe, dass ein anderes Unterstützungsangebot erwogen werden sollte, welches spezifischer und angemessener auf den Bedarf des Kunden eingehen kann. Dazu wäre es hilfreich, wenn der Coach bereits über eine Adressenliste von Psychotherapeuten verfügt, die ihm als kompetent und vertrauenswürdig erscheinen.

2.3 Coaching als »Reparaturwerkstatt«?

Coaching wird vonseiten des Unternehmens, welches den Auftrag gibt, nicht selten als eine Art Reparaturwerkstatt gesehen. Mitarbeitenden oder Führungskräften wird ein Coaching verordnet, damit sie wieder »gut funktionieren« – am besten auf Knopfdruck. Solchen Vorstellungen liegt häufig ein mechanistisches Menschenbild zugrunde. Der Coach tut gut daran, diese Aufträge nicht reflexartig anzunehmen. Zunächst sollten die Erwartungen geklärt und verhandelt werden.

Bisweilen wird am Beratungsformat Coaching die Kritik laut, arbeitnehmende Personen lediglich gefügig zu machen und (wieder) an die Organisation anzupassen. Je nachdem, welches Menschenbild dem Coachingansatz zugrunde liegt, kann etwas Wahres in diesem Vorwurf liegen. Im Wesentlichen arbeitet Coaching jedoch mit dem Stimmigkeitserleben des Kunden. Es kommt vor, dass der Anlassgeber dafür zunächst ein Gespür (wieder)entwickeln muss. Kleine Anleitungen zur Selbstwahrnehmung von persönlichen Einschätzungen und Gefühlen können hier gute Dienste leisten. Mögliche Fragen des Coaches sind:

- Wie würden Sie Ihre aktuelle Arbeitszufriedenheit beschreiben?
- Wie sozial eingebunden fühlen Sie sich an Ihrem Arbeitsplatz (auf einer Skalierung von 1 bis 10)?
- Was sind Ihre vorrangigen Empfindungen bezüglich Ihrer Tätigkeit?
- Inwieweit haben Sie einen guten Zugang zu dem, was Ihnen guttut?
- Oder haben Sie es vielleicht aus den Augen verloren?
- Wie stimmig erleben Sie Ihre Arbeitssituation?

Keinesfalls sollen diese Fragen dazu führen, dass der Coachee sich um jeden Preis an sein Arbeitsumfeld anpassen muss. Es geht eher darum zu prüfen, ob zwischen der Person als Arbeitnehmer und der Organisation (noch) eine Passung besteht bzw. was dazu beitragen könnte, sie neu herzustellen. Dies kann jedoch nur unter stetem Berücksichtigen des Stimmigkeitsgefühls des Kunden geschehen. Das psychisch-internale Konsistenzprinzip (Grawe 2004, S. 186 ff. u.

311 ff.), welches sich in Gefühlen ausdrückt, ist der Leitstern für jedes Entwickeln von Selbstregulation. Gegebenenfalls kann dies dazu führen, dass der Kunde sich im Coaching darüber klar wird, sich organisationsintern umzuorientieren oder einen neuen Arbeitgeber zu suchen.

Praxis: Stimmigkeitserleben

Die subjektive Stimmigkeit spielt besonders im Umgang mit den eigenen Emotionen eine überaus wichtige Rolle. Würde sie verletzt, entstehen erneut negative Emotionen. In diesem Punkt braucht der Coach immerzu das Feedback seines Kunden: Sind die Art und Weise, wie gerade im Coaching gearbeitet wird, sowie das aktuelle Thema des Coachings für den Kunden hilfreich oder nützlich? Es kann dabei nicht um ein bloßes An- oder Abtrainieren von Verhaltensweisen gehen. Dies wäre zu mechanistisch gedacht. Soll der Coachee im Coaching ein bestimmtes Verhalten entwickeln, muss eine Balance hergestellt werden zwischen einem zufriedenstellenden Grad an Kongruenzerleben aufseiten des Kunden und den organisationalen Rollen und Aufgaben auf der anderen Seite. Das Befragen des Stimmigkeitserlebens will nicht zur Systemvergessenheit oder zu einer Wünsch-dir-was-Haltung einladen. Vielmehr dient es einer präziseren Passung zwischen Person und Organisation.

2.3.1 Coaching von Einzelpersonen – Wirkung in der Organisation

Die einzelne Person mit ihrem Anliegen oder Wunsch nach Veränderung steht im Fokus des Coachings. Nicht selten werden in diesem Zusammenhang emotionale Anteile, wie z. B. Unzufriedenheit, Überforderung oder Unsicherheit, genannt und bearbeitet. Diese Anteile sind subjektiv erlebt – und doch sind sie auch das Ergebnis sozialer Interaktionsmuster, seien es aktueller oder vergangener.

Hat ein Kunde im Kontext des Coachinggesprächs eines seiner Fühl-Denk-Verhaltensmuster in die von ihm gewünschte Richtung verändern können, darf dies bereits als Erfolgserlebnis angesehen werden. Ein nachhaltiges Umsetzen im Alltag ist damit aber noch nicht gewährleistet. Denn hier warten die alten Kontexte, die womöglich das unerwünschte alte Verhaltensmuster wieder wachrufen. Eine nachhaltige Veränderung gelingt daher viel eher, wenn im Coaching zukünftige Situationen und Interaktionen explizit berücksichtigt werden:

- Für welchen Kontext und mit welchem erwünschten Ziel soll das neue Fühl-Denk-Verhalten hilfreich sein?
- Welche zukünftigen Begegnungen oder Arbeitssituationen könnten besonders herausfordernd sein?
- Was könnte als Erinnerungshilfe oder Anker dienen, damit das neue Verhalten im alten Kontext besser umzusetzen ist?

Es erfordert einen gewissen Grad an emotionaler Stabilität und Motivation, um z. B. eine Verhaltensvariante, die im Coaching erarbeitet worden ist, im Alltag umzusetzen – dies gilt umso mehr, wenn im sozialen Feld mit »Gegenwind« zu rechnen ist. Umso günstiger wäre es, wenn das Neue mit positiven emotionalen Anteilen verbunden ist. Das lässt sich unter anderem mit kraftvollen Imaginationen oder unterstützenden Körperhaltungen vornehmen (Kap. 5.2.1 und 5.2.2).

Beispiel: Emotional verankerte Erinnerungshilfe
Ein Kunde kommt mit einem diffusen Unbehagen während eines aktuellen Teamprojekts ins Einzelcoaching. Zunächst nennt er den Wunsch, sich selbst zu klären. In diesem Zusammenhang fasst er einen Entschluss: »Ich werde in dem laufenden Projekt meine fachlichen Bedenken klar und deutlich äußern.«

Diese Entscheidung zu benennen und zu formulieren, erlebt der Kunde bereits als hilfreich. Eine Umsetzung ist damit noch lange nicht gewiss. Es besteht die Wahrscheinlichkeit, dass diese Entscheidung der Person zwar zuträglich ist, allerdings keinen Anschluss an die eingeschliffenen interpersonalen Kommunikationen des organisationalen Alltags erhält. Dann besteht die Gefahr, dass das Vorhaben verkümmert. Wird der Gedanke des Entschlusses jedoch mit einer positiven Energie verbunden, erhöht dies die Wahrscheinlichkeit der Umsetzung. Beispielsweise kann der Coach im Dialog mit seinem Kunden ein »Mottoziel« (Storch u. Krause 2002, S. 168 ff.) formulieren, welches der Kunde als emotional unterstützend und kraftvoll erlebt. Je höher dieser mit seinem Ziel identifiziert ist, desto förderlicher wäre dies. Solch ein Ziel könnte z. B. lauten: »Mit Löwenmut sage ich meine Meinung.«

Mit dem Mottoziel im Blick lässt sich nach weiteren Ressourcen suchen, z. B. kräftigende bildhafte Vorstellungen auf der inneren Ebene und das Heranziehen unterstützender Personen auf der äußeren Ebene, gegebenenfalls auch klärende Gespräche im Vorfeld der nächsten Teamsitzung. Ohne Emotion bleibt eine nachhaltige Wirkung tendenziell gering.

Maturana behauptet, dass »ein sozialer Wandel nur durch eine Änderung in den Individuen stattfinden kann« (Riegas u. Vetter 1990, S. 33). Wenn die Änderung im Individuum maßgeblich ist, so bleibt doch die Frage, wie sie sich im sozialen Feld entfalten kann. Was wären dafür förderliche Faktoren? Wie können Coachingergebnisse, die für den Anlassgeber hilfreich sind, in die Interaktionen seines Heimatsystems wirkungsvoll eingefügt werden? Entlang dieser Leitfragen lassen sich kleine Probehandlungen und Erinnerungshilfen für den Alltag entwickeln. Im günstigen Fall werden auf der strukturellen Ebene der Organisation Veränderungen vorgenommen, welche den individuellen Lernzuwachs unterstützen. Doch davon lässt sich leider nicht ausgehen. Das bewusste Verzahnen individuellen und organisationalen Lernens stellt leider eher die Ausnahme dar – obgleich es sehr förderlich wäre (Senge et al. 2008). Die Person würde von der Organisation und die Organisation würde von der Person lernen (Nicolaisen 2013b).

2.4 Zum Begriff Organisationsberatung

Bevor der Fokus auf Emotionen in der Organisationsberatung gerichtet wird, sollen kurze begriffliche Annäherungen eine allgemeine Orientierung geben. Empfehlenswerte Einführungen in das Themenfeld von Organisationsberatung und -entwicklung liefern unter anderem Krizanits (2013), Grossmann, Bauer und Scala (2015) oder umfang- und detailreicher Glasl, Kalcher und Piber (2005).

2.4.1 Kurzer Blick in die Historie der Organisationsberatung

Die Begriffe Organisationsberatung und Organisationsentwicklung sind eng mit der Sozialpsychologie verknüpft. Der 1933 in die USA emigrierte deutsche Gestaltpsychologe Kurt Lewin (1890–1947) als einer der Pioniere der experimentellen Sozialpsychologie begann bereits in den 1940er-Jahren, die Dynamik in Gruppen eingehend zu untersuchen. Darin kombinierte er wissenschaftliches Arbeiten und erfahrungsbezogenes Lernen.

Lewin gründete 1944 am Bostoner Massachusetts Institute of Technology (MIT) das »Research Center of Group Dynamics«, welches sich insbesondere der Kleingruppenforschung widmete. In einer Trainingsgruppe mit Führungspersonen ergab es sich, dass die Teilnehmenden dem Auswertungsgespräch des Forscherteams beiwohnten. In dieser eher beiläufig entstandenen Konstellation entwickelte sich ein produktiver Austausch. Die Teilnehmenden der Trainingsgruppe wurden selbst zu Forschenden. Lewin erkannte den Wert der gemeinsamen Reflexion und leitete daraus ein methodisches Vorgehen ab. Er nahm das Ereignis als Modell dafür, wie soziale Systeme gewissermaßen von sich selbst lernen können: Die Forschungssubjekte sind zugleich die Forschungsobjekte.

Diese grundlegende Idee zur Aktionsforschung (»*action research*«) wurde in späteren Ansätzen vertieft und erweitert. Am Londoner Tavistock Institute of Human Relations kam eine Forschergruppe um den britischen Sozialpsychologen Eric Trist (1909–1993) zu folgendem Ergebnis: Teams erbringen eine höhere Arbeitsleistung, wenn ihnen ein gewisser Grad an selbstorganisierten Arbeiten zugestanden wird. Ergänzend dazu ist eine stringente Orientierung an den Arbeitsaufgaben nötig. Allmählich rückte der organisationale Aspekt stärker in den Fokus der Forschung.

In den folgenden Jahrzehnten entstanden Modelle zur lernenden Organisation (Argyris u. Schön 1999), zur strategischen Führung und zum Changemanagement (Doppler u. Lauterburg 1994). Mit der einsetzenden Globalisierung und technischen Neuerungen im Digitalsektor wurden die Umwelten von Organisationen komplexer. Gleichzeitig beschleunigten sich Arbeits- und Kommunikationsprozesse. In diesem Zusammenhang wurde zunehmend von den sogenannten VUCA-Welten gesprochen: »*V*olatility, *U*ncertainty, *C*omplexity, *A*mbiguity«. Organisationen sahen sich mit umfassenden Dynamiken, Unvorhersehbarkeiten, Unüberschaubarkeiten und Mehrdeutigkeiten konfrontiert. Dies führte zu Überlegungen, wie Organisationen als Systeme besser mit den neuen Herausforderungen umgehen könnten. Allen daraus entstandenen organisationalen Neuerungen ist gemeinsam, »dass der Kommunikationsbedarf quantitativ ansteigt, besonders jedoch wachsen die qualitativen Anforderungen an die Kommunikationsgestaltung« (Grossmann, Bauer u. Scala 2015, S. 21 f.). Auch jüngere Überlegungen zum agilen Management lassen sich diesem Entwicklungsstrang zuordnen.

2.4.2 Organisation

Organisationen sind von Menschen konstruierte Gebilde, die über festgelegte Strukturen und Abläufe Zusammenarbeit ermöglichen sollen. Zu ihnen finden sich Regeln, Zuständigkeiten und Entscheidungsprozesse. Sie dienen einem Zweck und sind darauf angelegt, die Organisation aufrechtzuerhalten. Dabei folgen sie eigenen internen Systemlogiken. Emotionen und Bedürfnisse sind in ihrem Regelwerk zunächst nicht vorgesehen. Es geht um die Unternehmens- bzw. Organisationsinteressen.

Gemäß der soziologischen Systemtheorie sind die Personen, die in einer Organisation arbeiten, psychische Systeme. Sie werden als Umwelten für die organisationsbezogenen Kommunikationen betrachtet. Beide Systeme – das psychische und das sozial-kommunikative – überschneiden sich nicht und können einander lediglich irritieren. Die systemisch geprägte Terminologie enthält hierfür den Terminus »strukturelle Kopplung« (Simon 2007, S. 41): »Strukturelle Kopplung bedeutet, dass die Organisation die Operationsmöglichkeiten der Psyche und die Psyche die der Organisation einschränken [sic!].«

Das Mikrogeschehen in einer strukturellen Kopplung vollzieht sich über Kommunikationen. Doch jede menschliche Kommunikation ist von Emotionen geprägt. Letztere müssen dabei nicht verbal ausgedrückt werden: Menschen synchronisieren sich auf der somatisch-emotionalen Ebene (Storch u. Tschacher 2014).

Beispiel: Auswirkungen der nonverbalen Interaktion

Die Mitarbeitenden einer großen Abteilung in einer Organisation fühlen sich aufgrund misslicher Arbeitsbedingungen seit geraumer Zeit stark frustriert. Sie verfallen in eine beinah depressive Stimmung und bringen damit einen Teil der organisationalen Arbeits- und Kommunikationsprozesse fast zum Erliegen. Es muss nicht ausgiebig kommuniziert werden, um solche Wirkung zu entfalten. Zwar verstärken sich kollektive Affektlogiken, wenn Personen über eine Situation sprechen und sich in eine gemeinsame »Problemtrance« hineinsteigern – dennoch sind keine gesprochenen Worte erforderlich.

Blickt ein Systemteilnehmender andauernd auf gesenkte Häupter und in leere Augen seiner Kollegen, bahnt dies in ihm einen somatoemotionalen Zustand, der ihn kaum zum tatkräftigen Handeln einlädt. Solche Bahnungsprozesse (Priming) wirken auf unwillkürlicher und weitgehend unbewusster Ebene. Körper begeben sich in Resonanz. Menschen synchronisieren sich. Emotionen können ansteckend wirken, ohne dass über sie geredet werden müsste.

Schränken die Organisation und das Psychische sich in struktureller Kopplung gegenseitig ein, so bleibt dem Psychischen doch ein Überschuss. Daher vermag es in einigen Situationen aus scheinbar unerfindlichen Gründen eine anarchische Kraft zu entfalten. Jeder sogenannte Gefühlsausbruch am Arbeitsplatz legt davon Zeugnis ab, ebenso wie die unzähligen heißen und kalten Konflikte im beruflichen Alltag. Die große Anzahl »innerer Kündigungen« spricht Bände. Das Nichtkommunizierte, das in einer Person schwelt, hat langfristige Auswirkungen. Denn irgendwann bricht es sich Bahn.

2.4.3 Emotion – Organisation

Die emotionale Macht des Psychischen bedrängt und beeinträchtigt das organisationale Geschehen sehr viel stärker als es der sozio-technischen Perspektive lieb ist. Bisweilen geschieht dies sogar in einem Ausmaß, dass es Bereiche der Organisation in einen Zustand von »außer Betrieb« bringen kann. Im eskalierten Konfliktfall agieren die Systemteilnehmenden dann nicht mehr im Dienste der funktionalen Abläufe, sondern nur noch, um das eigene Gesicht zu wahren oder um einem anderen Akteur zu schaden. Andererseits vermögen Emotionen die Zusammenarbeit auch zu fördern, bisweilen sogar zu beflügeln.

Prozesse und Funktionseinheiten in der Organisation entfalten erst dann ihre Wirkung, wenn sie mit Leben gefüllt werden. Das Leben jedoch kommt durch die Personen und ihre Körper ins Spiel. Dadurch eröffnet sich die emotionale Dimension. Sie lässt sich auch mittels Stellenbeschreibungen und klar definierter Arbeits- und Kommunikationsabläufe aus der Organisation nicht heraushalten.

»Die Affekte lassen sich gesellschaftlich nicht verdrängen. Sie sind [...] schlichtweg ein konstitutiver Bestandteil des Sozialen und werden in der Sozialität fortwährend (re)produziert.« (Reckwitz 2015, S. 35)

Erst durch die Interaktionen der Systemteilnehmenden entsteht ein sozial-emotionales Gefüge. Es ist geprägt von Offenheit oder Verschlossenheit, Anziehen oder Abstoßen, Aufeinanderzugehen oder Zurückhalten sowie dem Spektrum der vielen Zustände zwischen diesen Polen. Die Realität wird im Miteinander bzw. im Gegeneinander konstruiert: ob im Guten oder Schlechten – es bleibt ein Gemeinschaftswerk. Jeder einzelne Akteur bringt unwillkürlich die ihm eigenen affektlogischen Muster ein, die sich in blitzartiger Geschwindigkeit mit den Mustern anderer Systemakteure verknüpfen. Dies geschieht in weiten Teilen im unbewussten Modus. Die psychischen Systeme verkoppeln sich miteinander. Im Zuge dieser Verkopplung reagieren sie wiederum gemeinsam in bestätigender oder ablehnender Weise auf ihre Umgebung. Beispielsweise kann sich die Arbeitsunzufriedenheit einzelner Teammitglieder derart verstärken, dass im gesamten Team eine schlechte Stimmung aufkommt. So entstehen Atmosphären (Julmi 2015). Sie können sich massiv auf die organisationalen Entscheidungs-, Arbeits- und Kommunikationsprozesse auswirken.

»Gerade emotionsrelevante atmosphärische Dimensionen tragen über eine Verbesserung der Interaktionsumwelt zur organisationalen Effizienz und auch zur Effizienz von Entscheidungen bei.« (Küpers 2015, S. 72)

Atmosphären und emotionale Kultur
Emotionen in der Organisation verdichten sich zu Atmosphären. Deren Beschreibung bewegt sich im Reich der Metaphern und Bilder. Sie können als »bildgebende Verfahren« (Ohler 2016, S. 80) gesehen werden, die ein subjektives emotionales Erleben versprachlichen. Gleichzeitig werden Atmosphären von mehreren Personen offenbar ähnlich wahrgenommen. Demnach sind sie nicht nur innerlich erlebt, sondern auch ein intersubjektives Phänomen: »Ein Gefühl liegt ebenso in der Luft wie das Wetter.« (Julmi 2015, S. 57)

Anscheinend haben Atmosphären mit körperlicher Erfahrung in Raum und Zeit zu tun. Das körperliche Empfinden läuft auf verschiedenen Bahnen (Blakeslee u. Blakeslee 2009). Eine Äußerung wie »Die letzte Ansprache des Chefs tat wirklich weh« bedient sich der körperlichen Schmerzsensorien (Nozizeption). Bei der Mitteilung »Es zieht sich mir alles zusammen« ist die Propriozeption im Spiel. »Wir geraten in eine Schieflage« drückt eine Empfindung des Gleichgewichtssinns aus, und der Ausspruch »Hier herrscht eine frostige Stimmung« lehnt sich an die Fähigkeit zur Thermorezeption an. Körperliche Wahrnehmungen des Atmosphärischen finden einen metaphorischen Ausdruck.

Neben der räumlichen Dimension werden Atmosphären auch in einer zeitlichen Dimension erlebt. Eine emotionale Atmosphäre bezieht auf die aktuelle Situation. Nach einer harschen Auseinandersetzung während einer Teambesprechung herrscht dann noch kurz

»dicke Luft«. Da die Teammitglieder allerdings einen harten, aber herzlichen Umgang miteinander gewohnt sind, verändert sich die emotionale Atmosphäre in den nächsten Minuten wie von selbst. Die dicke Luft verfliegt wieder. Würde sie über einen längeren Zeitraum bestehen bleiben, wird sie die Sicht der Beteiligten auf das Miteinander beeinflussen. Dann wirkt das Atmosphärische als Attraktor, der die Blicke, Gedanken und Gefühle auf sich zieht und sich im Sinne einer *selbsterfüllenden Prophezeiung* selbst bestätigt. Schließlich wird nur noch das gesehen, was auf das Problemerleben einzahlt. In diesem Fall lässt sich von einem emotionalen Klima sprechen. Es ist von längerer Dauer als die Atmosphäre. Wenn das Klima über mehrere Monate noch stärker um sich greift, d. h. sich hinsichtlich Raum und Zeit weiter ausdehnt, verfestigt es sich zu einer emotionalen Kultur (Julmi 2015). Abteilungen in einer Organisation, die sich seit Jahren befehden, würden ihre Situation wahrscheinlich mit Metaphern beschreiben wie »Wir befinden uns im ewigen Krieg«. Das wäre ein Ausdruck ihrer gemeinsam erschaffenen emotionalen Kultur.

Diese drei Dimension von emotionaler Atmosphäre im Hier-und-Jetzt, emotionalem Klima und emotionaler Kultur beeinflussen und verstärken sich gegenseitig. Das vielzitierte »Betriebsklima« in einer Organisation bezieht sich in erster Linie auf die emotionale Kultur.

2.4.4 Beratung von Organisationen

Allgemein lässt sich Organisationsberatung als »gezielte Suche nach Handlungsoptionen für soziale Systeme« (Krizanits 2013, S. 13) beschreiben. Sie dient den Personen im System dazu, mithilfe eines externen Blicks die eigenen Problemlöse- und Lernfähigkeiten zu steigern. Auf diesem Weg sollen die organisationsinternen Kommunikations- und Arbeitsprozesse optimiert werden. Dieses wiederum zielt auf ein flexibleres und zügiges Reagieren auf relevante Umweltfaktoren bzw. auf den Markt. Letztlich geht es auch in der Organisationsberatung um den Erhalt und das Voranschreiten der Organisation.

Der Berater ist darauf angewiesen, zu einigen relevanten Personen aus der Organisation einen angemessenen Kontakt herzustellen. Wenn er wirksam sein will, hat er die Aufgabe sich seinerseits strukturell zu verkoppeln. Ähnlich wie im Coaching ist daher auch in der Organisationsberatung ein gutes Maß an Beziehungsarbeit gefragt. Darin kommt der emotionalen Dimension eine tragende Rolle zu.

»Wenn man Organisationen berät, hat man es immer nur mit psychischen Systemen zu tun, die von der Organisation als adressable Personen legitimiert sind und für diese verantwortlich kommunizieren dürfen.« (Zech 2013, S. 42 f.)

Der Berater und diese Vertreter des Kundensystems bilden gemeinsam das Beratungssystem. Ein wesentliches Element, vielleicht sogar das auschlaggebendste, ist die vertrauensvolle Begegnung zwischen den Akteuren. Sie gibt die Basis, auf welcher eine anvisierte Veränderung gestaltet werden kann.

Das Planen und Umsetzen von Veränderungs- bzw. Optimierungsprozessen gibt häufig den Anlass zur Beratung. Nicht selten wird dadurch bei den Betroffenen sogenannter »Widerstand« ausgelöst, der immer mit emotionalen Ladungen einhergeht. Ebenso wird beraterische Kompetenz angefragt, wenn sich in einer Gruppe oder zwischen Abteilungen Reibereien abspielen, die sich ungünstig auf das Erreichen organisationaler Ziele auswirken. In solchen Zusammenhängen haben sich Muster gebildet, die in der Regel kaum bewusst und nicht eindeutig benannt sind. Sie zeigen sich im Gewand von emotional gefärbten Erlebens- und Verhaltensweisen: Unzufriedenheiten, zynische Rituale, Sticheleien bis hin zu wiederholten Streitereien und Grabenkämpfen. Wenn solche Phänomene den Anlass zur Beratung geben, wäre es angemessen, sie nicht zu ignorieren, sondern stattdessen mit ihren emotionalen Anteilen zu arbeiten.

Für das Beratungsdesign wäre zu empfehlen, entsprechende Gefäße zur Bearbeitung der genannten Phänomene vorzusehen. Damit wären Möglichkeiten geschaffen, auf Atmosphärisches einzugehen, Emotionen zuzulassen, sie anzusprechen und sie zu integrieren. Geschieht dies nicht, werden sie den Veränderungsprozess und das organisationale Funktionieren massiv beeinträchtigen.

3 Selbstexploration des Coachs/Beraters

Mit Blick auf die bisherigen Kapitel dieses Buches ist dem Coach bzw. Berater zu empfehlen, aufkommende Emotionen und Gefühle in die Arbeit einzubeziehen. Es sollte nicht zum Selbstzweck geschehen, sondern bezogen auf das vom Kunden genannte Ziel und in angemessener Weise. Dazu braucht der Begleiter eine gute Kenntnis emotionaler Dynamiken: nicht nur in Bezug auf den Kunden, sondern auch auf sich selbst. Im Kontakt zum Gegenüber soll er sich der eigenen Grenze und eigener emotionaler Reaktionen gleichermaßen bewusst sein. Denn bisweilen können sie einer helfenden Beziehung im Weg stehen.

3.1 Professionalisierung von Coaching und Beratungstätigkeit

Ein gutes Maß an Selbstexploration gilt als notwendiger Bestandteil einer professionellen Tätigkeit in den Bereichen Coaching und Beratung. In der aktuellen Professionalisierungsphase von Coaching (Schreyögg u. Schmidt-Lellek 2015) wird an Standards, an einem ethischen Kodex und an einer theoretischen Fundierung gearbeitet. Doch es wäre wünschenswert, die Tendenzen zur Akademisierung mit einem höheren Grad an praktischer Selbstexploration zu begleiten. Gerade für die Arbeit mit Emotionen ist dies sinnvoll.

»Heute scheinen einige Coaches persönliche Themen gänzlich zu vermeiden oder sich in eine Rationalisierung zu flüchten. Dies spricht für Coachingausbildungen mit psychotherapeutischer Fundierung, damit Coaches eine höhere Flexibilität gewinnen, um die große Spannbreite an individuellen, interaktionellen und organisationalen Fragestellungen sicher bedienen zu können. Ebenfalls ist fraglich, ob Coaches den Psychotherapiebedarf ihrer Klienten erkennen können und sich der Übertragungs-/Gegenübertragungsphänomene bewusst sind, die in der Arbeitsbeziehung zuweilen entstehen. Kritisch ist außerdem, dass der Selbsterfahrungsanteil von Coachingausbildungen meist viel geringer ist als der von Psychotherapeuten. Somit laufen Coaches eher Gefahr, ihre eigenen Themen und Konflikte in die Beratung miteinzubringen.« (Roth u. Ryba 2016, S. 80 f.)

Daher wäre dem Coach bzw. Berater zu empfehlen, eigene emotionale Muster zu erkunden. Daneben liefert das Selbstexplorieren eine wichtige Erfahrung: Wenn der Coach die Möglichkeiten und Grenzen hinsichtlich der Umsetzung erwünschter Veränderungen am eigenen Leib erfahren hat, kann er sich leichter in sein Gegenüber hineinversetzen. Es wird ihm eher möglich sein, Verständnis für das Verharren in leidvollen Zuständen zu erlangen. Und er kann Demut hinsichtlich der eigenen begrenzten Wirkungsreichweite entwickeln. Veränderung ist ein schwieriges Geschäft: Obwohl es häufig klare Indizien für die Notwendigkeit eines Wechsels gäbe, neigen Menschen und Gruppen dazu, sich nicht zu verändern (Roth 2007). Daran ändert auch die zweckoptimistische Veränderungswut so mancher Coaches und Berater nichts.

3.2 Kompetenzen des Coachs/Beraters

Selbsterfahrung dient der Entwicklung von Selbstkompetenz. Coaching wie auch Organisationsberatung stellen eine praktische Kunst dar, die ihre Wirkung in erster Linie auf der Beziehungsebene entfaltet. Die Fähigkeit, professionell in Beziehung zu gehen und Resonanzkörper zu sein, erfordert ein hohes Maß an Selbstkompetenz. Solzbacher (2014) betrachtet sie als grundlegend. Auf sie bauen alle weiteren Kompetenzen auf: die fachlich-inhaltliche, die methodische und die soziale Kompetenz.

Für den professionell Tätigen in Coaching und Beratung lassen sich die Kompetenzen wie folgt ausdifferenzieren (Tab. 2).

Kompetenzbereich	Teilkompetenzen
Selbstkompetenz	Selbstwahrnehmung, Selbstreflexion, Integration schmerzhafter Erfahrungen, vernetztes Denken, Lern- und Veränderungsbereitschaft, konstruktiver Umgang mit eigenen Emotionen, eigene Grenze und Verstrickungen erkennen, geklärtes Selbstwerterleben, Unabhängigkeit vom Erfolg des Coachings, integrierte Lebens- und Berufserfahrungen

Kompetenzbereich	Teilkompetenzen
Sozialkompetenz	Kommunikationsfähigkeit, vertrauensvolle Beziehungen aufbauen, Nähe und Distanz flexibel handhaben, Resonanzfähigkeit, Sensibilität für Unausgesprochenes, Rollenklarheit, Haltung: Empathie, Wertschätzung, Respekt
Methodenkompetenz	Strukturieren des Beratungsprozesses, transparente Informationsgestaltung, zieldienliche Interventionsauswahl, Oszillieren zwischen Problem erkunden und Lösungswege erarbeiten, weites Methodenspektrum
Fachkompetenz	Wissen über allgemeine Psychologie, Kommunikations- und Organisationspsychologie, Lern- und Veränderungsprozesse verstehen und unterstützen

Tab. 2: *Übersicht der Kompetenzbereiche und Teilkompetenzen in Coaching und Beratung*

Coachinghaltung

Eine professionelle innere Haltung entsteht aus der Selbstbeziehung, die der Coach bzw. Berater zu sich hat. Ausschlaggebend ist, von welchem »inneren Ort« (Scharmer u. Käufer 2014, S. 32) heraus der Coach bzw. Berater agiert.

»Haltung« ist ein viel strapazierter Begriff. Dennoch ist sie im Beratungskontext bisher wenig erforscht worden. Im pädagogischen Feld ist dies eher der Fall. Doch auch hier ist ein umfassendes konsistentes Konzept für Theorie und Praxis noch nicht ausformuliert worden (Kuhl, Schwer u. Solzbacher 2014). Nichtsdestoweniger lassen sich vorliegende Ergebnisse auf den Bereich von Coaching und Beratung übertragen.

Zwar ist ein ethischer Kodex für den Coach nicht nur aus Professionalisierungsgründen wichtig, doch Haltung entsteht nicht nur durch das Einhalten allgemeiner Regeln. Ebenso wenig funktioniert sie als normative Aufforderung. Das Aneignen einer Coachinghaltung geschieht über Erfahrungslernen und nicht über das Lesen inhaltsschwerer Bücher. Daher sollte eine ernst zu nehmende Ausbildung zum Coach praktische Übungseinheiten beinhalten, welche Erfahrungsräume bereithält, die eigene Haltung zu erweitern bzw.

zu verändern. Denn die »[...] Coachinghaltung stellt kein rationales Konstrukt dar, welches man auswendig lernen könnte.« (Nicolaisen 2017, S. 45)

Die Coachinghaltung zeichnet sich aus durch

- wertschätzende Neugier,
- die Fähigkeit, sich in Resonanz zu begeben (anstatt Lösungen vorzugeben),
- Respekt vor den Selbstorganisationsprozessen des Kunden,
- Akzeptieren des eigenen Nichtwissens, was für den Kunden gut und stimmig ist,
- behutsames und doch stringentes Erkunden des eigenen inneren Erlebens,
- Fokussieren auf seine Ressourcen und die des Kunden (anstatt auf Defizite),
- Eingehen auf die Emotionen des Kunden (anstatt ihn auf das Kognitive zu reduzieren),
- die Sichtweise seiner selbst als Ko-Konstrukteur (anstatt als Lösungslieferant),
- das Sich-in-Demut-Üben hinsichtlich der eigenen begrenzten Wirksamkeit.

Kurzum: Man muss Menschen mögen, sie in ihrer Eigenart akzeptieren und neugierig sein auf ihre möglichen Entwicklungsschritte.

3.3 Zum Begriff des »Selbst«

Die Definition des Begriffs »Selbst« unterscheidet sich je nach psychologischer Denkrichtung und wissenschaftlicher Disziplin stark. Allgemein kann das »Selbst« als ein psychisches System verstanden werden, in dem verschiedene Anteile, Schichten und Dimensionen einer Person enthalten sind (Schachinger 2002). Es ist für das Erleben der eigenen Identität relevant. Das Selbst lässt sich sowohl als Prozess strukturierter Abläufe wie auch als Produkt konkreter Erfahrungsinhalte verstehen, die sich wechselwirkend bedingen (Greve 2000).

Demnach ist das Selbst keinesfalls als eine feststehende Instanz zu sehen. In ihm sind sämtliche wichtigen Lebenserfahrungen gespeichert, und gleichzeitig stellt es einen psychischen Modus dar, wie man sich zu diesen Erfahrungen in Relation setzen kann. So kann man sich »das Selbst auf vielerlei Weise vorstellen, aber das Selbst ist kein Bild. Das Selbst ist kein ›Ding‹, sondern ein Kontext und ein Beziehungsvollzug« (Gilligan 1999, S. 69).

3.3.1 Die handlungspsychologische Perspektive: Das Selbst in der PSI-Theorie nach Julius Kuhl

In den Forschungsbereichen von Handlungs- und Persönlichkeitspsychologie wurde der Begriff des Selbst eingehend untersucht. Seine Bedeutung für die Coachingpraxis kann als nachgewiesen betrachtet werden (Kuhl u. Strehlau 2014).

In seiner Theorie der Persönlichkeits-System-Interaktionen (PSI-Theorie) beschreibt Julius Kuhl (2001) das Selbst als wesentlichen Teil des »Extensionsgedächtnisses«. Es ist eine weit verzweigte Gedächtnisform, in der unzählige emotional gefärbte Erfahrungen abgespeichert sind. Dieses System geht über das Ichbewusstsein hinaus.

Das Extensionsgedächtnis läuft weitestgehend im unbewussten Modus und ist eng mit dem autonomen Nervensystem sowie dem Körperempfinden verbunden. Es »arbeitet nicht logisch-rational, sondern ganzheitlich und integrierend (parallel statt sequenziell) [...] es ist wegen seiner großen Ausdehnung nicht bewusst kontrollierbar und deshalb besser durch Bilder oder indirekte Suggestionen und Wahlmöglichkeiten aktivierbar« (Kuhl u. Strehlau 2014, S. 75). Für das Coaching besitzt das Selbst als psychisches Funktionsprofil entscheidende Qualitäten:

- Es weitet den eingeschränkten Horizont des Ichfokus.
- Es verarbeitet Informationen auf assoziative und somatisch-emotionale Weise.
- Es vermag unangenehme und schmerzhafte Erfahrungen zu integrieren.
- In ihm sind persönliche Gelingenserfahrungen und weitere Ressourcen gespeichert.

Diese Qualitäten lassen sich in der Coachingarbeit nutzen – insbesondere für die Arbeit mit Emotionen. Um eine Aktivierung des Selbst zu ermöglichen, tut der Coach gut daran, dessen Sprache zu sprechen. Dies wird später eingehend dargestellt (Kap. 5.2).

Zwei Gedächtnissysteme

Gemäß der Theorie der Persönlichkeits-System-Interaktionen sind beim Ausführen einer Handlung zwei psychische Funktionsprofile beteiligt: das »Ich« und das »Selbst« (Abb. 3). Beide ergänzen einander. Das Ich vollzieht sich vornehmlich über Aktivitäten der linken Hirnhemisphäre, das Selbst hingegen über jene der rechten Hemisphäre. Während das Ich für zielgerichtetes Planen, Analysieren und Detailerkennung (Fehlerzoom) zuständig ist, stellt das Selbst den gesamten Erfahrungsschatz des Individuums dar, inklusive sämtlicher Ressourcen. Hier läuft die Verarbeitung ganzheitlich und vernetzend, verbunden mit somatisch-emotionalen Empfindungen. Stark vereinfacht lässt sich behaupten: Das Ich steht tendenziell für Kognition, das Selbst tendenziell für Emotion.

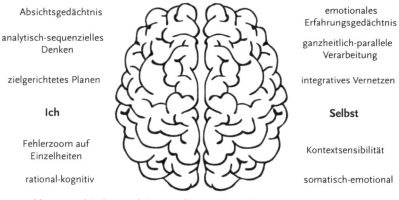

Absichtsgedächtnis

analytisch-sequenzielles Denken

zielgerichtetes Planen

Ich

Fehlerzoom auf Einzelheiten

rational-kognitiv

emotionales Erfahrungsgedächtnis

ganzheitlich-parallele Verarbeitung

integratives Vernetzen

Selbst

Kontextsensibilität

somatisch-emotional

Abb. 3: Psychische Funktionsprofile (nach Kuhl 2010)

Selbstregulation von Emotionen

»Wann immer es im Coaching beispielsweise um Entscheidungsschwierigkeiten, Stress, zwischenmenschliche Konflikte oder Work-Life-Balance geht, ist ein erschwerter Zugang zum Extensionsgedächtnis oder speziell zum Selbstsystem naheliegend.« (Kuhl u. Strehlau 2014, S. 70)

Daher ist es im Coaching sinnvoll, gerade bei den genannten Anlässen mit einer Aktivierung des Selbst zu arbeiten (Storch u. Kuhl 2013).

Praxis: Aktivieren des Selbst

In einem ersten Schritt kann der Coach seinem Kunden die Zusammenhänge der verschiedenen psychischen Funktionssysteme erläutern. Im Anschluss lassen sich dann Möglichkeiten finden, wie der Kunde sein Selbst aktivieren kann. Dazu nennen Kuhl und Strehlau Vorgehensweisen, wie sie im Feld systemischer Beratung bereits lang bewährt im Einsatz sind (Kuhl u. Strehlau 2014, S. 35):

- Ausnahmen erfragen,
- Skalierungsarbeit,
- Einsatz von Bildern oder Metaphern,
- Einbeziehen des Körpers.

Diese Vorgehensweisen kommen einem »limbischen Arbeiten« und »Limbisch Sprechen« sehr nahe (Kap. 5.2). Mit ihnen ist ein Regulieren von Emotionen möglich, nicht aber deren Kontrolle. Es wäre jedoch im wahrsten Sinne des Wortes eine *Selbst*-Regulation durch ein aktiviertes Selbst.

Teil II: Praxis

4 Erkenne dich selbst: Praxis der Selbstexploration

Der Coach wie auch der Organisationsberater tun gut daran, sich mit eigenen Gefühlen und emotionalen Mustern auseinanderzusetzen und an ihnen zu arbeiten. Je mehr er die Schattenseiten der eigenen Person erforscht und integriert hat, desto weniger besteht die Gefahr, sich zu verstricken oder zu überschätzen. Dieses Erforschen kann nur zu einem kleinen Teil in Eigenregie geschehen. Denn eigene Muster sind häufig zu einer Art »zweiten Haut« geworden, weshalb man sie kaum als solche wahrnimmt. Deshalb erfordert die Selbstexploration ein professionelles Gegenüber. Ein Therapeut oder Supervisor ist eine entsprechende Begleitung, welche dabei hilft, sich selbst auf die Schliche zu kommen. Wer meint, dies allein »im stillen Kämmerlein« tun zu können, erliegt seiner Selbstüberschätzung. Gespräche mit Lebensgefährten oder guten Freunden können dies ebenso wenig leisten. Hier besteht zu viel Nähe. Gerade in der Intimbeziehung kommt es zu Projektionen und Übertragungen. Dies ist im Privaten in Ordnung, zeigt aber auch, dass der Lebenspartner keinen guten Supervisor geben kann. Selbstexploration braucht eine Begleitung, die sich professionell zwischen Nähe und Distanz bewegt und im Spektrum zwischen Empathie und Konfrontation agiert.

4.1 Selbstbeziehung des Coachs/Beraters

Der Begriff Selbstbeziehung ist vielschichtig. Ihm liegt zugrunde, dass der Mensch zwar nur *einen* Körper hat, aber doch eine innere Vielfalt mit sich trägt. Das menschliche Individuum ist in der Lage, sich seiner selbst bewusst zu werden. Es vermag sich selbst zu beobachten und sich zu einer seiner vielen Seiten in Beziehung zu setzen. Das klingt relativ abstrakt, doch jeder Mensch tut es jeden Tag.

Eine Äußerung wie »Da stand ich völlig neben mir und habe mich so sehr über mich geärgert« beschreibt erstens das Empfinden eines Zustands, zweitens ein Beobachten des Zustands und drittens eine weitere Position, von der aus der Zustand bewertet wird. Solche

Dynamiken lassen sich nutzen, um in eine hilfreiche und kraftvolle Beziehung zu sich selbst zu treten. Um die eigene Selbstbeziehung aktiv zu entwickeln, empfiehlt es sich,

- eine Selbststeuerungsposition aufzubauen,
- Selbstwahrnehmung zu üben,
- Kontakt zum Ressourcenerleben herzustellen,
- die eigene innere Vielfalt zu erkunden.

4.2 Aufbau einer kraftvollen und sicheren Position

Das individuelle Entwickeln einer kraftvollen oder auch sicheren Position soll vornehmlich auf zwei Feldern unterstützend wirken:

1) *In herausfordernden Situationen in Coaching oder Beratung:*
   Um gute Arbeit leisten zu können, braucht der Coach bzw. Berater emotionale Klarheit und Sicherheit. Dies gilt umso mehr, wenn der Berater die Sitzung mit dem Einzelkunden oder einer Gruppe von Kunden als herausfordernd erlebt, insbesondere auf der emotionalen Ebene.

2) *In der Begegnung mit eigenen unliebsamen Anteilen:*
   Die Tätigkeit als Coach wie auch als Organisationsberater bewegt sich maßgeblich im Feld sozialer Interaktionen. Ein sehr großer Teil dieser Dynamiken läuft unbewusst. Daher tut der Berater gut daran, sich eigener Bedürftigkeiten, Fallstricke und Schattenseiten klar zu werden. Dazu ist eine entsprechende Selbstexploration nötig. Sie stellt das Gefäß zur Auseinandersetzung mit schmerzhaften Erfahrungen oder unliebsamen Anteilen.

Praxis: Aufbau einer kraftvollen und sicheren Position

Dieses Vorgehen folgt der Idee des generativen Coachings (Gilligan 2014), wie es in Kapitel 5.3 anhand eines Beispiels illustriert wird. Darin sind drei Komponenten enthalten: somatische Zentrierung, Kontakt zu den eigenen Ressourcen und eine positive Intention.

1. Somatische Zentrierung:

Das Zentrieren zielt auf das bewusste Wahrnehmen der eigenen Körpermitte. Die Aufmerksamkeit kann auf den Atem, die Wirbelsäule, den

---

Bauch oder das Herz gelenkt werden. Für einige Minuten lässt sich beobachten, wie der Organismus den eigenen Rhythmen folgt, wie der Atem den Brustkorb sich ganz selbstverständlich und ohne Anstrengung heben und senken lässt. Vielleicht ist es möglich, etwas bewusster in den Unterbauch zu atmen. Dabei kann die Aufmerksamkeit in angenehmer Weise gewissermaßen in den Körper fallen gelassen werden. Möglich wäre auch ein Imaginieren, wie der Atem sich entlang der Wirbelsäule bewegt. Dieses Vorgehen lässt sich für wenige Minuten anwenden. Häufig bewirkt es relativ zügig ein Landen bei sich selbst.

2. *Kontakt zu den eigenen Ressourcen herstellen:*
Im Laufe der eigenen professionellen Tätigkeit oder im Zuge von Selbsterfahrung konnte nahezu jeder Berater schwierige Situationen überwinden. Diese lassen sich wieder in Erinnerung bringen. Gerade vor einer aktuell herausfordernden Beratungssituation kann es hilfreich sein, sich das persönliche Kompetenzerleben vor dem inneren Auge wieder wachzurufen.

Weiterhin mag es sinnvoll sein, innere unterstützende Figuren zu imaginieren. Dies mögen reale Menschen aus dem eigenen sozialen Umfeld sein, aber auch Charaktere aus Filmen oder Büchern. Ausschlaggebend ist, dass sie für den Coach oder Berater persönlich positiv bedeutsam sind. So lässt sich in der inneren Vorstellungswelt z. B. ein innerer weiser Ratgeber installieren, der für die reale äußere Situation ein Gefühl von Sicherheit vermittelt.

3. *Positiv formulierte Intention:*
Mit Blick auf eine herausfordernde Situation lässt sich eine positive Intention formulieren. Damit sie auf der emotionalen Ebene gut verankert ist, empfiehlt es sich, sie auf mehreren Ebenen zu repräsentieren bzw. zu codieren. Auf diese Weise kann man mit sich selbst »limbisch kommunizieren«. Gemäß den drei Informationscodes nach Bucci (Abb. 2, Kap. 1.1.3) bieten sich drei Ebenen an – symbolisch-verbal (Worte), symbolisch-nonverbal (Bilder) und vorsymbolisch (Körper):

- *Verbale Aussage:* positiv, knapp, fünf Worte oder weniger, mit guter Resonanz aus dem eigenen Organismus. Beispiel: »Entspannt folge ich meiner Berufung.«
- *Visuelles Bild:* eine Farbe, eine Erinnerung an einen guten Ort oder ein Symbol. Beispiel: ein weißer Lichtstrahl, der über den Scheitel in den Körper fließt.

- *Somatische Repräsentation:* eine Körperhaltung, Geste oder Bewegung. Beispiel: Aufrichten der Wirbelsäule, eine Hand am Herzen und die andere Hand offen nach vorn gehalten.

Um die kraftvolle und sicherheitsvermittelnde Position zu konsolidieren oder zu verstärken, eignen sich folgende Fragen:

- Vielleicht gehen weitere innere Bilder damit einher?
- Wo sind die eigenen Ressourcen in der inneren Vorstellung räumlich verortet, sodass sie optimal unterstützend wirken?
- Wie lässt sich die eigene Grenze vorstellen? Als Bannkreis, Schutzhülle, ...?
- Wo sind die realen Herausforderungen auf der Ebene inneren, räumlichen Erlebens so platziert, dass sie weniger bedrohlich wirken? Welche Nähe-Distanz-Regulation hilft?
- Wie reagiert der Organismus auf der unwillkürlichen Ebene darauf?

4.3 Innere Vielfalt erkunden

Mit seiner äußeren Gestalt erscheint der Mensch als ein unteilbares Individuum. In seinem Inneren jedoch herrscht ein buntes Treiben: Je nach Situation werden unterschiedlichste Seiten in uns wach. Häufig werden sie durch ein Gefühl ausgelöst. Da wir ein ganzes Spektrum an Gefühlen in uns tragen, können wir uns in verschiedene Möglichkeitsräume bewegen. So werden wir manchmal zu einer anderen Person. Wie heißt es in einem Songtext von Udo Lindenberg: »Eigentlich bin ich ganz anders – ich komm' nur viel zu selten dazu.«

Im Beratungskontext ist die Annahme innerer Vielfalt oder innerer Vielheit (Laux 2003) keineswegs neu. Das Modell des *inneren Teams* kann als Coachingklassiker betrachtet werden. Die Neurowissenschaften liefern ein erklärendes Bild, wie die innere Pluralität zustande kommt: Im emotionalen Erfahrungsgedächtnis sind abertausende Erlebensnetzwerke gespeichert. Durch ein konkretes aktuelles Gefühl wird die Aufmerksamkeit in eine bestimmte Richtung gelenkt. Damit aktiviert sich auf neuronaler Ebene ein spezifisches Netzwerk. So wird auf der Erlebensebene eine Seite der Person wachgerufen:

»Wir gleiten ständig von einem Bewusstseinszustand zum nächsten, mit jeweils unterschiedlichen physiologischen, kognitiven und emotionalen Mustern [...] Der jeweilige Bewusstseinszustand ist dann eine vorübergehende Identifikation des bewussten ›Ich‹ mit einer der vielen Seiten.« (Schmidt 2007, S. 195)

Praxis: Wahrnehmen des eigenen Zustands

Um eine Beratungs- bzw. Coachingsitzung gut vorzubereiten, ist dem Coach zu empfehlen, sich zu besinnen, mit welchem Erleben er momentan identifiziert ist. Es gibt Tage, an denen es auch dem Berater nicht gut gehen mag. Mit einiger Wahrscheinlichkeit ist er dann eher mit einer Seite von sich assoziiert, die wenig Kontakt zu seiner Kompetenz hat. Doch diese Seite ist nur einer seiner vielen Anteile. Nimmt er sich achtsam wahr, kann er sich behutsam von ihr dissoziieren und in einen ressourcenreicheren Zustand versetzen (Kap. 5.1.6). Das wäre hilfreich – für den Coach wie für die Arbeit mit seinen Kunden.

4.4 Bei sich bleiben: Verstrickungen lösen

Die Beratungsarbeit ist getragen vom zwischenmenschlichen Miteinander – wenn auch mit professionellen Vorzeichen. Interpsychische Dynamiken, die gemeinhin als Projektionen und Übertragungen bezeichnet werden, sind hier nicht vermeidbar (Winkler 2014). Permanent laden sich Kunde und Coach gegenseitig zu bestimmten Fühl-Denk-Verhaltensmustern ein. Dies findet weitestgehend auf unbewusster Ebene statt und ist nur zu einem geringen Teil bewusstseinsfähig. Bisweilen mischen sich auch erlernte Beziehungsmuster und Erfahrungen aus der Kindheit darunter. Dann wäre es notwendig, dass der professionelle Begleiter bei sich selbst bleibt – anstatt sich zu verstricken.

Im Folgenden wird in Kürze auf einige Verstrickungsphänomene eingegangen. Auch sie entfalten ihre Wirkung aufgrund der ihnen innewohnenden emotionalen Kraft.

4.4.1 Projektion

Der Begriff »Projektion« beschreibt in der Psychologie folgende Dynamik: Ein Anteil des eigenen Innenlebens wird auf eine andere Person projiziert, weil er nicht in das eigene Selbstkonzept passt.

Ein unerwünschtes Gefühl, welches man bei sich selbst nicht akzeptiert, lässt sich einem Gegenüber zuschreiben – und an ihm sehr viel leichter verurteilen. Dieser Vorgang geschieht unwillkürlich und unbewusst. Daher ist er kaum zu vermeiden, wohl aber zu klären. Folgende Fragen könnten dazu hilfreich sein: Inwieweit hat das am Gegenüber Beobachtete etwas mit mir zu tun? Gehört dies zu mir oder zu meinem Gegenüber?

Beispiel Projektion, Variante 1

Während eines Coachings zeigt sich der Anlassgeber in einem Vorhaben sehr verunsichert und nahezu jämmerlich. Immerzu äußert er Bedenken und Befürchtungen. Nach einiger Zeit des Zuhörens und Nachfragens regt sich beim Coach Ungeduld. Er ertappt sich bei folgenden Gedanken: »Meine Güte, was für eine Memme! Jetzt reicht's mal! Der soll sich nicht so anstellen!« Der Coach erschrickt ein wenig über die Heftigkeit seiner gedanklichen Verurteilung.

In einer späteren Supervision schildert er die Situation inklusive seines insgeheimen Verurteilens. Durch die Nachfragen des Supervisors wird dem Coach klar, dass der Kunde ihn an sich selbst erinnert hat. Mit Entscheidungen in seinem Privatleben tut der Coach sich manchmal sehr schwer. Bisweilen fühlt er sich ängstlich, was zu Zögern und Zaudern führt. Mit diesem Anteil seiner Person hat er noch keinen Frieden geschlossen. Eher hasst er sich sogar dafür. Diesen nicht integrierten eigenen Anteil hatte er während des Coachings auf den Kunden projiziert.

Beispiel Projektion, Variante 2

Der Kunde schildert seine Problematik und zeigt dabei starke Gefühle. Der Coach fühlt sich dadurch an eine Lebenssituation erinnert, die er in ähnlicher Weise selbst erlebt hat. In ihm tauchen Gefühle auf, die ihn quasi besetzen. Er beginnt sich mit dem Kunden zu identifizieren. Anstatt dem Anlassgeber sein Mitgefühl zu schenken, leidet er nunmehr mit. In Gedanken hängt er an seinem eigenen Leid, was er anscheinend bislang noch nicht verarbeitet hat. Ohne sich dessen bewusst zu sein, blickt er auf den Kunden und dessen Gefühlslage – doch er sieht sich selbst und seine eigene Bedürftigkeit. Eigener Schmerz oder eigene Enttäuschung wird damit auf das Gegenüber projiziert.

In Situationen, worin ein Mensch eine andere Person für eine konkrete Verhaltensweise oder einen bestimmten Charakterzug verachtet oder auch übermäßig bewundert, liegt mit einiger Wahrscheinlichkeit eine Projektion vor.

Reflexion: Aufspüren von Projektionen

- Schaue ich bei einem bestimmten Thema auf den Kunden herab?
- Zeigt der Kunde ein Gefühl oder Verhalten, für das ich ihn insgeheim scharfrichterlich verurteile?
- Berichtet der Kunde von einem Gefühl, für das ich ihn belächle oder verachte?
- Schlage ich mich innerlich auf seine Seite? Ergreife ich seine Partei?
- Empfinde ich übermäßiges Mitleid?

4.4.2 Übertragung

Der Begriff »Übertragung« beschreibt folgendes Phänomen: Eine schmerzhafte Beziehungserfahrung, die ich in Kindertagen mit einem Elternteil, Geschwisterteil oder einer anderen wichtigen Bezugsperson gemacht habe, wird in einer aktuellen Interaktion unwillkürlich reaktiviert. Zwar hat der jetzige Gesprächspartner nichts damit zu tun. Doch irgendwie erinnert die Art und Weise seines Verhaltens an eine eigene schmerzhafte Erfahrung als Kind. Dies passiert unbewusst und in Bruchteilen von Sekunden. Ein ganzer innerer Film läuft ab, und schnell verhält man sich wie damals als Kind. Das Gefühl, welches den Verhaltensautomatismus in Gang setzt, ist sehr häufig ein Gefühl, nicht ernst genommen oder nicht gesehen zu werden wie auch nicht genügend geliebt zu werden. In der Regel sind es unbefriedigte kindliche Bedürfnisse oder Verletzungen, die noch nicht bearbeitet worden sind. Diese Gestalt ist noch nicht geschlossen. Deswegen springen wir immer wieder darauf an.

Übertragung bedeutet eine Verwechslung von *Hier und jetzt* mit einem *Damals und dort*. In einer helfenden Beziehung wie z. B. zwischen Coach und Coachee ist es sehr wahrscheinlich, dass Übertragungen passieren, und zwar in beide Richtungen.

Beispiel: Übertragung Coach auf den Coachee

Ein Coach Anfang 40 hat ein erstes Treffen mit einem neuen Coachee. Der zeigt sich als eine hochseriöse, gestandene Führungskraft im Alter von 60 Jahren. Beim Coach meldet sich unwillkürlich der Drang, es besonders gut machen zu wollen, schließlich hat er ja solch einen erfahrenen Mann vor sich. Von den kleinsten Nebenbemerkungen seines Kunden lässt er sich verunsichern. Dies führt dazu, dass er umso bemühter die Qualität seiner Arbeit beweisen will. Längst hängt er in einer Übertragung. Er verwechselt den Kunden mit seinem Vater, dessen Erwartungen er nie entsprechen konnte. Doch er wollte es ihm so unbedingt beweisen.

Beispiel: Übertragung Coachee auf den Coach

Ein überaus erfolgreicher Coach hat sich im Laufe seiner langjährigen Beratungstätigkeit einen empathischen Kommunikationsstil zugelegt, den er immer wieder mit kleinen, bewusst gesetzten Provokationen würzt. Mit einem Coachingkunden befindet er sich in der zweiten Sitzung. Als er seine wohldosierten provokativen Elemente anbietet, fühlt sich der Coachee unangenehm berührt. Er fühlt sich nicht ernst genommen und sogar leicht verletzt. Zwar ist er der zahlende Kunde, doch er erlebt sich plötzlich wie ein kleiner, gegängelter Junge. Sein Körper spannt sich an. Der Coach bemerkt diese Regungen und bittet zugewandt um Feedback. Zunächst zögerlich, dann aber Vertrauen fassend, berichtet der Kunde von seinem Befinden. Freundlich lädt ihn der Coach dazu ein, dieses Empfinden weiter zu beschreiben. Schließlich fragt er seinen Kunden, ob diesem das Gefühl bekannt vorkomme. Allmählich wird dem Kunden klar, dass er bereits als Kind in der Grundschule sehr unter kleinen Sticheleien seines Lehrers gelitten hat. Momentan gehe es ihm in der Beziehung zu seinem Vorgesetzten oftmals sehr ähnlich.

Reflexion: Entdecken von Übertragungen durch den Coach

- Gibt es Äußerungen des Kunden, die ich als herablassend erlebe und die mich zutiefst aufregen?
- Gibt es ein Verhalten des Kunden, welches dazu führt, dass ich mich klein oder klein gemacht fühle?
- Erinnert mich die Art und Weise des Kunden irgendwie an ein »So darfst du nicht sein!«, »Das machst du falsch!« oder »Du musst!«?
- Fühle ich mich vom Kunden nicht ernst genommen?
- Inwieweit fühle ich mich abhängig von der Anerkennung meines Kunden?
- Möchte ich vom Kunden gelobt werden?

4.4.3 Die Rolle des Retters

In einem Coaching berichtet ein Kunde von der Beziehung zu seinem Chef. Er schildert, wie dieser ihn unterdrückt und schikaniert. Sich selbst beschreibt er in einer Opferrolle: Er könne ja gar nichts machen und sei dem völlig ausgeliefert. An diesem Punkt kann es dem Coach unterlaufen, dass er insgeheim den Drang verspürt, sein Gegenüber vor dessen Chef zu schützen oder sogar zu retten. Zwar ist dies nicht möglich, denn der Kunde ist vollkommen für sich selbst verantwortlich. Dennoch wird im Coach auf der emotionalen Ebene der Impuls ausgelöst.

Nicht selten findet dann ein Verbrüdern bzw. Verschwistern statt. Der Coach nimmt Partei für den Coachee und bildet mit ihm eine Allianz gegen die »böse Welt« oder gegen die »feindseligen anderen«. Damit verlässt er unbewusst seine souveräne Position und lässt sich vom Kunden auf dessen Seite ziehen. Tatsächlich ist sein allparteilicher Blick gefordert. Doch der Coach ist nunmehr emotional befangen. Hier liegt wahrscheinlich eine Opfer-Verfolger-Retter-Dynamik zugrunde.

Anstatt im Dialog mit dem Kunden auf Ressourcensuche zu gehen, damit jener einen besseren selbstverantwortlichen Umgang mit der Situation finde, startet der Coach »Rettungsaktionen«, z. B. durch umfangreiche Lösungsvorschläge und konkrete Handlungsanweisungen. In diesem Zusammenhang bleibt der Kunde jedoch in seiner Opferrolle (»Helfen Sie mir! Ich kann doch nichts machen!«), der Chef in der Verfolgerrolle (als Unterdrücker) und der Coach in der Retterrolle (»Ich eile zu Hilfe und löse ihr Problem!«). Hier vollzieht sich auf unbewusster Ebene ein Spiel.

In der Transaktionsanalyse wird diese Dynamik auch als *Dramadreieck* beschrieben. Nimmt der Coach auf unbewusster Ebene die Einladung an, in die Retterrolle zu gehen, braucht der Kunde nicht die volle Verantwortung für sich übernehmen. Der unbewusste sekundäre Gewinn des Coachs besteht in einer Selbstbestätigung, im Sinne von »Ich bin so toll, dass ich den anderen rette – noch dazu vor solch garstigen Menschen!« Letztlich folgt er seiner eigenen Bedürftigkeit nach Anerkennung und Selbstwerterhöhung.

Reflexion: Klären, ob ich mich als Coach in die Retterrolle begebe
- Tut mir der Kunde übermäßig leid?
- Verspüre ich den Impuls, ihn vor jemanden schützen zu müssen?
- Regt sich in mir in einem ungewöhnlich hohen Maß mein Gerechtigkeitsgefühl?
- Erlebe ich den Kunden als sehr bedürftig? Beschreibt er sich als komplett hilflos?
- Erinnert mich der Kunde in seiner Situation und mit seinen Gefühlen an eine eigene Erfahrung?

4.4.4 Helfersyndrom

Ein naher Verwandter der Retterrolle ist das Helfersyndrom. Aus diesem spricht der Wunsch, allen Menschen Gutes tun zu wollen. Darin drückt sich ein professionelles Ethos und persönliches Engagement aus. Nur leider verliert man mit einem Helfersyndrom leicht die eigenen Grenzen aus dem Blick. Nicht selten führt es zu einer Selbstüberforderung. Auch hier ist eine Überwertigkeit am Werk. Die Qualität des Helfen-Wollens wird verzerrt, da nicht mehr beachtet wird, dass auch die helfende Person bisweilen Unterstützung und Selbstfürsorge benötigt.

Das Helfersyndrom lädt dazu ein, über eigene Gefühle von Hilflosigkeit und Bedürftigkeit hinwegzugehen. Eigene Bedürfnisse nach Ruhe und Abgrenzung werden ignoriert. Stattdessen macht sich der Helfer von seinen Kunden abhängig: Er braucht es, gebraucht zu werden. So ist manch altruistisches Selbstbild bisweilen verdeckt egoistisch motiviert: Ich bin nur etwas wert, wenn ich anderen eine Hilfe bin. Indem ich ihnen helfe, erhöhe ich mein Selbstwertgefühl.

Übernimmt das Helfersyndrom das Ruder, gerät die Selbstbeziehung des Coachs aus dem Lot. Doch nur aus der eigenen Grenze heraus entwickelt ein Organismus seine Kraft und seine Kontur. Erst wenn der Berater nicht darauf angewiesen ist, andere Menschen retten zu müssen, gewinnt er Souveränität.

Reflexion: Erfassen des Helfersyndroms
- Inwieweit fühle ich mich für meinen Kunden und seine Gefühle verantwortlich?
- Inwieweit kann ich akzeptieren, dass ich an meiner Grenze angelangt bin?

- Regt sich in mir ein schlechtes Gewissen gegenüber dem Kunden?
- Kann ich damit zufrieden sein, dass ich mein momentan Bestes gegeben habe – auch wenn das Coaching aus meiner Sicht nicht erfolgreich verlaufen ist?
- Gehe ich über meine eigene Hilflosigkeit, Niedergeschlagenheit oder Betroffenheit hinweg?

4.4.5 Ansprüche an die eigene Person

Das Bestreben, mit dem Coaching eine qualitativ hochwertige Dienstleistung zu erbringen, ist wünschenswert und Element eines ethischen Kodex. Wird es jedoch verabsolutiert, gerät es zu einem Anspruch. Dieser verlangt ein »So muss es sein!«, ohne kontextsensibel die situativen Gegebenheiten zu berücksichtigen. Nicht selten sind Ansprüche durch einen tendenziell kindlichen Eigensinn motiviert. Dann kommen bei ihrer Nichterfüllung Gefühle von Enttäuschung oder Trotz auf.

In eine ähnliche Richtung gehen perfektionistische Ansprüche. Wenn der Coach meint, jedem Kunden helfen zu können und dabei jedes Mal hundert Prozent geben zu müssen, wäre ihm zu empfehlen, seine Motive zu prüfen. Denn bei solch starken Antreibern kann er auf lange Sicht nur verlieren. Auch hier werden die persönlichen Grenzen aus den Augen verloren. Perfektionismus kann zu einer Geißel geraten. In der Regel finden sich die Wurzeln dafür in eigenen Kindheitserfahrungen.

Reflexion: Klären übermäßiger Ansprüche
- Was meine ich wem beweisen zu müssen?
- In welchem Grad fühle ich mich für die Lösung des Gegenübers verantwortlich?
- Welche Beziehung habe ich zu meiner eigenen Grenze?
- Laufe ich meinem Selbstideal hinterher?

4.4.6 Auflösen von Verstrickungen

Verstrickungen und emotionale Befangenheiten, wie sie hier genannt werden, lassen sich nicht durch rationales Nachdenken auflösen. Solche emotionalen Dynamiken sind nur zum Teil bewusstseinsfähig. Daher können die oben genannten Fragen lediglich ein erster

Impuls für die Auseinandersetzung mit sich selbst darstellen. Für eine vertiefende Bearbeitung ist auf jeden Fall Selbsterfahrung notwendig, die durch einen Supervisor oder Therapeuten professionell begleitet wird. Es ist eine kontinuierliche Unterstützung über einen längeren Zeitraum vonnöten, um Verstrickungen ins Bewusstsein zu heben, zu klären und gegebenenfalls aufzulösen.

Reflexion: Eigene Klarheit
- Woran merke ich, dass ich gut im Lot bin?
- Woran merke ich, dass ich gut bei mir selbst bin?
- Welche inneren Vorstellungen helfen mir dabei?
- Welches Atemmuster und welche Körperhaltung sind dafür hilfreich?
- Welche Form von Supervision oder anderer professioneller Begleitung unterstützt mich, um eigene blinde Flecken zu bearbeiten?

5 Coaching: Arbeit mit Emotionen

Wie bisher aufgezeigt, ist das menschliche Denken und Handeln weitgehend von Emotionen beeinflusst. Diese können sich unterstützend oder hinderlich bezüglich eines erwünschten Verhaltens oder Erlebens auswirken. Wird eine Situation als »Problem« oder »problematisch« beschrieben, darf vermutet werden, dass damit entsprechende emotionale Anteile einhergehen wie z. B. Ärger, Unzufriedenheit oder Enttäuschung. Ähnliches gilt für jeglichen Wunsch nach Veränderung. Mit den Emotionen melden sich Bedürfnisse. Diese spielen in der Coachingarbeit eine erhebliche Rolle. Darüber hinaus dient eine emotionale Kommunikation im Coachingkontext dem guten Arbeitskontakt (Schreyögg 2015).

5.1 Grundelemente in der Arbeit mit Emotionen

Die Grundelemente sind weniger als lineare Schrittfolge zu verstehen, sondern als Zusammenspiel wirksamer Aspekte:

- Empathisch zuhören (Kap. 5.1.1)
- Achtsam wahrnehmen (Kap. 5.1.2)
- Würdigend akzeptieren (Kap. 5.1.3)
- Eine Gestalt geben (Kap. 5.1.4)
- Balance halten (Kap. 5.1.5)
- Ressourcen aktivieren (Kap. 5.1.6)
- Unterschiede bilden (Kap. 5.1.7)
- Künftige Schritte berücksichtigen (Kap. 5.1.8)

5.1.1 Empathisch zuhören

Im Alltag hören Menschen nur selten empathisch zu. Bisweilen hören sie dem Gegenüber auch gar nicht zu, sondern leihen ihm nur ein Ohr, um das zu hören, was sie bereits kennen oder worin sie sich bestätigt fühlen. Schon aus diesem Grund könnte das Coaching ein unterstützender Ort sein, da der Anlassgeber eine Erfahrung macht, die er aus seinem beruflichen und privaten Alltag kaum kennt: Er kann erzählen, was ihn beschäftigt, und der Coach schenkt ihm volle Aufmerksamkeit.

Allein die Art und Weise, wie der Coach sich dem Coachee zuwendet und ihm zuhört, mag als massive Intervention angesehen werden. Bestenfalls führt sie dazu, dass der Kunde sich auf der emotionalen Ebene akzeptiert und gesehen fühlt. Nicht selten löst es bereits Erleichterung oder ein Trostempfinden aus. Empathisches Zuhören verlangt vom Coach, bereit zu sein, etwas Ungewohntes und Neues vom Gegenüber zu hören. Häufig spiegelt sich in dem Mitgeteilten etwas über die Gefühle, Bedürfnisse, Werte, Befürchtungen und Wünsche des Kunden wider. Für diese gilt es ein Gespür zu entwickeln. Daher hält der Coach eigene Sichtweisen vorerst zurück. Seine eigenen Wertungen und Lösungsideen suspendiert er so lange, wie es ihm möglich ist. Er schwingt sich auf seinen Gesprächspartner ein. Diese Art des Zuhörens bedeutet, in die komplexe Erlebenswelt des Anlassgebers einzutauchen.

Stößt der Kunde auf eine unliebsame Emotion und kommt darüber in ein Schweigen, lässt der Coach diese Pause zu. Gemeinsames Schweigen stellt einen überaus wichtigen Moment im Coaching dar. Darin kommen die somatischen Resonanzen umso stärker zum Tragen.

Praxis: Synchronisieren

Das empathische Zuhören lässt sich auf der nonverbalen Ebene unterstützen. Im Sinne eines somatischen Synchronisierens nähert sich der Coach der Körperhaltung oder dem Atemmuster des Kunden an. Allgemein wird dies als Pacing benannt, was so viel bedeutet wie »im Schritttempo des Gesprächspartners mitgehen«. Ein Musiker würde vielleicht von »Eingrooven« sprechen. Es geht darum, einen gemeinsamen Rhythmus zu finden.

Auf der Basis des Zuhörens und der gelebten professionellen Beziehung lässt sich mit emotionalen Anteilen arbeiten. Während des gesamten Coachingprozesses ist dem Coach eine »Haltung der wohldosierten Empathie« (Bohne 2016, S. 24) zu empfehlen. Das bedeutet, sich bei allem Mitgefühl nicht ins Kundensystem hineinziehen lassen. Es gilt besonders für den therapeutischen Kontext, doch ebenso in Coaching und Beratung. Emotionen wirken ansteckend. Manche Problemschilderung kann durchaus eine hypnotische Sogwirkung entfalten. Daher tut der Coach gut daran, solche Dynamiken achtsam wahrzunehmen und Vorgehensweisen zu entwickeln, die es ihm ermöglichen, gut bei sich zu bleiben.

5.1.2 Achtsam wahrnehmen

Das achtsame Wahrnehmen geht gut mit dem empathischen Zuhören einher. Es bezieht sich auf das gesamte körperlich-emotionale Geschehen im Coaching. Darin lassen sich im Wesentlichen drei Ebenen unterscheiden:

1) Der Coach achtet auf eigene Regungen und Reaktionen hinsichtlich der Schilderungen seines Kunden.
2) Mit einer wertschätzenden und von Respekt getragenen inneren Haltung nimmt der Coach sein Gegenüber in dessen Mitteilungen wahr, insbesondere auf der non- und paraverbalen Ebene. (Die paraverbale Ebene betrifft die Art und Weise des Sprechens, z. B. Stimmmelodie oder Sprechtempo.)
3) Wenn es dem Ziel des Kunden, z. B. Verbesserung des eigenen Stressmanagements, dienlich ist, kann der Coach seinen Coachee gegebenenfalls zum achtsamen Wahrnehmen eigener Gefühle und Körperempfindungen einladen. Die Voraussetzungen dafür wären, dass das »Wofür?« der Übung geklärt und der Kunde zu diesem Experiment bereit ist. Ohne Erläuterung wird sich kaum jemand darauf einlassen.

Das Wahrnehmen auf diesen verschiedenen Ebenen erfordert die Fähigkeit zur freischwebenden Aufmerksamkeit. Dabei befindet sich die Wahrnehmung in einem Zustand von »nicht zu fest« und »nicht zu locker«, sie ist entspannt und zugleich konzentriert. Sie ist nicht

---

Praxis: Anleitung zur Resonanzwahrnehmung

- Wie erlebe ich den Zustand des Kunden?
- Wie nehme ich sein Sprechtempo und seinen Sprachfluss wahr, wie seine Körperhaltung und Gestik?
- Was empfinde ich dabei?
- Inwieweit kann ich mich darauf einlassen und mitgehen?
- Gelingt es mir währenddessen, im guten Kontakt mit meiner Körpermitte zu bleiben?
- Welche emotionalen Anteile meine ich beim Gegenüber wahrzunehmen?
- Was löst dies in mir aus?
- Welche körperliche Resonanz entsteht in mir, während der Coachee berichtet?

auf ein Detail fixiert, sondern vielmehr auf die Gesamtgestalt des Gegenübers gelenkt, auf die Textur seiner Sprache, auf das Atmosphärische, was von ihm ausgeht. Eine Leitfrage für die Praxis könnte sein: Wenn ich meinem Gegenüber so zuhöre – welche Resonanzen, Assoziationen oder Körperempfindungen tauchen in mir auf?

Achtsamkeit und Stressreduktion
Weiterhin dient das achtsame Wahrnehmen der Stressbewältigung. Wie der Neurowissenschaftler Richard Davidson belegen konnte, wirken sich Achtsamkeitsübungen unmittelbar auf die Aktivitäten der Amygdala (des »Angstzentrums«) aus (Davidson u. Begley 2012). Damit kann ein Erleben von Stress vermindert werden. Gedankliche Endlosschleifen wie sie für zermürbende Grübeleien typisch sind, lassen sich unterbrechen. Zu diesem Zweck kann der Coach seinem Kunden folgende schlichte Atemübung vorschlagen (nach Davidson u. Begley 2012, S. 363 f.):

Praxis: Atemübung

1. Legen Sie während des Tages einen kleinen Zeitraum fest, in dem Sie sich wach fühlen. Bitte setzen Sie sich in aufrechter Haltung auf einen Stuhl. Ihre Körperhaltung sollte Ihnen ermöglichen, sich in einen entspannten und fokussierten Zustand zu versetzen.
2. Lenken Sie Ihre Aufmerksamkeit bitte auf Ihren Atem. Nehmen Sie Ihre Körperempfindungen wahr. Vielleicht ist es Ihnen möglich, die leichten Bewegungen Ihrer Bauchdecke beim Ein- und Ausatmen zu beobachten.
3. Vielleicht können Sie sich darauf konzentrieren, wie die Atemluft durch Ihre Nasenlöcher ein- und ausströmt.
4. Sollten Ihre Gedanken abschweifen, lenken Sie Ihre Aufmerksamkeit wieder auf Ihren Atem.

5.1.3 Würdigend akzeptieren
Mit dem Wahrnehmen geht häufig die Aufgabe einher, das emotionale Geschehen überhaupt erst einmal zuzulassen. Dies ist alles andere als selbstverständlich, denn ein bisheriges Zur-Seite-Legen hatte den Zweck, sich gerade *nicht* mit der eigenen Gefühlslage auseinanderzusetzen. Daher kann das Zulassen und Akzeptieren auch

konfrontierend sein. Der Coach sollte an solch einem Punkt ein gutes Maß an Empathie aufbringen und sensibel vorgehen. Einer aufkommenden Emotion auszuweichen wäre kaum förderlich. Denn es scheint »für einen besseren Selbstzugang erforderlich, beim Coaching Affekte und Gefühle zuzulassen und sie anschließend bewusst zu reflektieren und zu kalibrieren« (Greif 2008, S. 147).

Willkommen heißen
Wenn ein Coachingkunde sich in seinem emotionalen Erleben mitteilt, ist dies in der Regel alles andere als selbstverständlich. Nicht selten geht damit die Unsicherheit einher, ob der Coach dies viel-

---

Praxis: Akzeptieren von Emotionen durch Widerspiegeln

Widerspiegeln kann auf zwei Wegen geschehen: durch direktes Übernehmen der gesprochenen Worte des Kunden oder durch das Verbalisieren non- oder paraverbaler Signale.

Gelegentlich ist es hilfreich, wenn der Coach das vom Coachee benannte Gefühl direkt widerspiegelt. Dazu reicht bisweilen nur ein Wort. Oder er macht ein Deutungsangebot für mögliche nonverbale Signale seines Gegenübers, z. B. wenn dem Coachee Tränen in die Augen steigen: »Das berührt Sie?«

Sollte an solchem Punkt eine mögliche Pause entstehen, wäre es auch an dieser Stelle sehr zu empfehlen, diese zuzulassen. Denn »Momente des Schweigens sind notwendige und aussagekräftige Bestandteile eines Coachings. Mitunter ermöglichen sie mehr als gesprochene Worte« (Nicolaisen 2013a, S. 95). Solche Wortlosigkeit kann kostbar sein und das Arbeitsbündnis intensivieren. Auf jeden Fall ist sie eine wichtige komplementäre Ergänzung zum geschwätzigen Alltag. Mit gebündelter Aufmerksamkeit folgt der Coach dem inneren Rhythmus seines Gegenübers. Und erst nach einigen Sekunden – die dem Coach sehr lang erscheinen mögen – kann er dazu übergehen, sensibel ein Angebot zu formulieren, wie z. B. »Etwas passiert in Ihnen?« oder »An diesem Punkt fehlen Ihnen die Worte?«

Über solches Verbalisieren hinaus lassen sich auch einzelne mimische oder gestische Regungen widerspiegeln. Allerdings sollte dies wohldosiert und keinesfalls übertrieben erfolgen, damit der Kunde nicht den Eindruck bekommt, »nachgeäfft« zu werden. Dies erfordert ein gutes Maß des Synchronisierens vonseiten des Coachs.

---

leicht als lächerlich bewertet. Oder der Kunde lehnt sich mit seiner-
Reaktion selbst ab und empfindet Scham. Zu den »Errungenschaf-
ten« unserer modernen Kultur gehört vielerorts leider nach wie vor,
dass man sich mit seinen negativen Gefühlen oder mit der eigenen
Verletzlichkeit nicht zu zeigen hat. Daher ist umso mehr zu empfehlen, die Emotion im wahrsten Sinne des Wortes willkommen zu
heißen. Stephen Gilligan (2014) nennt »Beziehungsmantren«, mit
denen dies in aller Kürze geschehen kann. Diese Mantren dienen
dem Beziehungsaufbau und begegnen dem Gefühl gleichzeitig in
einer wertschätzenden Art und Weise:

- »Willkommen!«
- »Das ist interessant ...«
- »Ich bin sicher, das macht Sinn ...«

Wichtig wäre es, diese Worte nicht als leere Formel zu sprechen, sondern sie durch Mitgefühl und gutes Pacing zu vitalisieren. Während
der Coach das »Willkommen« ausspricht, bleibt er in Beziehung
zum Coachee und diesem nonverbal zugewandt. Der Blickkontakt
ist dabei aufmerksam, doch nicht invasiv. Dies ermöglicht ein »visuelles Bonding« (Bohne 2016, S. 24), sodass der Kunde sich während
des Erlebens seiner Emotion sicher fühlen kann, ganz im Sinne des
Mottos »Hier bin ich Mensch, hier darf ich sein!«

»Sometimes problem talk creates contact«

Der aus der lösungsorientierten Beratung stammende Satz »problem
talk creates problems« (Das Sprechen über Probleme erschafft Probleme) gilt in der Coachingarbeit mit Emotionen nur eingeschränkt.
Denn häufig ist es ein Anliegen des Kunden, über seine Aufregungen
und Niedergeschlagenheiten zu sprechen. Dem liegt das Bedürfnis
zugrunde, gesehen und akzeptiert zu sein. Insoweit hat das Sprechen
über Probleme in zweierlei Hinsicht eine überaus wichtige Funktion
im Coaching: Erstens dient es der Psychohygiene, und zweitens wirkt
es beziehungsstärkend, da der Coach dem Anlassgeber empathisch
zuhört. Entscheidend ist, wie lange und in welcher Qualität »problem
talk« betrieben wird. Stundenlanges »Suhlen« im Problemerleben
kann sowohl für den Coachee als auch den Coach schwächend sein
und vom Kompetenzerleben dissoziieren, hingegen wirken angemessene Psychohygiene und Gesehenwerden unterstützend. In diesem
Sinne lässt sich behaupten: »Problem talk creates problems – but so-

metimes problem talk creates contact.« (Das Sprechen über Probleme erschafft zwar Probleme, stellt aber manchmal auch Kontakt her.)

Gefühle zu Gefühlen akzeptieren
Beim Wahrnehmen und Zulassen von Emotionen tauchen mitunter weitere Gefühle auf. Sie entstehen häufig als Bewertung der primären Emotion, z. B. »Jetzt, da ich wahrnehme, wie schwach ich mich fühle, merke ich, wie sehr ich mich dafür verurteile.« Es ist zu empfehlen, diese Selbstabwertungen aufzunehmen, um mit ihnen zu arbeiten. Denn mit ihnen sperrt sich der Coachee in einen inneren Käfig. Nicht selten sind sie Ausdruck von Glaubenssätzen.

Gilligan spricht vom »vernachlässigten Selbst« (Gilligan 1999). Damit meint er all jene Gefühle und Anteile, für die wir uns gemeinhin selbst nicht mögen. Sie sind zur Seite gepackt, ins Abseits gedrängt oder sogar wie ungeliebte Stiefkinder weggesperrt. Ein Teil in uns wertet einen anderen Teil ab, womit verständlicherweise immer negative und einschränkende Gefühle verbunden sind. Die Abwertung kann als sekundäre Reaktion betrachtet werden. Oftmals ist sie im familiären Kontext während der Kindheit erlernt worden.

Wie sich mit solchen Erlebensmustern arbeiten lässt, soll ein Beispiel veranschaulichen:

Beispiel: Gefühle, die ein Gefühl bewerten
COACH: »Sie sagten, dass Sie sich schwach fühlen?«
COACHEE: »Leider ... ja.«
COACH: »Mhm ... und was meint das ›leider‹?«
COACHEE: »Ach, wissen Sie ... eigentlich bin ich ja ein Macher. Ich habe immer alle Projekte gut gewuppt ... und auf einmal merke ich, dass ich nicht mehr kann ...«
COACH: »Sie merken es ... also ... verstehe ich Sie da richtig ... schwach zu sein?«
COACHEE: »Ja ... und das passt mir nicht.«
COACH: »Das passt nicht in Ihr Bild ...«
COACHEE: »Nein ... so darf ich nicht sein ...«
COACH: »Ein Gefühl von Schwachheit, und dazu kommt ein ›leider‹ ... ein zweites Gefühl ...?«
COACHEE: *(überlegt)* »... ja ... so ähnlich.«
COACH: »Mhm ... und wie würden Sie es beschreiben ... oder benennen?«

COACHEE: »So etwas wie ... Verachtung.«

COACH: »Oh, Verachtung ... und wie heftig?«

COACHEE: »... ziemlich ...«

COACH: »... ziemlich heftig?«

COACHEE: (*nickt*)

COACH: »Wissen Sie ... da wundert es mich gar nicht, dass Sie die Situation so belastet ... ein Gefühl taucht auf, also Sie haben den Mut, es zuzulassen ... wer fühlt sich schon gerne schwach? ... Und dann kommt ein anderes Gefühl und haut dem ersten auf den Deckel ...«

COACHEE: (*lacht*) »Ja, so in etwa.«

COACH: (*lächelt*) »... ja ... und ich habe da eine andere Meinung ... ich möchte hier die Schwachheit willkommen heißen.«

COACHEE: (*schaut etwas ungläubig*)

COACH: »Also, hier in unserem Gespräch darf die Schwachheit da sein ...«

COACHEE: (*bekommt einen weichen Blick*)

COACH: »Wie klingt das für Sie?«

COACHEE: »... irgendwie komisch ... ungewohnt ...«

COACH: »Naja, Sie sind es ja auch nicht gerade gewohnt.« (*lächelt*)

COACHEE: (*lächelt zurück*) »Nein, eher nicht.«

COACH: »Vielleicht zu Ihrer Beruhigung ... das zweite Gefühl, die Verachtung, die scheint auch interessant zu sein, die können wir uns auch anschauen ... wäre das für Sie interessant?«

COACHEE: »Ja ... ziemlich.«

COACH: »Okay ... dann sage ich: ›Willkommen, ihr beiden Gefühle!‹«

COACHEE: (*lächelt*)

Auf diese Art lassen sich die beteiligten Gefühle bzw. Seiten zunächst einmal auseinanderhalten. Anschließend kann die Dynamik zwischen ihnen genauer betrachtet werden, im Sinne von: Welche Botschaften haben sie für die jeweilige andere Seite? Was löst dies wechselseitig aus? Welche emotionale Reaktion wohnt den Botschaften inne, z. B. Vorwerfen oder Beschwichtigen, Auf-Distanz-Gehen oder Ablenken?

Selbstabwertung ist ein innerer Prozess, der sich verändern lässt. Akzeptanz wäre auch an dieser Stelle der Schlüssel. Allerdings ist es ausschlaggebend, auch die interne abwertende Seite des Kunden zunächst einmal einzuladen, anstatt gegen sie anzugehen. Sie darf als

Gefühl zu einem Gefühl in Erscheinung treten. Anschließend ist es dann möglich, sie nach ihrer Absicht zu fragen oder ihr einen Platz zu geben.

Vor diesem Hintergrund kann im Coaching ein Akzeptieren in vielfacher Hinsicht sinnvoll sein:

1) Der Coach akzeptiert den Coachee als Gesamtpersönlichkeit mit dessen aktuellem Erleben.
2) Der Coach akzeptiert den Coachee mit dessen Gefühl (Gefühl als primäre Reaktion).
3) Der Coach akzeptiert den Coachee mit seinem Wunsch, das unliebsame Gefühl loswerden zu wollen (Gefühl zum Gefühl als sekundäre Reaktion).

Dadurch kann der Kunde eine positive Beziehungserfahrung machen. Er wird nämlich vom Coach mit all seinen Gefühlen akzeptiert: sogar dann, wenn er sich selbst nicht akzeptiert.

5.1.4 Eine Gestalt geben

Allein das würdigende Akzeptieren und Benennen einzelner Emotionen vermag deren Wucht in einigen Fällen schon zu verändern. Es gilt das Rumpelstilzchenprinzip: Solange eine starke Emotion diffus im Erleben umhertreibt und nicht konkret mit einem Namen versehen ist, kann sie uneingeschränkte Kraft entfalten – im Sinne von »Ach, wie gut, dass niemand weiß, dass ich ›Rumpelstilzchen‹ heiß«. Sobald Rumpelstilzchen erkannt und sein Name ausgesprochen ist, verliert es seine Macht. Ähnlich verhält es sich mit einem emotionalen Empfinden, das konkret benannt wird. Es dient einem Sich-selbst-Verstehen. Manchmal geht damit ein kleines Erschrecken einher, denn Menschen wollen es mitunter nicht wahrhaben, dass sie sich traurig, schwach oder wertlos fühlen. Doch mit dem Geben eines Namens oder einer Gestalt ist es besser möglich, dem Gefühl ins Gesicht schauen. Nun lässt sich eine Beziehung zu ihm aufbauen.

Das Benennen der Emotion verfolgt nicht den Zweck, sie zu isolieren. Vielmehr geht es darum, einen klaren Kontakt zu ihr aufzubauen. Somit lässt sie sich besser in Relation zu anderen Erfahrungen setzen und als Teil eines größeren Gewebes sehen. Auch die dunkelste emotionale Regung ist leichter zu akzeptieren, wenn deutlich wird, dass sie *eine* Farbe eines gesamten Spektrums darstellt – und keineswegs die einzige.

Beim Namen nennen

Die Namensgebung dient der Konkretion. Sie kann sehr niedrigschwellig nur durch ein simples Benennen geschehen. So reicht es mitunter aus, wenn der Coach eine Äußerung vom Coachee wiederspiegelt und mit dieser Widerspiegelung weiterarbeitet.

Beispiel: Emotionen erkennen

COACHEE (*nach längerem Schweigen*): »Erst jetzt wird mir klar ... während wir darüber sprechen ... (*Pause*)«

COACH: »... Ihnen wird klar ...?«

COACHEE: »... wie es mir wirklich geht ....«

COACH: »... nämlich?«

COACHEE: »... ja, also ... so ziemlich enttäuscht ... und niedergeschlagen ...«

COACH: »... enttäuscht ... und niedergeschlagen?«

COACHEE: »... tja ...«

COACH: »... vielleicht eines mehr als das andere?«

COACHEE: »Naja ... eher enttäuscht ...«

COACH: »Also eher enttäuscht ...«

COACHEE: »Ja ... ich bin sogar sehr enttäuscht ... aber ich habe es nicht wahrhaben wollen.«

COACH: »Und jetzt, da Sie es wahrhaben ... und das Kind beim Namen nennen?«

COACHEE: »Naja, nicht gerade schön ... aber auch irgendwie erleichternd.«

Versinnbildlichen

Bisweilen finden Kunden für ihre Gefühle und emotionalen Lagen metaphorische Umschreibungen. Solche Äußerungen sollten vom Coach aufgenommen werden. Das innere Erleben bekommt dadurch mehr Kontur. Es wird klarer, um was es geht. Ähnliche Bilder können aber auch vom Coach angeboten werden, im Sinne von »Was Sie schildern, könnte vergleichbar sein mit ...«.

Beispiel: Emotionen erkennen (Fortsetzung)

COACH: »... es ist erleichternd, Ihre Enttäuschung beim Namen zu nennen?«

COACHEE: »Ja, irgendwie schon ...«

COACH: »Mhm, woran merken Sie das denn ... also dass da Erleichterung ist.«

COACHEE: »Ja ... ähm ... so irgendwie in den Schultern.«

COACH: »Oh ja, in den Schultern ... gut?«

COACHEE: »Ja ... gut.«

COACH: »Okay ... und jetzt, da Ihre Enttäuschung da sein darf ... da kommt auch die Erleichterung ... welche von beiden Gefühlen würden Sie sich jetzt eher anschauen wollen?«

COACHEE: »Eher die Erleichterung.«

COACH: »Die Erleichterung ... okay ... Was sagt sie Ihnen denn ...?«

COACHEE: »Wie jetzt ...«

COACH: »Naja ... wenn Ihre Erleichterung eine Botschaft für Sie hätte ...«

COACHEE: »... hm ...«

COACH: »Also nur einmal angenommen, Ihre Erleichterung würde da drüben auf dem Stuhl sitzen ...«

COACHEE: »Auf dem Stuhl?«

COACH: »Ja, auf dem Stuhl ... welche Worte hätte sie für Sie?«

COACHEE: (*sinniert und schweigt*)

COACH: »... oder wie würde sie aussehen?«

COACHEE: »Aussehen?«

COACH: »Ja, wenn die Erleichterung z. B. eine Person wäre ... eher männlich oder eher weiblich?«

COACHEE: »Weiblich.«

COACH: »Weiblich ... und ihr Alter?«

COACHEE: »Tja, ... weiß ich nicht.«

COACH: »Sie wissen nicht, ob eher jung oder eher alt?«

COACHEE: »Naja, ... eher jung.«

COACH: »Und wie jung?«

COACHEE: »Acht.«

COACH: »Also acht Jahre ... und sagt sie Ihnen etwas?«

COACHEE: »Ach, die sagt, dass es auch ganz gut ist, wie es jetzt ist.«

COACH: »Und wenn Sie der Erleichterung ein bisschen mehr zuhören würden, wie wäre das?«

COACHEE: »Ach, das wäre schon gut.«

Über das Sprachbildliche hinaus lässt sich auch mit Objekten arbeiten. Alles, was das emotionale Erleben versinnbildlicht, kann zu Hilfe genommen werden. Beispielsweise hat Virginia Satir sehr erfolgreich Seile eingesetzt, um Beziehungsdynamiken innerhalb von Paaren zu veranschaulichen und erlebbar zu machen (Moskau 1992).

Danie Beaulieu nutzt einfache Kunststoffbecher, Modellierknete, Schachfiguren und einiges mehr, um Gefühle zu versinnbildlichen und Veränderungen anzuregen. Dies schafft einen hohen Wirkungsgrad, weshalb sie ihr Vorgehen als »Impact-Techniken« bezeichnet (Beaulieu 2005, S. 28):

> »Haben Sie schon mal in Ihrem Leben Gegenstände aufbewahrt, die keinerlei materiellen Wert haben (einen Stein, eine Postkarte oder ein Stück Holz, das Sie auf einem Spaziergang aufgelesen haben), nur weil sie eine Art ›Rückfahrschein‹ zu den Emotionen sein können, die Sie bei dieser Gelegenheit empfunden haben?«

5.1.5 Balance halten

Ein Gefühl oder eine emotionale Ladung zu akzeptieren und gegebenenfalls zu erkunden, bedeutet keinesfalls, sich in ihr zu verlieren. Es ist die Aufgabe des Coachs, die Beratungsdynamik daraufhin auszubalancieren, dass ein Beleuchten des Problemmusters nicht zu einem »Suhlen« in schlechten Gefühlen gerät. Die Balance zu halten ist in diesem Zusammenhang als permanenter Prozess zu verstehen und keinesfalls als das Erreichen eines statischen Zustands.

Um ein Problem zu bewältigen, ist zweierlei notwendig:

- die Betrachtung der aktuellen Situation inklusive Wertschätzung des Erlebens und
- das Herstellen eines guten Kontakts zu den eigenen Ressourcen, damit der Kunde handlungsfähig wird.

Diese beiden Arbeitsrichtungen gilt es auszutarieren. Sie lassen sich nicht phasenweise nacheinander abhaken. Vielmehr sind hier die Sensibilität und die Flexibilität des Coachs gefragt, den Kunden in seinem momentanen Zustand abzuholen.

Das Gegenteil vom Im-Problemfokus-Kleben wäre das Ausblenden jeglichen Problembewusstseins. Euphorische Schönfärberei kann dazu führen, den Boden unter den Füßen zu verlieren. Oftmals gerät sie zu einem Vermeidungsverhalten, sodass man sich einer unangenehmen oder schmerzhaften Erfahrung nicht stellt. Solcherart werden kostbare Lernmöglichkeiten verschenkt.

Dem Coach ist zu empfehlen, achtsam wahrzunehmen, in welchen emotionalen Zuständen sein Kunde sich bewegt. Weder »himmelhoch jauchzend« noch »zu Tode betrübt« ist hilfreich, wenn man mit Gefühlen arbeitet. Stattdessen geht es darum, ein gutes Mittelmaß zu finden.

Praxis: Arbeitsrichtungen zum Ausbalancieren (nach Greif 2008, S. 93)

1. *Reduktion negativer Affekte:*
   - Die emotionsgeladene Situation schildern lassen und Verständnis zeigen (Psychohygiene)
   - Selbstberuhigungen (Entspannungsübungen, unterstützende innere Dialoge)
   - Perspektiverweiterung, den Fokus auf Gelingendes richten
   - Positive Selbstbewertungen, Vergegenwärtigen eigener Kompetenzen und positiver Erfahrungen

2. *Reduktion überwertiger positiver Affekte:*
   - Fragen zur Reflexion einzelner Gefühle und zum Kontext ihres Entstehens
   - Fragen zu Schlussfolgerungen für zukünftige Handlungen

3. *Förderung gemäßigt positiver Affekte:*
   - Deutliche Akzeptanz und Wertschätzung des Kunden durch den Coach
   - Empathie für das Erleben des Kunden
   - Glaubhaftes Würdigen der Stärken und Kompetenzen des Kunden, gerade wenn sie während der Coachingsitzung auftauchen
   - Eine angemessene Prise Humor einbringen, Leichtigkeit ermöglichen

---

Metaposition einnehmen lassen

Um auf eine produktive Distanz zu gehen, kann der Coach seinen Coachee zum Einnehmen einer Metaposition einladen. Gerade in der Arbeit mit Emotionen mag es äußerst nützlich sein, Mittel und Wege zu finden, um auf ein wenig Abstand zu einer unangenehmen Emotion zu gehen. Dies wird im Dialog mit dem Coach erarbeitet. Imaginationen oder das Einbeziehen der körperlichen Ebene mögen hierzu gute Dienste leisten. Unter Umständen wird das »Auf-Abstand-Gehen« wortwörtlich genommen. Beispielsweise wird das Gefühl auf eine Karte geschrieben und derart im Raum platziert, dass der Kunde es als angenehm oder zumindest weniger schlimm empfindet. So kann der Anlassgeber lernen, sich zu seinem Gefühl in

Beziehung zu setzen: eine als hilfreich erlebte Distanz herstellen, anstatt sich mit der Emotion zu identifizieren.

Praxis: Fragen zum Einnehmen einer Metaposition

- Wenn Sie sich vorstellen, Sie würden sich jetzt aus einer Vogelperspektive betrachten ...
- Wenn wir so auf Ihr Erleben schauen ... inwieweit ist es eher hilfreich für Sie ... oder eher nicht ... oder ist es vielleicht nur irgendwie anders?
- Jetzt steht Ihr Gefühl auf einer Karte, und die ist so im Raum platziert, dass es Ihnen viel besser geht. Wenn Sie von hieraus darauf schauen: Wie würden Sie hier Ihre Beobachtungsposition genauer beschreiben? Womöglich als ›sicher‹? Oder was wären Ihre Worte? Hätten Sie vielleicht ein Bild oder eine Metapher für diese Position?

5.1.6 Ressourcen aktivieren

Das Arbeit mit Ressourcen gilt als eine der wichtigsten Vorgehensweisen im Coaching. Bekommt ein Anlassgeber Kontakt zu seinen Ressourcen, ändert sich sein Erleben. Wo er sich vordem mit seinem Problem identifizierte, erfährt er nunmehr am eigenen Leib, dass er mehr ist als sein Problem. So lassen sich spezifische Ressourcen zum Bewältigen einer Situation bzw. zum Erreichen eines konkreten Ziels entdecken und nutzen.

Ressourcen werden als »bedürfnisbefriedigende Erfahrungen« (Grawe 2004, S. 394) beschrieben. Sie sind in all jenen Situationen gegeben, in denen ein Mensch

- sich sicher fühlt,
- sich akzeptiert und geborgen fühlt,
- sich in seinen Kompetenzen wahrnimmt,
- sich in seiner Kraft fühlt,
- Wohlergehen empfindet,
- sich mit etwas verbunden fühlt, was größer ist als er.

Mit Blick auf das neurophysiologische Geschehen kann eine Ressource als aktiviertes neuronales Netzwerk verstanden werden (Storch u. Krause 2002). Jedes Erleben ist in solch einem Netzwerk repräsentiert. Ressourcen als positiv bewertete Erfahrungen sind im emotionalen Erfahrungsgedächtnis gespeichert. Grundsätzlich liegen sie im vorbewussten Bereich. Im Episodengedächtnis befindet sich eine Vielzahl an Erfolgs- und Bewältigungserfahrungen, die jeder Mensch im Laufe seines Lebens hat sammeln können. Sie sind dort wie in einem Filmarchiv aufbewahrt. Sie kommen wieder ins Bewusstsein, indem die Aufmerksamkeit auf sie gelenkt wird.

Aufmerksamkeit auf die Ressourcen lenken

Sein Ressourcenerlebens kann der Kunde nur selbst aktivieren. Der Coach vermag ihn lediglich einzuladen, seine Aufmerksamkeit darauf zu lenken. Er bietet einen möglichen Weg an, den der Coachee dann selbst gehen muss. Der Coach strukturiert das Vorgehen und leitet den Prozess, den eigentlichen Ressourcenkontakt vollzieht der Kunde selbst.

Fühlt sich der Coachee gut begleitet, kann er bereits die gelingende Beziehung zum Coach als wichtige Ressource erleben (Greif 2008). Der Coach kann dies für die Unterstützungsarbeit nutzen, etwa indem er den Coachee fragt: »Wenn ich Ihnen so zuhöre – inwieweit erleben Sie dies als unterstützend? Und wenn ja: Woran merken Sie das?«

Praxis: Hinweise zu Ressourcen aufgreifen

Um die Ressourcen des Kunden zu entdecken, folgt der Coach »konsequent non- und paraverbalen Signalen, die einen potenziell lebendigeren, kraftvolleren oder angenehmeren Zustand des Gesprächspartners anzeigen« (Poimann 2010, S. 131). Dies mögen Kleinigkeiten sein. Manchmal zeigt sich ein waches Aufblitzen in den Augen oder ein kurzes Lächeln. Solche Signale lassen sich durch ein minimales Widerspiegeln ins Gespräch holen. Gegebenenfalls kann der Coach neugierig wertschätzend in das Erleben des Coachees hineinfragen:

»Oh! Ich meine, ein kleines Lächeln bei Ihnen zu sehen ... welche Gedanken gehen Ihnen dabei durch den Kopf? ... Und was geht mit dem Lächeln vielleicht sonst noch so einher?«

Was wirkt als Ressource?

Ob eine Erinnerung oder ein Objekt als Ressource wirkt, entscheidet sich zu hundert Prozent im subjektiven Erleben des Kunden. Der Coach hat mehrere Möglichkeiten, im Dialog mit seinem Kunden dessen Ressourcen zu erkunden. Neben dem bereits erwähnten Widerspiegeln nonverbaler Signale lassen sich Fragen stellen, unter anderem nach:

- Gelingens- und Bewältigungserfahrungen,
- Ausnahmen vom Problemerleben,
- wichtigen Bezugspersonen, die als unterstützend erlebt werden,
- Lieblingstätigkeiten,
- einem Ort, der dem persönlichen Auftanken dient,
- beglückenden Naturerlebnissen,
- geschätzten Figuren aus Filmen oder Büchern.

Die Ressourcensuche findet nicht »im luftleeren Raum« statt, sondern orientiert sich an Thema und Ziel des Coachinggesprächs. Ist eine Ressource erst einmal gefunden, lässt sich mit ihr arbeiten.

Beispiel: Schrittweises Vorgehen bei der Ressourcenarbeit (Nicolaisen 2017)

1. Ressourcen entdecken:

Ressourcen lassen sich nicht vorgeben. Sie liegen im Anlassgeber und können lediglich dialogisch entdeckt werden. Daher begibt sich der Coach mit dem Kunden auf Ressourcensuche, die einem Schürfen nach Goldkörnern gleicht. Er bewegt sich im Modus empathischen Mitgehens und wertschätzenden Neugier. Er hört dem Kunden mit seinem »Ressourcenohr« zu. Währenddessen fragt er nach bereits vorhandenen Mustern des Gelingens. Er achtet auf non- und paraverbale Signale, die möglicherweise auf eine nicht bewusste Ressource hinweisen. Das könnte ein Aufblitzen in den Augen, ein tiefes Durchatmen oder eine aufgehellte Stimme sein. Der Coach spiegelt solch ein Detail in einem einzelnen Wort oder mit der entsprechenden Geste wider. Anschließend lädt er sich selbst und den Kunden ein, die Aufmerksamkeit darauf zu fokussieren und zu intensivieren.

2. Ressourcenerleben verstärken:

Ist eine Ressource oder auch nur ein minimales Ressourcenfragment entdeckt, fragt der Coach nach darin enthaltenen Details:

– Wie genau wird die Ressource erlebt?
– Auf welchen Sinneskanälen ist sie innerlich repräsentiert – visuell, auditiv, kinästhetisch, olfaktorisch, gustatorisch?

– Was sind die Submodalitäten in diesem Erlebensmuster? So lässt sich beispielsweise bei einer visuellen Vorstellung fragen: Ist diese farbig oder schwarz-weiß? Klar oder eher undeutlich? Zeigt sie sich als feststehendes Bild wie ein Foto oder eher bewegt wie ein Film?

Weiterhin kann der Coach nach ergänzenden Assoziationen fragen und vorsichtig eigene Assoziationen anbieten. Dadurch wird das Erleben der Ressource verstärkt, oder mögliche Anker für die Ressource werden gefunden.

3. Ressource transferieren:

Bereits der Dialog über die Ressource macht in der Regel einen bedeutsamen positiven Unterschied im Erleben des Kunden. Es stärkt dessen Selbstwirksamkeitsempfinden.

Um die Wirksamkeit zu erhöhen, lässt sich der Einsatz der Ressource in einer konkreten Alltagssituation präzisieren: Wie, wann und wo konkret soll die Ressource aktiviert werden? Was ist zu beachten, damit ihre Aktivierung im erwünschten Moment gelingt? Gibt es mögliche Nebenwirkungen oder Folgekosten?

5.1.7 Unterschiede bilden

Bei der Unterschiedsbildung geht es um das Auffinden von Unterschieden, die für den Anlassgeber in seinem subjektiven Erleben tatsächlich einen erwünschten Unterschied machen und nicht beliebig sind (Bateson 1985).

Sämtliche in diesem Kapitel bereits genannten Grundelemente dienen dem Bilden bedeutsamer Unterschiede. Jegliches Wahrnehmen und Akzeptieren einer Emotion, der Vorgang, ihr eine Gestalt zu geben, sich zu ihr in Beziehung zu setzen, stellen bereits Unterschiedsbildungen dar, welche das bisherige Erlebensmuster erweitern.

Emotionen und Gefühle sind Teil einer inneren Konstellation. Auf neurophysiologischer Ebene ist das Erleben als assoziatives Netzwerk organisiert, welches sich in Bahnen synaptischer Verschaltungen und dem Fluss hormoneller Botenstoffe vollzieht. Unwillkürlich auftauchende Emotionen, die ein unerwünschtes Empfinden mit sich bringen, sind Teil eines Erlebensnetzwerks. Sie lassen sich nicht auflösen. Indem jedoch Details des Netzwerks verändert oder hinzugefügt werden (z. B. auf der körperlichen Ebene), ist das Erleben beeinflussbar. Dies geschieht nicht als Erweckungserlebnis

Praxis: Bilden hilfreicher Unterschiede im Erleben

1. Im Gespräch mit dem Kunden wird ein erwünschter Zustand als Ziel erarbeitet.
2. Anschließend wird der Coachee eingeladen, von der problematischen Situation zu berichten. Dadurch wird das emotionale Erleben wieder lebendig. Dies ist die Voraussetzung dafür, daran etwas zu ändern.
3. Im Dialog mit dem Auftraggeber erkundet der Coach das »Problem«-Muster und dessen Details. Dabei wird das bildhaft-metaphorische und körperbezogene Erlebens besonders beachtet.
4. Innerhalb dieses Muster bzw. des Bildes oder der Metapher bietet der Coach nun kleine Unterschiede an. Entscheidend ist, was der Kunde dabei als stimmig oder hilfreich erlebt. Daher muss der Coach sich beständig vergewissern, welche Auswirkung der angebotene Unterschied im emotionalen Erleben seines Gegenübers macht. In diesem Sinne fragt der Coach: »Und wenn Sie sich das nun so vorstellen ... *(Pause)* ... verändert sich etwas in Ihrem Empfinden? ... Wird es besser? *(Pause)* ... Schlechter? *(Pause)* ... Anders? *(Pause)* ... Oder bleibt es gleich?« Währenddessen achtet der Coach insbesondere auf die nonverbale Reaktion des Coachees. Auf dieser Ebene zeigt sich häufig unwillkürlich, wie der Kunde den angebotenen Unterschied empfindet.
5. Sobald beim Coachee ein »besser« auftaucht, fokussiert der Coach auf die Begleitphänomene des »Besser«: Kommen Assoziationen in den Sinn? Tauchen Körperempfindungen auf, die mit dem besseren Erleben einhergehen? Ergibt sich vielleicht unwillkürliche Gestik? Oder lässt sich eine Geste finden, die dazu passt? Kommen weitere Bilder ins Bewusstsein? Oder Gedanken? Solche Fragen zielen auf das Verstärken und Erweitern des gefundenen Unterschieds. Aus einigen lassen sich später Erinnerungshilfen für den Alltag entwickeln.

Im Laufe des schrittweisen Vorgehens vergewissert sich der Coach immerzu der subjektiven Stimmigkeit aufseiten des Coachees. Mit ihr zeigt sich wie unter einem Brennglas das körperliche Empfinden dazu, was dem Kunden in seiner derzeitigen Situation als passend oder was unpassend erscheint. Hier meldet sich das Extensionsgedächtnis (Kap. 3.3), worin in vielfach parallel ablaufenden Prozessen das aktuelle Geschehen unwillkürlich und in weiten Teilen unbewusst bewertet wird. Somatische Marker spielen darin eine gewichtige Rolle.

oder Wunderheilung, sondern in kleinen Schritten. Häufig wird die Veränderung dann als »weniger schlimm« oder »besser« beschrieben. Es ist ein Unterschied gebildet worden, der tatsächlich einen qualitativen Unterschied macht. In diesem Sinne bedeutet die Arbeit mit Emotionen das Einfügen von Unterschieden in bestehende Erlebensnetzwerke.

5.1.8 Künftige Schritte berücksichtigen

Coaching ist ein Rahmen, in welchem der Kunde sich klären kann und für sein Anliegen Unterstützung erhält. Häufig wird ein emotional geladenes Erleben bearbeitet. Dies soll eine erwünschte Veränderung bringen. Die Erkenntnisse und Ergebnisse aus dem Coaching erlebt der Anlassgeber in der Regel bereits als hilfreich. Dies garantiert jedoch nicht, dass sich das neu Entwickelte reibungslos im Alltag umsetzen lässt.

Das alltägliche Umfeld bringt genau jene Situationen mit sich, in denen das vordem »schwierige« emotionale Erleben zum Vorschein gekommen ist. Daher ist es empfehlenswert, diesen Kontext auf besondere Auslösereize hin zu untersuchen, die unter Umständen das alte unerwünschte Erleben erneut triggern. An diesem Punkt lässt sich im Coaching nach Erinnerungshilfen suchen, die dann passgenau in die herausfordernde Alltagssituation eingebaut werden. Sie entfalten besonders dann eine starke Wirkung, wenn sie das Erleben auf der »limbischen Ebene« ansprechen, z. B. in Form eines Objekts oder einer unscheinbaren Geste, die emotional positiv aufgeladen sind (Kap. 5.2.2).

Beispiel: Erinnerungshilfen für den Alltag

Eine junge Führungskraft aus der mittleren Ebene eines großen Sozialunternehmens findet sich allmählich in ihre neue Rolle ein. Im Coaching beklagt sie sich über unklare Entscheidungsstrukturen und schildert ihre Unsicherheit, wie sie sich gegenüber ihrem Linienvorgesetzten verhalten soll. Nachdem sie ihre Frustration loswerden konnte, erstellt sie mit dem Coach ein Bild ihres beruflichen sozialen Feldes. Währenddessen wird ihr klar, dass sie von ihrem Vorgesetzten Aufträge übernimmt, die nicht eindeutig in ihrem Zuständigkeitsbereich liegen. Sie fasst das Ziel, mit ihrem Vorgesetzten ein klärendes Gespräch zu führen. Unterstützende Ressourcen lassen sich schnell finden.

Während des Coachings wächst ihre Befürchtung, sich als junge Führungskraft schnell vom Chef »einlullen« zu lassen. In früheren Situationen sei es ihr schon ähnlich ergangen, und schließlich sei der Vorgesetzte ja auch »ein ganz lieber Kerl«.

Im Dialog finden Coachee und Coach kleine Anker, welche die Anlassgeberin in der zukünftigen Situation an ihre Klarheit und ihr selbstbewusstes Auftreten erinnern: eine kleine Glasmurmel sowie das Lieblingsjackett. Die Kundin entschließt sich, beides für das Gespräch mit dem Chef bei sich zu haben. Zusätzlich schlägt der Coach vor, eine bestimmte Körperhaltung plus damit einhergehendem Atemmuster zu finden, welche der Anlassgeberin weitere Kraft auf der körperlichen Ebene verleihen.

Storch und Krause (2002) gehen in ihrem Selbstmanagement-Manual zum Zürcher Ressourcenmodell dezidiert auf den Transfer in den Alltag ein. Darin schlagen sie vor, verschiedene Schwierigkeitsgrade der Umsetzung zu identifizieren, sogenannte A-B-C-Situationen. Mit diesen Kriterien lässt sich eine Situation finden, in welcher der Einsatz des Neuen leichter fällt. Um ein rasches Erfolgserlebnis zu generieren, bietet es sich an, das neue Verhalten bzw. das erwünschte Erleben nicht gleich in der am stärksten herausfordernden Situation zu erproben, sondern mit leichteren Anlässen zu beginnen. So lässt sich das neu Entwickelte Schritt für Schritt trainieren, bis der Anlassgeber mehr Sicherheit gewonnen hat.

5.2 »Limbisch Sprechen«

Emotionen entstehen unter maßgeblicher Beteiligung des limbischen Systems (Kap. 1.1.5) sowie der rechten Hirnhemisphäre. Beide Bereiche verarbeiten Informationen auf bildhafte Weise. Beide sind unmittelbar mit körperlichen und emotionalen Prozessen verknüpft. Hinsichtlich der praktischen Arbeit mit Emotionen in Beratung, Therapie und Coaching ist eines unabdingbar: Dies erfordert das »Limbisch Sprechen« in Bildern und Metaphern sowie das Einbeziehen der körperlichen Dimension. Auf dieser Ebene hat der kühle, rationale Verstand keinen oder nur einen äußerst geringen Einfluss. Wie sollte die Flamme eines Streichholzes die Tiefen des weiten Meeres ausleuchten können? Kaum berührt sie das Wasser, schon erlischt sie. Und nur oberhalb der Meeresoberfläche vermag sie mit ihrem Scheinen nicht in die unteren Strömungen vorzudringen. Die »Sprache der Affekte‹ ist nicht die der rationalen Logik und formalen Operationen, sondern eher die von Bildern, Metaphern und anderen analogen Repräsentationen und Operationen« (Kriz 2017, S. 45). Alle nachfolgend geschilderten Vorgehensweisen zielen auf das Aktivieren des Selbst (Kap. 3.3) und ermöglichen einen wirkungsvollen Zugang zu Ressourcen (Kap. 5.1.6):

• Imagination (Kap. 5.2.1)
• Embodiment (Kap. 5.2.2)
• Rituale (Kap. 5.2.3)
• Metaphern (Kap. 5.2.4)
• Geschichten (Kap. 5.2.5)
• Naturbilder und Naturerleben (Kap. 5.2.6)

5.2.1 Imagination

Mit der Vorstellungskraft ist es dem Menschen möglich, Zukünftiges vorwegzunehmen und in hohem Maße kreativ zu sein. »Imagination ist ein grundlegendes Prinzip der menschlichen Verarbeitung von Informationen und Emotionen« (Kast 2012, S. 24).

Über Dynamiken des limbischen Systems (Kap. 1.1.5) sowie des vegetativen Nervensystems sind innere Vorstellungen sehr eng mit Emotionen und körperbezogenem Empfinden verknüpft (Damasio 2011). So reicht eine bildhafte Erinnerung von einem Lieblingsort aus, dass sich ein ähnliches Wohlgefühl einstellt, so als ob man dort wäre (Reddemann 2001). Je intensiver die Vorstellung auf den verschiedenen Sinneskanälen, d. h. visuell, auditiv etc., präsent ist, umso stärker entwickelt sich das entsprechende emotionale Erleben. Dieser Umstand leistet bei der Aktivierung von Ressourcen wertvolle Dienste.

Emotionen beziehen sich auf etwas: eine Person, ein Objekt oder eine Situation. Sie sind immer auf ein Gegenüber ausgerichtet. Dabei ist es erstaunlicherweise »unwesentlich, ob das Bezugsobjekt tatsächlich vorliegt, gedanklich nur vorgestellt wird oder für die Zukunft erwartet wird« (Rothermund u. Eder 2011, S. 166). Das entscheidende Element in der Bezogenheit unterliegt also Prozessen der Vorstellungskraft.

Imaginationen beeinflussen das emotionale Erleben. Im Coaching lässt sich dieser Zusammenhang nutzen, beispielsweise durch

- das Imaginieren eines erwünschten Erlebens,
- das Imaginieren des erwünschten Zieles,
- das Vorstellen innerer Kraftfiguren und innerer Helfer,
- das innere Visualisieren konkreter Handlungen,
- das Wachrufen und Erinnern von Ressourcenerfahrungen.

Imaginieren impliziert zwar in erster Linie den visuellen Sinneskanal, doch empfiehlt es sich, alle anderen Sinne ebenso anzusprechen. Es geht darum, die erwünschte innere Vorstellung möglichst auf allen sensorischen Kanälen präsent werden zu lassen.

Ein Gefäß für starke Gefühle

Manche Gefühle lassen einen gar nicht los. Es scheint, als übten sie Macht über die Person aus. Das ist beispielsweise bei heftigem Zorn der Fall. Womöglich gibt es dann eine andere Seite, mit der man sich selbst sagt, dass es gar nicht so schlimm ist oder man sich jetzt beruhigen solle. Dadurch wird der Zorn jedoch nicht weniger. Vielmehr taucht er immer wieder auf und führt zu üblen Gedankenspiralen. Berichtet der Coachee von solch einer Begebenheit, ist zu empfehlen, den Zorn einzuladen und ihm auf der imaginativen Ebene einen konkreten Platz zu geben. Mit produktivem Abstand lässt sich dann ein Dialog mit dem Gefühl führen. Dazu ist das Imaginieren eines Gefäßes für Gefühle hilfreich.

Praxis: Gefäß für Gefühle

Zunächst erläutert der Coach dem Coachee, weshalb innere Vorstellungen sich für die Emotionsarbeit eignen. Einige Kunden könnten die Methode ansonsten für Hokuspokus halten. Dann bittet der Coach sein Gegenüber, sich ein Gefäß oder einen Behälter vorzustellen, in welchem eine hohe Energie gehalten werden kann, ähnlich einem Schmelztiegel oder einem Feuerpokal. Die Vorstellung kann allmählich Gestalt annehmen und muss keinesfalls als fertiges Bild im Bewusstsein erscheinen. Das Aussehen lässt sich gemäß unwillkürlich auftauchender Bilder und gemäß subjektiver Stimmigkeit festigen:

- Welche Form hat das Gefäß?
- Welche Farbe hat es, aus welchem Material ist es?
- Was wäre ein guter Abstand zum Gefäß? Vielleicht will der Kunde es imaginativ in den eigenen Händen halten?

Dann wird das Gefühl eingeladen, sich zu zeigen. Womöglich taucht es nur als eine Körperempfindung auf, eventuell hat es aber auch eine Gestalt, Form oder Farbe.

Der Coach leitet den Coachee an, mit einem tiefen Atemzug (oder mehreren) die Emotion aus dem Körper in das Gefäß zu lenken und dabei mögliche Anspannungen der Muskulatur loszulassen. Anschließend kann das Gefühl im Gefäß genau betrachtet werden:

- Wie schaut es dort aus?
- Welche Empfindungen tauchen auf, nun, da es mit einigem Abstand betrachtet wird?
- Wie ist es, mit Abstand darauf zu schauen?
- Was will das Gefühl sagen?
- Worauf will es hinweisen? Was braucht es?

Das Gefühl hat eine Daseinsberechtigung. Es wäre gut, dies auszusprechen im Sinne von »Du bist ein Teil von mir«. Dadurch erhöht sich die Selbstakzeptanz.

5.2.2 Embodiment

Das Einbeziehen des Körpers kann ein wirkungsvolles Vorgehen im Coaching sein (Storch et al. 2006). Insbesondere trifft dies auf die Regulation von Gefühlen und emotionalen Ladungen zu (Storch 2006). Körperhaltung, Atmung oder Gesten sind einflussreiche Elemente in jedem emotionalen Erlebensmuster. Sie kommen unbewusst und unwillkürlich zustande. Mit jedem Wütendsein, mit jeder Traurigkeit oder Enttäuschung gehen spezifische körperliche Phänomene einher. So formt eine Emotion den aktuellen somatischen Zustand.

Im Umkehrschluss lässt sich allerdings auch über den Körper Einfluss auf das emotionale Erleben nehmen. Dazu reicht eine kleine Veränderung, z. B. im Atemmuster oder in der Körperhaltung. Entscheidend ist, dass die veränderte Haltung oder das neue Muster über mehrere Minuten eingenommen wird. So entsteht ein neuer Attraktor, der das alte unerwünschte Erlebensmuster unterbrechen kann. Auf diese Weise lässt sich der Körper auch nutzen, um den Transfer eines Coachings in den Alltag zu gewährleisten.

Wahrnehmen und Unterschiede bilden

Bevor die Veränderungsarbeit beginnt, lädt der Coach seinen Kunden zum achtsamen Wahrnehmen ein. Dabei wird die Aufmerksamkeit vom äußeren Geschehen auf das eigene Körperempfinden gelenkt. Nach einigen Minuten öffnet sich mitunter eine Art innerer Raum. Spätestens dann ist ein guter Kontakt zur leibhaftigen Dimension hergestellt.

Beispiel: Erwünschter Umgang mit Wut

Ein Coachingkunde berichtet von seiner massiven Wut auf eine andere Person. Der affektlogische Zustand seines Wütendseins geht mit muskulärer Anspannung und erhöhtem Blutdruck einher.

Nachdem der Kunde als Ziel einen besseren Umgang mit seiner Wut genannt hat, fragt der Coach, was dann statt der blinden Wut da wäre. Nach einigem Wortwechsel nennt der Anlassgeber »kraftvolle Gelassenheit« und lächelt dabei.

Der Coach bietet an, diesen Zustand kraftvoller Gelassenheit genauer zu betrachten, gerade in körperlicher Hinsicht. Der Coachee lässt sich darauf ein: Er entdeckt bei sich ein tiefgehendes Atemmuster, eine Handgeste und entspannte Schultern. Der Coach lädt sein Gegenüber dazu ein, diesen Zustand noch etwas zu genießen.

Mit entsprechenden Erläuterungen des Coachs wird im nächsten Schritt das Problemmuster im Detail erkundet. Anschließend bietet der Coach die zuvor vom Kunden genannten Erlebenselemente aus der »kraftvollen Gelassenheit« an, um sie als Unterschied in das Problemmuster einzufügen. Das geschieht unter fortwährendem Befragen des Anlassgebers nach seinem intuitiven Stimmigkeitsempfinden. Jenes Element, was nach dem Empfinden des Kunden am stärksten und angenehmsten ist, wird weiterhin eingeübt. So besteht eine hohe Wahrscheinlichkeit, dass sich das Gesamtbefinden verändert.

Der Mediziner Johann Caspar Rüegg beschreibt, wie »über Gesten oder Veränderungen von Spannungsmustern der Muskulatur, aber auch über Veränderungen des Atems und des Stimmausdrucks die emotionale Befindlichkeit absichtlich verändert werden könne« (Rüegg 2010, S. 38). Auf solche Weise ist es möglich, ein kooperatives Miteinander von unwillkürlichem somatisch-emotionalem Erleben und willentlich gesteuertem Handeln aufzubauen. Dies lässt sich zum Selbstmanagement nutzen (Storch 2006).

Praxis: Dem Kunden die Wirkung des Körpers auf sein Erleben vermitteln

Um die Wirkung von Embodiment zu vermitteln, kann der Coach seinen Kunden zu einem kleinen Experiment einladen. Es geht um ein leichtes Verändern des Atemmusters.

Der Coach bittet den Coachee, seinen eigenen Atem zu beobachten: wie sich der Brustkorb hebt und senkt, wie die Luft durch die Nase eingesogen und wieder freigegeben wird. Nach zwei bis drei Minuten lädt der Coach dazu ein, beim Einatmen ein wenig bewusster und stärker in den Bauch zu atmen. Nach kurzer Zeit bittet er den Coachee weiterhin, sich vorzustellen, wie sich im Brustbereich um die Herzgegend herum ein angenehm weitendes Körpergefühl öffnet. Nachdem der Coachee auch dies für ein oder zwei Minuten praktiziert hat, fragt der Coach den Coachee nach dessen Gesamtbefinden. In der Regel wird die als »irgendwie anders« und »besser« beschrieben.

Der Körper im Raum

Eine simple Form, um das intuitive Körperwissen ins Coaching einzubeziehen, bietet die Arbeit mit Skalierungen. Mit ihnen werden erwünschte Unterschiede schnell deutlich.

Beispiel: Skalierung

Die Skala von eins bis zehn lässt sich anhand zweier Karten, eine als »eins« und eine als »zehn«, entlang einer imaginierten Linie in den Raum legen. Der Coach legt fest, dass die Eins »sehr schlimm« und die Zehn »sehr gut« bedeutet. Dann bittet er den Kunden, sein Erleben bzw. seine aktuelle Situation zu skalieren. Der Kunde möge sich auf der Skala positionieren. Sollte der Kunde noch auf dem Stuhl sitzend sagen: »Ich weiß nicht, auf welche Ziffer ich mich stellen soll«, kann der Coach ihn mit den Worten einladen »Lassen Sie ihre Füße die Position finden. Während sie hier noch überlegen, weiß ihr kluger Körper bereits den Weg.« Auf diese Weise wird das subjektive emotionale Erleben quasi räumlich sichtbar.

Wenn sich der Kunde positioniert hat, lässt sich dieses Erleben befragen. Anschließend lädt der Coach den Coachee ein, eine erwünschte Position auf der Skala einzunehmen, die ein »besser« bedeutet. Sobald der Coachee sich neu gestellt hat, wird dieses Erleben eingehend erkundet:

– Welche Gedanken, Bilder und Gefühle tauchen auf?
– Wie reagiert der Organismus darauf?
– Was lässt sich im Alltag tun, um auf der Skalierung einen Punkt höher zu kommen?

Solches Skalieren ermöglicht einen unmittelbaren Zugang zur eigenen intuitiven emotionalen Bewertung. Der Coach könnte seinen Coachee darauf folgendermaßen hinweisen:»Ist es nicht interessant? Offenbar gibt es in Ihnen ein intuitives Wissen darüber, was besser für Sie ist«.

Choreografien

Positionsskulpturen und Strukturaufstellungen bedienen sich ebenfalls des Körpers und seines Stimmigkeitsempfindens (von Schlippe u. Schweitzer 2012). Mit dem Aufstellen von Personen und möglicher Repräsentanten gelingt es, das subjektive Erleben des Protagonisten zu verdeutlichen. Seine emotionalen Bewertungen sind in dem dreidimensionalen Bild enthalten, ohne dass lange darüber geredet werden muss. Die räumliche Bezogenheit zeigt wichtige Interaktionen, die zum Problemerleben oder zu einem erwünschten Zustand beitragen. Dies läuft viel unmittelbarer ab als das Sprechen über die Situation. Daher stellt das Aufkommen von Gefühlen bei Strukturaufstellungen eher die Regel als die Ausnahme dar. Anhand der unwillkürlichen emotionalen Bewertung lässt sich sehr schnell klären, welche Umplatzierungen oder angebotenen Veränderungen innerhalb der Choreografie beim Protagonisten ein Empfinden von »besser«, »schlechter«, »anders« oder »gleich« bewirken.

Coachingspaziergänge

Einige Coaches integrieren ein gemeinsames Spazierengehen als Teil des Coachings. Es ist ein schlichtes, aber wirkungsvolles Element, das sich relativ leicht umsetzen lässt und keines großen Aufwands bedarf. An der frischen Luft kommen Gedanken leichter in Bewegung. Solcher Wechsel des Settings bewirkt bereits eine Musteränderung: Ein Problem wird nicht im Sitzen besprochen, sondern während der Körper in Bewegung ist. Das ist ein günstiges Priming. Es bahnen sich andere Gedanken und Gefühle als bisher.

Während des Spazierens ließe sich neben dem Gespräch über das Anliegen des Kunden der Fokus immer wieder auf das körperliche Befinden richten.

Praxis: Fragen während des Coachingspaziergangs

- Wie geht es Ihnen damit, dass wir jetzt in Bewegung sind?
- Woran merken Sie es an Ihrem Körper?
- Und ist es Ihnen – während Sie hier gehen – möglich, Ihren Atem noch etwas bewusster in Ihren Körper strömen zu lassen?
- Und wie würden Sie gehen, wenn es Ihrem Organismus noch besser ginge? Wären Ihre Schritte anders? Wie würden Sie diese beschreiben? Und was wäre noch anders?

Auch hier ergibt sich die Sinnhaftigkeit des Spazierengehens nicht als Wert an sich, sondern aus dem Kontext von Komplementarität. Einem Kunden, der seinen gesamten Arbeitstag am Bürotisch sitzt und sich darüber beklagt, könnte anstatt »mehr vom selben« durch den Spaziergang etwas anderes angeboten werden.

5.2.3 Rituale

Ein Ritual ist eine mit Sinn aufgeladene, bewusst gestaltete Handlung, die sich vom täglichen Einerlei unterscheidet. Das Ritual vermag einen Raum für eine Eigenzeit zu öffnen, in der Gefühle einen Platz bekommen. Zu diesem Zweck lässt es sich im Coaching nutzen. Das wäre eine säkularisierte Form des Rituals.

Im Laufe der Menschheitsgeschichte ist das Ritual mit dem »Ritus« verbunden gewesen. In diesem Kontext sind die Handlungen auf Transzendenz ausgerichtet. So dienten Rituale früher (und auch heutzutage) dazu, höhere Mächte zu beschwören, um sie als Beistand zu gewinnen. Im heutigen Beratungskontext will das Ritual eigene innere Kräfte wachrufen.

Ein Ritual verfügt über nachfolgend genannte Merkmale (von Schlippe u. Schweitzer 2009, S. 115):

1) *Handlung:* Es wird nicht nur geredet, sondern auch getan.

2) *Besonderheit:* Die Handlung unterscheidet sich vom alltäglichen Tun.

3) *Ordnung:* Rituale haben einen definierten Anfang, eine definierte Dauer und ein definiertes Ende.

4) *Sinnträchtigkeit:* Rituale beinhalten einen Sinn, der über die Handlung hinausweist.

5) *Wiederholung:* Eine bestimmte Handlung wird mehrfach in ähnlicher Weise durchgeführt.

Praxis: Planen und Durchführen eines Rituals

Fragen zur konkreten Planung eines Rituals:

- Was konkret soll im emotionalen Erleben mit dem Ritual erreicht werden?
- Welches Symbol lässt sich für das Gefühl finden, das mit dem Ritual bearbeitet bzw. überwunden werden soll?
- Wie müsste es im Hinblick auf seine Textur, sein Gewicht, seine Farbe etc. beschaffen sein?
- Welche Handlung bzw. Körperbewegung wäre hilfreich, um sich zu diesem Gefühl in Beziehung zu setzen?
- Gibt es vielleicht Bilder oder Gegenstände, die eine unterstützende Wirkung brächten?

Fragen zur Festlegung der Dimensionen von Raum und Zeit:

- Welcher Ort würde passen? Gibt es vielleicht einen Lieblingsort, der als *Genius loci* (»Geist des Ortes«) hilfreich sein könnte?
- Welcher Zeitrahmen wäre für das Ritual nützlich?
- Welche Phasen bräuchte das Ritual? Welche Eröffnung, welche Schritte, welchen Abschluss?

Für die Zeit danach:

- Gibt es kleine Anker oder Erinnerungshilfen, die sich mit in den Alltag nehmen lassen?
- Inwieweit besteht die Möglichkeit, sich im Alltag in einer kurzen Besinnung an das Ritual zu erinnern?
- Ist es gegebenenfalls sinnvoll, das Ritual zu wiederholen?

Rituale lassen sich noch eingehender planen und für einen längeren Zeitraum ansetzen. Ein größerer Umfang mag angebracht und sinnvoll sein, um einen persönlichen Verlust zu verarbeiten oder um sich in einer Übergangsphase von einem alten Lebensabschnitt zu verabschieden und einen neuen einzuleiten. In solchem Kontext geht es darum, dass sich ein Identitätserleben erneuert oder transformiert. Entsprechende Anregungen liefert Gilligan (1999, S. 218 ff.).

Insbesondere für die Emotionsarbeit vermag ein Ritual, das bestmöglich auf den Anlassgeber zugeschnitten ist, eine machtvolle Intervention sein. Mit ihm gelingt es »überbordende Gefühle zu fassen, zu formen und in konstruktive Bahnen zu lenken – mit anderen Wor-

ten affektive Energien symbolisch zu kanalisieren« (Ciompi 2002, S. 54).
Das Ritual gibt dem Unaussprechbaren eine Form und macht es sinnlich erfahrbar. Was wir anfassen können – im besten Sinne von »be-greifen« – brennt sich ins Gedächtnis ein. »Ohne Ritual bleibt vernünftiges Erkennen haltlos« (Welter-Enderlin u. Hildenbrand 2002, S. 12).

Das sinnlich-körperliche Tun ist dabei ein wichtiger Faktor: Ich gebe einem Gefühl eine Gestalt, und ich vollziehe eine symbolhafte Handlung, um es hinter mir zu lassen oder um einen anderen Umgang damit zu finden. Körper und Ästhetik spielen deswegen in Ritualen eine erhebliche Rolle.

Zwecks besseren Umgangs mit einer emotionalen Lage kann der Coach dem Coachee anbieten, ein Ritual zu entwickeln. Geht der Kunde auf die Idee ein, eignen sich die oben genannten Fragen zum Konkretisieren.

5.2.4 Metaphern

Metaphern können als Sprachbilder betrachtet werden. Sie sind sehr viel häufiger im alltäglichen Gebrauch, als es uns klar ist. Mit ihnen kommen Befindlichkeiten und Bedürfnisse zum Vorschein, die größtenteils unbewusst sind. Metaphern transportieren emotionales Erleben. Sie sagen etwas und drücken doch etwas anderes aus. Das zeigt sich auch an der Übersetzung aus dem Griechischen: *metá phérein*, dt. »anderswohin tragen« und *metaphora*, dt. »Übertragung«.

George Lakoff und Mark Johnson (1997) weisen darauf hin, dass die beständige physische Erfahrung, sich als Körper durch die Welt zu bewegen, sich auch in der Sprache in einer Vielzahl von Metaphern niedergeschlagen hat. Nicht von ungefähr sagen wir »Ich bin obenauf«, wenn es uns gut geht, oder »Das geht mir unter die Haut«, wenn wir sehr berührt sind. Lakoff und Johnson betrachten Metaphern als grundlegenden Zugang zur Welt.

> »Unsere Sprache hat die Bildhaftigkeit unserer Art und Weise, diese Welt wahrzunehmen, in einer schier endlosen Zahl von Metaphern, Redewendungen usw. bewahrt. Auf dieser konkreten Bildebene zu verbleiben vermeidet ein frühzeitiges Anspringen unserer urteilenden und zensierenden Ratio.« (Krüger 2010, S. 37).

Die Arbeit mit Metaphern in Coaching oder Organisationsberatung bietet auf mehreren Ebenen einen Zugang zum Anlassgeber und zu

Praxis: Schritte in der Arbeit mit Metaphern

1. Widerspiegeln der Metapher:

Der Kunde berichtet von seinem Anliegen. Der Coach hört aufmerksam zu. Dabei achtet er darauf, welche Metaphern der Kunde verwendet, um sein emotionales Erleben zu schildern. An diesem Punkt nimmt der Coach die Metapher seines Gegenübers auf und spiegelt sie wider.

2. Die Metapher mit Fragen erkunden:

Erweist sich die Metapher als relevant, kann der Coach seinen Kunden zu einer Erkundungstour einladen. Er fragt sich dann in das innere bildhafte Erleben hinein. Dabei bezieht er sich auf die fünf Sinneskanäle (visuell, auditiv, kinästhetisch, olfaktorisch, gustatorisch) und deren Submodalitäten. Benutzt der Kunde z. B. die Metapher »Ich stehe vor einem Abgrund«, lassen sich folgende erkundende Fragen stellen:

- Wo stehen Sie denn da genau? Ganz nah dran? Oder einen Fuß entfernt vom Abgrund?
- Wie reagiert Ihr Organismus darauf?
- Und wie sieht der Abgrund aus? Dunkel oder hell, steinig oder mit Flechten bewachsen? Scheint er eher rau oder glatt zu sein? Wie breit ist er? Wie tief ist er?
- Ist eine andere Seite oder Ähnliches erkennbar?
- Gibt es irgendeine Art von Landschaft um den Abgrund herum? Wie genau sieht es dort aus? Gibt es Bewuchs oder Sonstiges?

Der Coach fragt lediglich nach den Details und dem Erleben des Coachees. Von Deutungen und Sprachanalysen hält er sich fern.

3. Unterschiede innerhalb des metaphorischen Bildes anbieten:

Allmählich kann der Coach kleine Unterschiede innerhalb der entdeckten Details anbieten. Dabei bleibt er auf der bildhaften Ebene. Dieses kleinschrittige Vorgehen lässt sich mit den Worten einleiten: »Würde es einen Unterschied machen, wenn ...«. Spricht der Kunde auf solch ein Angebot an, kann der Coach wie folgt anschließen: »... und wird es für Sie dadurch besser ..., schlechter ..., irgend anders ... oder bleibt es gleich?« Hier geht es lediglich um minimale Unterschiede im Erleben, nicht aber um die große Lösung des Problems.

Mögliche unterschiedsbildende Fragen zum bereits genannten »Abgrund«-Beispiel lauten:

- Können Sie sich vorstellen, Sie hätten etwas mehr Abstand zu Abgrund?
... Wenn ja, würde das einen Unterschied in Ihrem Erleben machen?

- Würde es einen Unterschied machen, wenn Sie sich vorstellen, dass eine Art Brücke über den Abgrund ginge? ... Wie würde diese Brücke aussehen? Und wenn es keine Brücke wäre, was wäre es dann?
- Gäbe es vielleicht weitere kleine Veränderungen in Ihrem Bild, sodass dadurch irgendetwas besser würde?

Auf diesem Weg kann der Kunde unter Begleitung seines Coachs Einfluss auf sein bildhaftes Erleben nehmen.

4. Möglicher Transfer:

Durch die eingefügten Unterschiede hat sich das Bild verändert. Abschließend kann der Coach nach nützlichen Impulsen fragen, die der Kunde daraus erhält. Vielleicht gibt es Handlungsideen oder Transferübungen für den Alltag.

---

seinem Erleben (Rentel 2010). Wird in einem Beratungsgespräch auf Äußerungen wie »Das liegt mir wie ein Stein auf dem Herzen« oder »Die beiden Abteilungen führen einen Grabenkrieg« eingegangen, holt dies den Kunden in seinem subjektiven Erleben sowie in seiner Eigensprache ab. Denn in Metaphern kommen drei verschiedene Ebenen von Informationsverarbeitung zusammen: die symbolischverbale, die symbolisch-nonverbale und die vorsymbolische Ebene (Abb. 4). Diese drei Informationscodes hat Wilma Bucci (2002) beschrieben (Kap. 1.1.3).

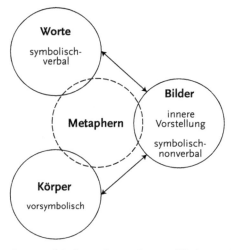

Abb. 4: Metaphern und Informationscodes (modifiziert nach Bucci 2002)

So stellen Metaphern ein wahres Füllhorn dar. Mit ihnen lässt sich in Coaching und Beratung in vielerlei Hinsicht arbeiten. Wünscht ein Anlassgeber eine emotionale Veränderung, ist es wenig angemessen, seine Metaphern kognitiv zu analysieren. Stattdessen lässt sich »in die Metapher hineinfragen«. Dadurch erschließt der Berater unmittelbar das somatisch-emotionale Erleben des Kunden.

5.2.5 Geschichten

Die Arbeit mit Geschichten in der Beratung integriert die emotionale Dimension. Denn unwillkürlich finden Gefühle, emotionale Ladungen und Stimmungen in Geschichten ihren Platz. Dazu müssen sie nicht einmal direkt benannt werden. Das narrative Element ermöglicht ein Eingehen auf die Emotion bei gleichzeitigem produktivem Abstand zu ihr: Immerhin ist es ja nur eine Geschichte, die erzählt wird.

Im Coaching lässt sich in verschiedener Hinsicht mit Narrationen arbeiten. Der Coach kann darauf achten, welche Anekdoten und Geschichten sein Kunde über sich selbst erzählt. Er könnte den Faden aufnehmen und im Sinne eines »Was wäre, wenn« weiterspinnen.

Praxis: Senoi-Methode (Schmidt 2007, S. 196)

Eine emotional negativ aufgeladene Geschichte, die ein Kunde schildert, wird so lange im Dialog weitererzählt, bis sie ein gutes Ende findet. Dadurch entstehen Impulse und Lösungsideen, die durch bloßes rationales Nachdenken kaum ans Licht gekommen wären. Hier ist ein ähnliches Vorgehen möglich wie in der vorher geschilderten Metaphernarbeit:

1. Aufnehmen der Erzählung
2. Erkunden von Details: wer, was, wie und wo genau?
3. Anbieten von Unterschieden: »Was wäre, wenn« oder »Würde es einen Unterschied machen, wenn ...«
4. Wo ein angebotener Unterschied zu einem positiven Erleben von »Ja, so ist es irgendwie besser« führt, den zugehörigen Strang in den Fokus nehmen: »Woran merken sie das? ... Und wie würde dann die Geschichte weitergehen?«

Eine andere Möglichkeit besteht darin, den Kunden seine Erfahrungen entlang einer Timeline erzählen zu lassen. Diese Zeitlinie lässt sich auf dem Boden visualisieren. Der Coach fragt nach wichtigen Ereignissen, Gefühlen oder Ressourcen. Diese werden während des Dialogs auf Moderationskarten entlang der Linie platziert. Der Coach begleitet den Coachee, Schritte auf der Zeitlinie zu gehen und so eine Zeitreise zu unternehmen. Um den Kunden in seinem Problemerleben abzuholen, werden zunächst die emotionalen Tiefs angeschaut und gewürdigt. In nächsten Schritten kann der Coach lösungsorientiert fragen: »Wie haben Sie es damals geschafft, Ihren Weg zu gehen?« Weiterhin lassen sich Gelingenserfahrungen oder Phasen, in denen es besser lief, auffinden und eingehend betrachten. Schließlich kann der Blick in die Zukunft gewagt werden: Was von alldem mag zukünftig hilfreich sein? Wie soll die eigene Geschichte weitererzählt werden?

Das Arbeitsumfeld als Landschaft

Um die berufliche Situation näher zu beleuchten, lässt sich das narrative Element mit einer Metaphernarbeit kombinieren. Solches Vorgehen regt das emotionale Erleben sowie das bildhafte Denken an. Damit kann der Kunde in sein emotionales Erleben eintauchen und hat doch zugleich über die Landschaftsmetapher einen produktiven Abstand.

Praxis: Landschaftsreise als Metapher

»Wenn Sie Ihre Arbeitsumgebung mit einer Landschaft vergleichen, wie würde sie aussehen? ... Wäre es eine üppige Landschaft oder eher eine karge? ... Ein Dschungel oder eine Wüste? Oder etwas ganz anderes? ... Was gäbe es an Details zu entdecken? Vielleicht Berge oder einen Fluss oder Wald? ... Und wenn Sie sich vorstellen, Sie hätten eine Geschichte zu erzählen über Ihre Reise durch eben diese Landschaft: Wäre es eher eine beschwerliche oder leichte Reise? ... Gäbe es vielleicht Stationen? ... Und wenn Ihre jetzigen Arbeitskollegen die Reisegefährten wären: Wer käme Ihnen da zuerst in den Sinn? Wer vielleicht zuletzt? Gäbe es bestimmte Rollen in der Reisegesellschaft? ... Wie wären sie gemeinsam auf dem Weg?«

Auf diese Weise kann der Kunde recht unverblümt und doch »durch die Blume« seinen Gedanken und Gefühlen Ausdruck verleihen. Schließlich lässt sich auch mit diesem Vorgehen wieder in die Zukunft schauen: »Wie sollte Ihre Reise weitererzählt werden, sodass es für Sie im Unterschied zu Ihrer aktuellen Situation besser wäre?«

Geschichten und Identität

Nicht selten bringt ein Coaching oder eine Organisationsberatung die Auseinandersetzung mit der eigenen Identität mit sich (Müller 2017). Sie steht zwar weniger im Vordergrund, leuchtet aber bisweilen am Rande auf. Ein Verhalten, das der Kunde mit dem Satz »So bin ich eben« oder »Das hat bei uns eine lange Tradition« begründet, macht deutlich, dass ein Selbstverständnis vorliegt. Solche Minigeschichten, die eine Person oder Gruppe über sich erzählt, sind ein Ausschnitt des eigenen Identitätserlebens (Nicolaisen 2011, S. 37):

> »In Erzählungen bzw. Geschichten kommen individuelle und kollektive Bedeutungsgebungen zum Ausdruck. Sie können sich zu Selbstverständnissen verdichten. Dies gilt für Individuen oder Kleingruppen wie auch für Abteilungen oder Organisationen. Es entstehen narrative Traditionen.«

Identität und Tradition geben Sicherheit und Orientierung, doch können sie auch einengend wirken. Wo sie unflexibel und übermächtig erscheinen, tragen sie zu einem Problem bei. Das Einbringen narrativer Elemente kann helfen, solche Starre wieder zu verflüssigen.

Zwei Praxisszenarien: Individuelle und organisationale Ebene
Für die Begleitung von Einzelpersonen bietet sich das Erzählmodell der Heldenreise an (Kap. 7.7). Es eignet sich besonders zur Unterstützung in Übergangsphasen, z. B. bei Jobwechsel oder in Krisen, die eine Identitätserneuerung mit sich bringen.

Im Erzählmodell verknüpfen sich verschiedene Ereignisse zu einer großen Reise, in welcher der Protagonist Gefahren zu überwinden und Abenteuer zu bestehen hat. Auf diesem Weg begegnet er auch seinen dunklen Gefühlen. Schlussendlich landet er bei sich selbst. Dieser Ablauf findet sich in einer Vielzahl an Filmen und Büchern, weshalb er einigen Coachingkunden geläufig ist. Im Plauderton könnte der Coach die verschiedenen Stationen der Geschichte kurz erzählen, um mit dem Kunden dann zu schauen, wie dessen persönliche Heldenreise aussieht (Kap. 7.7). Es kommt vor, dass Kunden zunächst kritisch sind (»Ich bin doch kein Held!«). Doch wenn der Coach deutlich macht, dass jeder Mensch, ganz gleich welcher Kultur und Gesellschaftsschicht, durch die täglichen Herausforderungen und Gefühle seine ganz persönliche Heldenreise unternimmt, wächst häufig die Lust, sich bewusst darauf einzulassen.

Auch für den Kontext von Organisationsberatung zielt der Einsatz von Geschichten nach Michael Müller (2017, S. 11) auf einen »zentralen Aspekt narrativer Realitäts- und Sinnkonstruktion: den der Verbindung von Narration und Identität. [...] Und auch die Identität von Unternehmen und Organisationen wird durch die Geschichten, die Mitarbeiter und Führungskräfte, Kunden oder die Medien erzählen, konstruiert, am Leben gehalten und kommuniziert.«

So lassen sich in einem Team oder einer Großgruppe die organisationsinternen Geschichten sammeln, um sie dann zu bündeln und schließlich weiterzuerzählen. Gerade jene emotionalen Ladungen und starken Gefühle, die während eines betrieblichen Kulturwandels oder Changemanagements (Kap. 6.5) auftauchen, können mit narrativen Methoden gut aufgefangen werden. Eine Geschichte wirkt wie ein Container für Emotionen.

5.2.6 Naturbilder und Naturerleben

Mit den Emotionen ist dem Menschen etwas zutiefst Naturstämmiges gegeben. Da liegt es nahe, die Natur in die Arbeit mit Emotionen einzubeziehen. Dies ist sicherlich nicht für jeden Coachingkunden die erste Wahl. Doch im Gespräch lässt sich herausfinden, ob er für ein kleines Experiment bereit ist. Um Transparenz herzustellen, kann der Coach über die unterstützende Wirkung von Naturbildern oder Naturerleben berichten: »Manche Menschen erleben es als sehr unterstützend, wenn ...« Anschließend ist auszuprobieren, inwieweit es für diesen Kunden hilfreich ist, um einen besseren Umgang mit einem bestimmten Gefühl, z. B. innerer Unruhe, zu erlangen. Die Naturbilder werden dann wachgerufen, sobald das unerwünschte Gefühl auftaucht.

»Menschen suchen die Natur, weil sie etwas in sich selbst verloren haben. Denn in seinem Körper ist auch der Mensch Natur. [...] Gehirn und Psyche haben sich in einer ständigen Koevolution mit Pflanzen und Tieren so eng an die Natur angeschmiegt, dass sie ohne deren Anregungen gar nicht überleben können.« (Weber 2007, S. 17)

Im Verhältnis zum durchgetakteten und beschleunigten Berufs- und Privatleben können Naturbilder und -erfahrungen als komplementäre Kraft gesehen werden. Mit ihnen begegnen wir Rhythmen und Wertigkeiten wie aus einer anderen Zeit. Sie lassen sich in die Coachingarbeit einbeziehen. Der Kontakt zu ihnen wird zwar die äußere Problemsituation nicht lösen, die der Kunde zum Anlass für das Coaching genommen hat. Aber mit dem Präsentwerden der Naturkräfte wird sich der somatoemotionale Zustand des Anlassgebers mit hoher Wahrscheinlichkeit in Richtung des Erlebens von Gelassenheit, Trost oder Geborgenheit verändern. Daher kann es im Coaching äußerst förderlich sein, den Kunden wieder in Kontakt mit kraftspendenden Naturbildern zu bringen. Das kann auf folgende Weise geschehen:

- Erinnern konkreter Naturerfahrungen
- Imaginierte Vorstellungen
- Unmittelbare Naturerfahrung

Erinnern konkreter Naturerfahrungen
Nahezu jeder Mensch hat Erlebnisse in oder mit der Natur gesammelt, die in ihm etwas im positiven Sinne angerührt haben. Solche Erfahrungen lassen sich erinnern. Sie liegen nicht immer vordergründig im Bewusstsein, doch mit einiger Geduld lassen sie sich im Dialog entdecken. Es gleicht einer Erkundungstour in das emotionale Erfahrungsgedächtnis des Kunden. Die Suche nach solchen Bildern kann dann sinnvoll sein, wenn der Kunde das Bedürfnis, zur Ruhe zu kommen oder ganz bei sich zu sein, äußert.

Das Wachrufen solch einer Episode wird in der Regel als unterstützend erlebt, bisweilen sogar als tröstend, wieder gemäß dem Motto: »Hier bin ich Mensch, hier darf ich sein.«

Praxis: Naturerlebnis präsent werden lassen

Der Coach fragt den Coachee nach einer positiven Naturerfahrung: »Vielleicht haben Sie sich ganz bei sich erlebt, als sie irgendwann einmal in der Natur gewesen sind ... Vielleicht während Ihres Urlaubs ... oder auch während eines Spaziergangs?«

Sobald solch eine Gedächtnisepisode gefunden ist, bietet der Coach seinem Kunden an, das Erleben nun auf allen Sinneskanälen möglichst präsent werden zu lassen: »Und während Sie sich daran erinnern ... welches Bild oder welche Bilder tauchen vor Ihrem inneren Auge auf? ... Wie würden Sie diese beschreiben? ... Welche Farben und welche Formen können Sie sehen? Sind diese kräftig oder eher leicht getönt? ... Und wie reagiert Ihr Organismus darauf? Gibt es womöglich Anzeichen von Entspannung? Oder andere Empfindungen? ...«

Imaginierte Naturbilder

Ein anderes Vorgehen, welches sich in dieselbe Richtung bewegt, bedient sich noch stärker der Imaginationsfähigkeit. Nicht jeder Kunde kann sich an beglückende Naturerfahrungen erinnern. Aber viele

---

Praxis: Anleitung zur imaginierten Naturreise

Im Vorfeld erläutert der Coach dem Coachee Zweck und Vorgehensweise. Dann lädt er zu einer inneren Reise ein: »Wenn Sie mögen, können Sie während der nächsten Minuten Ihre Augen offen halten oder schließen, ganz wie es Ihnen passt. ... Während Sie hier sitzen, möchten Sie vielleicht Ihre Aufmerksamkeit auf Ihren Atem lenken ... und bewusst einige Atemzüge tun ... *(Pause)* ... Vielleicht können Sie sich vorstellen, wie Sie sich in der Natur befinden ... in einem Wald oder in der Nähe von Bäumen ... Lassen Sie sich Zeit ... *(Pause)* ... Vielleicht haben Sie einen Baum vor Augen ... in einer bestimmten Jahreszeit ... Sie können diesen Baum betrachten ... seinen Stamm, ... seine Äste ... sein Blätterwerk ... Eventuell bewegen sich diese im Wind ... in den Himmel ragend ... ein großes Meer von Blättern ... *(Pause)* ... Vielleicht gibt es noch weitere Baumkronen ... Sie können sie überfliegen ... dieses große Meer von Blättern ... *(Pause)* ... und wenn Sie mögen, können Sie Ihre Aufmerksamkeit nun auf ein einzelnes Blatt lenken ... wie mit einem Zoom fahren Sie an ein einzelnes Blatt heran ... *(Pause)* ... betrachten die Farben und Formen ... Vielleicht können Sie sich vorstellen, wie durch die Blattadern wichtige Nährstoffe strömen ... sie halten den gesamten Baum am Leben ... *(Pause)* ... das Blatt und den Zweig, an dem es hängt ... den Ast und den Baumstamm ... Durch den Baumstamm fließen lebensspendende Stoffe ... ähnlich wie der Atem durch den Körper strömt ... *(Pause)* ... Der Baum ... holt sich über seine Wurzeln ... was er braucht ... aus den Tiefen des Erdreichs ... ganz selbstverständlich ... Mineralien und Wasser ... Vielleicht können Sie sich vorstellen, wie die Baumwurzeln tief in die Erde reichen ... feine Verästelungen ... lebensspendend ... *(Pause)* ...

Das Nährende durchströmt den Baum ... aus den Verästelungen der Wurzeln ... bis in die Äste ... die Baumzweige ... die Blattadern ... die Baumkrone ... ... die immer gleichen Formen, ... lebensspendend, erfrischend, kräftigend ... *(Pause)* ... so wie der Atem durch Ihren Körper fließt ... Sie mit Sauerstoff versorgt ... so können Sie die Aufmerksamkeit auf Ihren Atem lenken ... während die Bilder in Ihrem Unbewussten weiterwirken ... und allmählich mit Ihrer Aufmerksamkeit wieder hier in den Raum zurückkommen.«

Menschen sind in der Lage, sich innere Naturbilder vorzustellen, die eine positive Wirkung auf das Erleben und den Körper haben. Mit dieser Variante können Naturreisen unternommen werden, die in der sogenannten harten Realität kaum möglich sind. Solch eine Imagination dient der Tranceinduktion. Dies kann nützlich sein, um einen tieferen Kontakt zum intuitiven Körperwissen und dem eigenen schöpferischen Unbewussten herzustellen. Weitere Anregungen und spezifische Imaginationen für Anlässe wie Körperwahrnehmung oder das Einleiten von Entspannung geben beispielsweise Kast (2012) und Wilk (2013).

Natur bewusst und unmittelbar wahrnehmen

Gegebenenfalls kann der Coach seinen Coachee einladen, Ausflüge in die Natur zu unternehmen. Wirkt ein Spaziergang im Wald oder an einem Gewässer aufbauend, lässt sich dies nutzen. Der Coach kann dies im Dialog mit dem Coachee als bewusste Intervention einsetzen, wenn der Kunde beispielsweise nur schwer Abstand zu Grübeleien oder einer schlechten Stimmung gewinnt. Der Naturausflug wäre dann mit einer bewussten Naturwahrnehmung zu kombinieren.

Praxis: Beispielfragen zur bewussten Wahrnehmung der Natur

- Wenn Sie sich auf Ihre Sinneswahrnehmungen fokussieren: Was ist zu sehen, zu hören, zu fühlen und zu riechen?
- Während Sie dies tun: Wie reagiert Ihr Organismus?
- Wie zeigt sich Ihnen die Landschaft im Großen? Welche Farben nehmen Sie wahr? Welche Formen?
- Welche kleinen Details gibt es zu entdecken?
- Bei welchen kommt Freude auf?
- Welche Assoziationen oder guten Erinnerungen kommen Ihnen dabei in den Sinn?

Die unmittelbare Naturerfahrung hat für viele Menschen eine stark unterstützende Wirkung.

> »Möglicherweise hängt dies damit zusammen, dass natürliche Landschaften in sich eine Ästhetik tragen, die außerhalb menschlich konstruierter Normen liegt, und den Menschen in eine tiefe Resonanz mit dieser Qualität von Schönheit bringen.

Dass dieser Schönheitssinn zu leben beginnt, zeigt sich vorderhand darin, wenn Menschen von kleinen Ausschnitten oder ungewöhnlichen Bildern oder Plätzen berührt werden [...]. Es ist dann jener scharfe Fels, jener Baum im Wind, diese dürre Pflanze, genau jenes Moos, das den Schlüssel für etwas Wichtiges trägt.« (Kreszmeier 2008, S. 50)

5.3 Generatives Coaching

Der Ansatz des generativen Coachings wurde von Stephen S. Gilligan entwickelt (Gilligan 2014). Darin folgt er seinem Konzept der Selbstbeziehungsarbeit (Gilligan 1999). Generativ bedeutet in diesem Zusammenhang das Erzeugen eines ressourcenreichen Zustands, um mit leidvollem Erleben oder widerstreitenden Kräften einen kreativen Umgang zu finden. Das grundsätzliche Vorgehen zielt darauf,»eine kreative, gegenseitig respektvolle Beziehung zwischen dem bewussten Verstand und dem kreativen Unbewussten zu eröffnen« (Gilligan 2014, S. 50). Dazu bedient sich das generative Coaching einiger Vorgehensweisen aus den Bereichen Imagination, Körperkoordination, Metaphern und Naturbilder. Es eignet sich im besonderen Maße, um mit starken Gefühlen oder heftigen emotionalen Ladungen zu arbeiten.

Drei Arten von Intelligenz
Gilligan unterscheidet drei Arten von Intelligenz: die somatische, die kognitive und die Feldintelligenz:

- Die *somatische Intelligenz* umfasst Emotionen, Instinkte, archetypische Bilder sowie das Körperempfinden. Sie vollzieht sich weitestgehend unbewusst. Diese Ebene spielt eine wesentliche Rolle beim Herstellen einer generativen Trance. Unter dieser versteht man das Einbeziehen unbewusster und unwillkürlicher Erlebensprozesse zur kreativen Problemlösung.
- Mit der *kognitiven Intelligenz* ist der bewusste Verstand gemeint. Sie ist der Sitz analytischen Denkens und Planens. Das Ichbewusstsein ist unmittelbar mit der kognitiven Intelligenz verknüpft.
- Die *Feldintelligenz* entstammt verschiedenen sozialen Kontexten. Darin finden sich familiäre Geschichten, gesellschaftliche Übereinkünfte und weitere soziokulturelle Einflüsse, die sich

auf das subjektive Erleben auswirken. Solche Traditionen geben Orientierung, schränken bisweilen aber auch ein.

Ästhetische Praxis: Sowohl als auch
Im generativen Coaching werden die drei gerade genannten Arten von Intelligenz gleichermaßen beachtet. Das Beziehungsmuster zwischen ihnen ist ein Sowohl-als-auch (anstatt eines Entweder-oder). Es gilt, die Ausprägungen der Intelligenz wechselseitig in Kooperation zu bringen. Denn die »Isolation eines Teils eines Systems erzeugt Probleme, wohingegen die Aktivierung vieler komplementärer Teile zu einem kreativen Feld Lösungen ermöglicht« (ebd., S. 30). Gilligans Vorgehen zielt auf das Verweben der verschiedenen Anteile in einem kreativen Zustand.

5.3.1 Beispiel: Fünf Schritte des generativen Coachings
Ein Coachee thematisiert, dass er sich im Beruf übermäßig belastet fühlt. Nach einer kurzen Klärung bietet der Coach folgende fünf Schritte an.

Schritt 1: Kontakt zu sich selbst
Der Coach lädt den Coachee ein, sich in einen guten Zustand zu versetzen. Dazu leistet eine körperbezogene Zentrierung gute Dienste. Leitfrage: Was tun Sie, um gut mit sich in Kontakt zu sein? Während dieser minimalen Einstimmung begibt sich der Coach auf der nonverbalen Ebene in Resonanz mit dem Coachee.

COACH: »Zunächst möchte ich Sie einladen, einige tiefe Atemzüge zu tun ... Vielleicht können Sie darauf achten, Ihre Lungen vollständig mit Luft zu füllen, bis in die Lungenspitzen hinein ... ja, genau so ... Finden Sie Ihren eigenen Rhythmus ... (*gemeinsames Atmen*) ... Und nun frage ich Sie, was tun Sie, wenn Sie gut mit sich im Kontakt sind oder sein wollen? ... Gibt es da etwas?«
COACHEE: »Ja, schon. Bei uns in der Nähe ist ein Fluss. Dort gehe ich gerne spazieren.«
Coach: »Ah! Und wie ist es so, dort spazieren zu gehen?«
COACHEE: »Ich finde es schön ... dort am Fluss. Ich schaue aufs Wasser ... Ich mag es, wenn die Strömung so Muster auf der Wasseroberfläche macht ... wissen Sie?«
COACH: »Wenn sich das Wasser kräuselt ...«
COACHEE: »Ja, genau.«

COACH:»Und wenn Sie da so gehen und schauen, wie reagiert dann Ihr Organismus darauf?«

COACHEE: (kurzes Nachsinnen)»Ich weiß nicht ... irgendwie angenehm.«

COACH:»Wie denn angenehm?«

COACHEE:»Ja, irgendwie so ... (Pause) ... Ich bin dann ganz bei mir.«

COACH:»Das klingt gut ... Können Sie sich Ihr Spazierengehen am Fluss noch stärker vor Ihr inneres Auge holen?«

COACHEE:»Ja ...«

COACH:»Und dabei tief atmen ...? (Pause) ... Mit den inneren Bildern ... während Ihr Atem durch Ihren Körper fließt ... (Pause) ... Wie geht es Ihnen jetzt?«

COACHEE:»Gut ... tut gut.«

Schritt 2: Intentionsbildung

Im nächsten Schritt findet die Intentionsbildung statt. Sie bedient sich unterschiedlicher Wege der Informationsverarbeitung (Bucci 2002): gesprochener Worte, eines imaginiertes Bildes und einer Geste bzw. Körperhaltung. Die Intention soll positiv formuliert sein und nicht mehr als fünf Worte umfassen. Dazu passend werden des Weiteren ein Bild und ein Körperausdruck gefunden.

COACH:»Dann kommt nun der nächste Schritt – okay für Sie?«

COACHEE:»Ja, okay.«

COACH:»Okay. Mit Blick auf Ihr Anliegen, welches Sie hier ins Coaching geführt hat, bitte ich Sie, eine positive Intention zu formulieren. Was wollen Sie erreichen? Bitte nur fünf Wörter.«

COACHEE:»Fünf Wörter?«

COACH:»Fünf Wörter.«

COACHEE:»Puh, das ist schwer ...«

COACH:»Gewiss. Das Beschränken auf fünf Wörter dient der Fokussierung. Ist das für Sie nachvollziehbar?«

COACHEE:»Ja, schon ... (Pause) ... hm ... also, irgendwie ... ich will mich nicht mehr so belastet fühlen ...«

COACH:»Mhm ... was wäre denn stattdessen da, wenn Sie sich nicht belastet fühlen?«

COACHEE:»Naja ... so irgendwie ... Leichtigkeit.«

COACH:»Leichtigkeit.«

COACHEE:»Ja ... (Pause) ... freier.«

COACH:»Freier?«

COACHEE:»Ja ... ich möchte mich wieder frei fühlen.«

COACH: »Frei fühlen ... Leichtigkeit ... Gehören diese Worte in die Formulierung Ihrer Intention?«

COACHEE: »Frei fühlen ist wichtig.«

COACH: »Ah, okay. Und wie würde Ihre Intention dann lauten?«

COACHEE: (sinniert) »Ich würde mich wieder so gerne irgendwie freier fühlen ... aber wie soll das gehen?«

COACH: »Wissen Sie, ich bin nicht so gut in Mathematik, aber ich glaube, das waren mehr als fünf Wörter ...«

COACHEE: (lacht) »Ach, ja ... fünf Wörter.«

COACH: (lächelt) »Fünf Wörter.«

COACHEE: »Puh, gar nicht einfach ...«

COACH: (nickt) »... Welchen Zustand möchten Sie erreichen? ... Fünf Wörter.«

COACHEE: (leicht zögerlich) »Ich möchte frei sein ...«

COACH: »Frei sein ... oder frei fühlen ...?«

COACHEE: »Ich will mich wieder anders fühlen als in den letzten Wochen ...«

COACH: (Pause, blickt den Coachee an)

COACHEE: (blickt fragend den Coach an)

COACH: »Okay. Mit dem, was ich jetzt von Ihnen gehört habe, biete ich Ihnen mal eine Formulierung an – in Ordnung?«

COACHEE: »Ja ... gerne.«

COACH: (betont sprechend, mit leichter Emphase) »Ich fühle mich frei!«

COACHEE: (lächelt) »Das klingt gut.«

COACH: »Ja? Dann könnte das Ihre Intention sein: ›Ich fühle mich frei!‹«

COACHEE: (lächelt, richtet sich unwillkürlich auf) »Ja.«

COACH: »Merken Sie, dass Sie sich eben gerade aufgerichtet haben?«

COACHEE: »Jetzt, wo Sie es sagen ...«

COACH: »Gibt es vielleicht noch eine Geste, die dazu passen könnte?«

COACHEE: »Eine Geste? (grübelt)

COACH: »Sie brauchen nicht nachzudenken ... Probieren Sie einfach aus ... Ich bin mir sicher, dass Ihr Körper eine passende Bewegung dazu findet ... ›Ich fühle mich frei!‹«

COACHEE: (macht verschiedene Gesten, schließlich wiederholt er mehrere Male eine ausladende Geste mit dem rechten Arm)

COACH: (macht die Geste mit) »So?«

COACHEE: »Ja ... (macht erneut die Geste) ... das passt.«

COACH: (macht die Geste mit) »Bestens. ... Dann habe ich noch eine Frage ... ob Ihnen dazu noch ein inneres Bild einfällt. Eines, das zu Ihrer Geste passt und zu Ihrer Intention ›Ich fühle mich frei!‹ ... Nehmen Sie sich ruhig Zeit.«

COACHEE: *(nimmt sich Zeit)* »Also, ich stehe da am Meer.«

COACH: »Sie stehen am Meer ... und was sehen Sie da so?«

COACHEE: »Die Weite, den Himmel ... *(Pause)*«

COACH: »Wunderbar ... und was vielleicht noch?«

COACHEE: »Wolken ... Abendwolken, die von der Sonne angestrahlt werden.«

COACH: »Wolken in der Abendsonne ... *(Pause)* ... Und könnten Sie dazu noch einmal Ihre Geste machen und Ihre Intention sagen?«

COACHEE: *(macht die Geste)* »Ich fühle mich frei!«

COACH: »Wie ist es?«

COACHEE: *(lächelt)* »Toll.«

COACH: »Dann haben Sie bereits verschiedene Möglichkeiten, sich an Ihre Intention zu erinnern: den Satz, die Geste, das Bild – okay?«

COACHEE: »Ja, sehr okay.«

COACH: »Kurze Zwischenfrage: Bin ich Ihnen zu langsam oder zu schnell?«

COACHEE: »Alles in Ordnung.«

COACH: »Dann könnten wir jetzt einen Schritt weitergehen – in Ordnung?«

COACHEE: »Ja, gerne.«

Schritt 3: Vertiefen eines generativen Zustands und Verweben von Identitätsanteilen

In der nächsten Phase wird die generative Trance intensiviert. Gilligan beschreibt sie als »ästhetische Praxis« (ebd., S. 93) und vergleicht sie mit dem kreativen Zubereiten eines guten Essens oder mit der Arbeit eines Symphonieorchesters. Dabei können Erlebenselemente aus Schritt 1 integriert werden. Jedes aufkommende Element wird willkommen geheißen. Insbesondere gilt dies für unwillkürlich auftauchende, negativ erlebte Anteile. Denn in ihnen melden sich häufig wichtige Bedürfnisse.

COACH: »Dann lade ich Sie ein, all die Bilder noch einmal wach werden zu lassen. Wenn Sie mögen, könnten Sie dabei die Augen schließen, nur wenn Sie mögen.«

COACHEE: *(schließt die Augen)*

COACH: *(senkt seine Stimmfrequenz)* »Vielleicht möchten Sie wieder einen tiefen Atemzug nehmen ... oder auch mehrere ... Währenddessen kommen Ihnen vielleicht Bilder in den Sinn ... Sie sind am Meer ... die Weite ... der Himmel ... die Wolken in der Abendsonne ... *(Pause, der Coach achtet auf die Atmung des Coachees und weitere nonverbale Reaktionen)* ... vielleicht gehen Sie auch an einem Fluss spazieren ... *(Pause)* ...

Sonnenlicht, welches auf dem Wasser glitzert ... Vielleicht sehen Sie Muster auf der Wasseroberfläche ... im Fluss ... am Meer ... Formen, die sich bewegen ... die immerzu in Bewegung sind ... *(Pause)* ... hier wirkt alles spielend ineinander ... es fließt und strömt ... *(Pause)* ... der große Lebensfluss ... freies Fließen ... ›Ich fühle mich frei! ...«

COACHEE: *(kräuselt leicht die Stirn)*
COACH: »In Ihnen geschieht etwas?«
COACHEE: *(mit geschlossenen Augen)* »Die Bilder sind so wohltuend ...«
COACH: »Und?«
COACHEE: »Doch da kommt so ein trauriges Gefühl.«

Schritt 4 (optional): Integrieren von Hindernissen
Häufig tauchen während solcher Arbeit Gefühle oder Gedanken auf, die sich einer Entwicklung in den Weg zu stellen scheinen. Sie sind für den Prozess äußerst wichtig, da sie im Alltagsleben des Kunden bisher nur wenig beachtet worden sind. Ihnen wird im Coaching nicht nur ein Platz gegeben, sondern sie werden als wichtige Präsenz wertschätzend anerkannt und eingeladen, dem Dialog beizutreten. Über Fragen nach ihrer positiven Absicht lassen sie sich in die Entwicklung einbeziehen.

COACH: »Ein trauriges Gefühl ... das ist interessant.«
COACHEE: *(die Traurigkeit zeigt sich in der Mimik)*
COACH: *(mit behutsamer Stimme)* »Darf ich Sie bitten, die Augen zu öffnen?«
COACHEE: *(schaut den Coach an, immer noch mit trauriger Miene)*
COACH: »Ich sage zu dem traurigen Gefühl ›Willkommen!‹«
COACHEE: *(hat Tränen in den Augen)*
COACH: *(hält Blickkontakt)* »Wissen Sie, ich glaube, dass das Gefühl eine wichtige Botschaft hat ...«
COACHEE: »Ach, ich möchte mich wieder frei fühlen, aber ich schaff das nicht.«
COACH: »Das sagt das Gefühl?«
COACHEE: »Ich schaff das nicht, und ich darf das nicht.«
COACH: »Oh, Sie dürfen das nicht? ... Wie alt ist denn das Gefühl?«
COACHEE: *(leicht irritiert)* »Wie alt?«
COACH: »Vielleicht kommt Ihnen spontan eine Zahl in den Sinn?«
COACHEE: »Sieben.«
COACH: »Okay, sieben. Willkommen siebenjährige Präsenz ... gut, dass du dich zeigst.«
COACHEE: *(schaut den Coach an, immer noch leicht irritiert)*

COACH: »Was ich sehr bemerkenswert finde, ist die Vielzahl Ihrer innerer Seiten. Also da ist diese kraftvolle Intention, da sind die Bilder des Fließens, die Ihnen offenbar sehr wohltun ... oder hatte ich das falsch verstanden?«

COACHEE: »Nein, nein. Die tun mir wirklich gut ...«

COACH: »Sehen Sie ... und dann gibt es da noch dieses traurige Gefühl, die siebenjährige Präsenz mit ihrer wichtigen Botschaft ...« *(schaut den Coachee einfühlsam an)*

COACHEE: »Ja ...«

COACH: »Und vielleicht noch die Seite, die sagt, dass Sie sich nicht frei fühlen dürfen ...«

COACHEE: »Ja, die ist auch da ...«

COACH: »Da ist 'ne Menge los bei Ihnen ... viele Möglichkeiten.« *(lächelt)*

COACHEE: *(lächelt ungläubig)*

COACH: »Und ich frage mich, ob Sie sich vorstellen könnten, dass Sie der siebenjährigen Präsenz ganz einfühlsam mitteilen, dass Sie als Erwachsener sich frei fühlen dürfen ... also, Sie geben sich selbst die Erlaubnis ...«

COACHEE: »Tja ... *(atmet tief durch)* ... wie soll ich das denn machen?«

COACH: »Vielleicht indem Sie es einfach sagen?«

COACHEE: »Also ... ich weiß nicht ...«

COACH: »Sie können es auch im Stillen zu der siebenjährigen Präsenz sagen ... natürlich nur, wenn Sie mögen.«

COACHEE: »Tja ...«

COACH: »Ausprobieren? *(Pause)* ... Ich gebe Ihnen einfach ein bisschen Zeit.«

COACHEE: *(bewegt leicht die Lippen, spricht sehr leise zu sich selbst, lächelt sanft)*

COACH: *(lächelt)* »Da tut sich was?«

COACHEE: »Mir wird ganz warm.«

COACH: »Darf ich fragen, wo? – Sie müssen mir nicht antworten ...«

COACHEE: »Im Bauchbereich.«

COACH: »Ah, im Bauchbereich. Angenehm?«

COACHEE: »Ja, sehr angenehm.«

COACH: »Wunderbar. *(Pause)* ... Wie ergeht es Ihnen denn so insgesamt?«

COACHEE: »Irgendwie ein bisschen durcheinander, aber irgendwie ganz gut.«

COACH: »Wäre es okay, wenn ich Sie noch zu einem letzten Experiment einlade?«

COACHEE: »Ja, ist okay.«

COACH: »Ich möchte noch einmal die ganzen kraftvollen Bilder zusammenbringen. Und wenn Sie mögen, können Sie dabei die Augen schließen oder aber offen lassen, so wie es Ihnen passt. (*Pause*) ... Wir hatten ja die Bilder vom Spazierengehen am Fluss ... und den Mustern im Wasser ... wie sich alles bewegt ...«

COACHEE: (*schließt die Augen, atmet tief durch*)

COACH: »Alles ist in Bewegung ... das Wasser fließt ... und strömt ... frei, den eigenen Weg zu finden ... (*Pause*) ... Der Fluss gibt sich selbst die Erlaubnis ... Ohne sich anzustrengen, findet er seinen Weg, wie von allein ... (*Pause*) ... Die Sonne spiegelt sich ... auf dem Wasser bilden sich Muster, sie kräuseln sich ... das Licht glitzert darauf ... Und der Fluss findet seinen Weg zum Meer ... Er fließt ins große Meer ... Dort, wo sich alles verbindet ... und alles sein darf ... (*Pause*) ... auch das traurige Gefühl darf sein ... und wird gehalten von der Kraft des Meeres ... gehalten vom Licht der Sonne ... die Wärme der Sonne, so wie die Wärme des Bauches ... (*Pause*) ... Der erwachsene Mann, der all diese guten Kräfte in sich trägt ... er fühlt sich frei und darf sich frei fühlen ... (*Coach achtet auf die nonverbalen Reaktionen des Kunden*) ... die Weite des Himmels ... das weite Meer ... alles hat seinen Platz ... und vielleicht kommt Ihre Geste wieder mit dazu ... vielleicht kommt ein tiefes Atmen mit dazu ... alles hat seinen Platz ... ›Ich fühle mich frei!‹ (*längere Pause*)

... Und dann bitte ich Sie (*hebt die Stimme leicht an, spricht ein bisschen schneller*) wahrzunehmen, wie Sie hier auf Ihrem Stuhl sitzen ... (*Pause*) ... und langsam ... in Ihrem Tempo mit der Aufmerksamkeit wieder hier in den Raum zurückzukommen.«

Schritt 5: Integration und Transfer

Nach dem Tranceerleben lädt der Coach den Coachee ein, sich zu reorientieren. Er bedankt sich für dessen Sich-Einlassen und fragt nach wichtigen Lernerfahrungen. Weiterhin empfiehlt es sich, einen möglichen Transfer in den Alltag zu besprechen (Kap. 5.1.8).

Mit Bezug auf die vorhergehenden Kapitel steht die Praxis des generativen Coachings in unmittelbarem Zusammenhang mit einer Aktivierung des Selbst (Kap. 3.3). Begründungszusammenhänge finden sich in der handlungspsychologischen (PSI-)Theorie der Persönlichkeits-System-Interaktionen von Julius Kuhl (2001; Kap. 3.3.1).

5.4 Die archetypische Ebene

Archetypische Bilder können im Coaching eine enorme Unterstützung für die Arbeit mit heftigen Emotionen und beeinträchtigenden Stimmungen bringen. Sie sollen nicht leichtfertig einbezogen werden und erfordern vom Coach therapeutische Erfahrung. Man muss keine Tiefenpsychologie betreiben, um sich mit Archetypen auseinanderzusetzen. Bereits die Lektüre eines Buches oder ein Kinobesuch können dazu anregen. Viele Figuren, die ein Hindernis zu überwinden oder ein Abenteuer zu bestehen haben, werden als archetypische Charaktere dargestellt. George Lucas, der Filmregisseur der ersten »Star-Wars«-Filme, sagte einmal, dass er wohl immer noch am Drehbuch schreiben würde, wenn er sich nicht mit den Archetypen beschäftigt hätte. Offenbar tragen diese »Urbilder« etwas in sich, was den Menschen seit vielen Jahrtausenden anspricht. Und mehr noch: Sie dienen seiner Unterstützung.

Archetypen sind wahrscheinlich im Laufe der psychischen Evolution entstanden, um schwierige Lebenssituationen besser bewältigen zu können. Außerdem stehen sie zur Verfügung, um die eigene Identität zu transformieren, etwa von einer Lebensphase in eine nächste. Zwar stammen die archetypischen Bilder aus den Tiefen der Menschheitsgeschichte, doch sind sie auch für den sogenannten modernen Menschen relevant – auch wenn es dem aufgeklärten Denken befremdlich erscheinen mag. Sie kommen einem Reservoir an Energien gleich, welches in allen Epochen dem Individuum in seiner persönlichen Entwicklung Unterstützung gewähren konnte.

5.4.1 Vier Archetypen – Ein Feld komplementärer Kräfte

Gilligan (1999, 2014) bezeichnet die Arbeit mit archetypischen Vorstellungen als mögliches kraftvolles Element im Coaching. Er bezieht sich auf das Archetypenmodell von Moore und Gillette (1990), worin vier Kräfte genannt sind (Abb. 5):

- *Der Liebende:* Dieser Archetyp betont die Gemeinsamkeit und das Gemeinwohl. Er steht für Hingabe, Akzeptanz und Empathie.
- *Der Krieger:* Dieser Archetyp verkörpert Einsatzbereitschaft und Unabhängigkeitsstreben. Der Krieger grenzt sich ab und steht für sich ein.

- *Der König:* Dieser Archetyp sorgt für eine gerechte Ordnung. Er sortiert die Dinge, gibt jedem Teil einen Platz und hält die Balance. Jedem Teil spendet er seinen Segen.
- *Der Magier:* Dieser Archetyp steht für Wandlung und Heilung. Bei ihm sind die Dinge in Bewegung. Er sorgt für Transformation und Entwicklung.

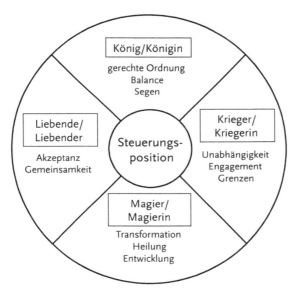

Abb. 5: Archetypenmodell (modifiziert nach Gilligan 1999, S. 205)

Mit diesen Archetypen sind vier Arbeitsrichtungen möglich, die sich gegenseitig ergänzen.Extreme negative Gefühle wie z. B. innere Zerrissenheit oder Verzweiflung, die in einer beruflichen Situation entstehen, lassen sich transformieren. Dazu braucht es Kräfte, die ebenfalls aus dem »limbischen Bereich« kommen. Archetypische Bilder stellen solch eine Kraft dar.

Auch an dieser Stelle soll jedoch betont werden: Coachs arbeiten nicht therapeutisch-tiefenpsychologisch. Dort, wo ein Kunde zu heftig auf innere Bilder anspricht, muss eine Grenze gewahrt werden. Gegebenenfalls sollte dem Coachee therapeutische Unterstützung angeraten werden (Kap. 2.2.2).

Praxis: Auffinden hilfreicher Archetypen

Archetypische Bilder lassen sich auffinden, um eine bestimmte Entwicklungsrichtung zu unterstützen, die der Coachingkunde als wünschenswert bezeichnet. Die Bilder sprechen die »limbische Ebene« an und ermöglichen einen Zugang zu unbewussten positiven Kräften. Beispiele für die vier Archetypen:

- Ein Coachee formuliert in Bezug auf seinen Führungsstil als Ziel, seine Fähigkeit zur Empathie für seine Mitarbeitenden ausbauen zu wollen. Dafür könnte das archetypische Bild des Liebenden hilfreich sein.
- Formuliert ein Kunde hingegen das Ziel, sich in einer konkreten Situation besser abgrenzen zu wollen, könnte ihm ein positives Bild vom Krieger nützlich sein.
- Ein Coachee, der Sortierung und Ordnung braucht, bekäme Unterstützung vom Archetyp des Königs.
- Eine Person, die vor der Herausforderung einer beruflichen Veränderung steht, könnte das archetypische Bild des Magiers zu Hilfe nehmen.

Es ist zu empfehlen, dass Coach und Coachee im Dialog erkunden, welches Bild in der aktuellen Situation als unterstützend erlebt wird. Dazu lassen sich historische oder fiktive Persönlichkeiten als Repräsentanz herbeiziehen. Mitunter mag es sinnvoll sein, die komplementäre Kraft zum vorherrschenden Archetypus einzuladen: Ein Coachingkunde, der sich gut abgrenzen kann (Krieger-Archetyp), aber damit bisweilen etwas schroff auf seine Arbeitskollegen wirkt, könnte nach einer ergänzenden positiven Gegenkraft befragt werden, die z. B. ein empathisches Hineinversetzen in den Gesprächspartner ermöglicht (Liebender-Archetyp). Mit folgenden Fragen des Coachs lässt sich dieser Archetyp ins Bewusstsein holen und konkretisieren:

- Gibt es vielleicht eine historische Person oder eine Figur aus einer Erzählung oder einem Film, die für Sie im besten Sinne Einfühlungsvermögen und Fürsorge verkörpert?
- Wie genau können Sie sie sich vorstellen?
- Was würde Ihnen diese Person bzw. diese Figur raten?
- Wie würde sie zu Ihnen sprechen?
- Welches Motto würde sie Ihnen mitgeben?
- Mit welcher Geste könnten Sie sich im Alltag vielleicht daran erinnern?

5.5 Qualitäten, Verzerrungen und nicht integrierte Archetypen

Jeder Mensch trägt Qualitäten in sich. Mitunter werden sie als Eigenschaften einer Person beschrieben. Ein Mensch wird dann z. B. als entscheidungsfreudig oder einfühlsam bezeichnet. Die Qualitäten sind jedoch nicht als absoluter Wert oder feststehende Tatsache zu verstehen. Sie entfalten ihre positive Energie erst in einem Gefüge. Es bedarf des Austarierens mit anderen Kräften. Beispielsweise braucht Mut als positive Gegenkraft die Qualität von Besonnenheit. Ohne sie geriete er zur Kühnheit oder zum Leichtsinn. Damit würde er seine positive Qualität verlieren. Die Vorstellung solchen Zusammenspiels von Gegenkräften ist eine alte Idee. Bereits Aristoteles hat sie in seiner *Nikomachischen Ethik* als ausgewogenes Mittelmaß zwischen zwei Extremen beschrieben (Aristoteles 2017).

Zum Zweck der Persönlichkeitsentwicklung lässt sich mit den verzerrten Formen emotionaler Qualitäten arbeiten. Wo eine negative Emotion am stärksten ist, besteht größtes Entwicklungspotenzial. Hier zeigt sich eine Seite des »vernachlässigten Selbst« (Gilligan 1999), welche ein wertvoller Hinweis für die eigene Entwicklung sein könnte. Dies wäre ein Vorgehen eindeutig in Richtung des Developmental Coaching (Kap. 2.2.1). Eine Voraussetzung ist, dass der Anlassgeber sich nicht im pathologischen Bereich bewegt. Ist sich der Coach nicht sicher, ob mögliche stark negative Emotionen beim Kunden vielleicht eine Depression oder Angststörung anzeigen, so ist von diesem Vorgehen abzuraten.

Um einen systematischen Zugang zur Auseinandersetzung mit möglichen Verzerrungen zu bekommen, lässt sich ein altgedientes Modell heranziehen: die Trias aus Wille, Verstand und Gefühl.

Die Trias aus Wille, Verstand, Gefühl

Die Dreigliederung »Wille – Verstand – Gefühl« ist immer wieder genutzt worden, um über das Wesen des Menschen und sein Handeln nachzudenken. Jedes Individuum verfügt über diese drei Komponenten, gleichwohl sie sich in jedem Menschen einzigartig mischen. Ihre individuelle Konstellation führt zu Persönlichkeitstendenzen: So sprechen wir vom »kühlen Kopf« bei jemanden, der eher rational und überlegt agiert, vom »Willensstarken« bei einer Person, die konsequent Hindernisse und ebenso sich selbst überwinden kann. Jemanden, der eher seinen Gefühlen folgt und diese seinen Mitmenschen zeigt, nennen wir einen »Gefühlsmensch«. Gleichwohl lassen sich diese Qualitäten auch verzerren.

Verzerrte emotionale Qualitäten: Eigensinn, Stolz, Furcht
Verzerrungen entstehen durch die Verknüpfung einer Qualität mit einer kindlichen Bedürftigkeit (Tab. 3):

- Der Wille gerät dann zum Eigensinn, der keine Rücksicht auf andere nimmt oder die reale Welt ausblendet: »Ich mach die Welt wie sie mir gefällt.«
- Der Verstand wird dann zur stolzen Überheblichkeit, mit der man sich über seine Mitmenschen erheben will im Sinne von »Ich bin etwas Besseres als ihr.«
- Das Gefühl verliert sich in angstvoller Abhängigkeit: »Ich bin zu klein und zu schwach. Allein kann ich nicht bestehen.«

	Wille	**Verstand**	**Gefühl**
Emotionale Qualität	Positive Macht	Klarheit	Gelassenheit
Verzerrung	Eigensinn	Überheblichkeit	Furcht

Tab. 3: Emotionale Qualitäten und ihre Verzerrungen in den Bereichen Wille, Verstand und Gefühl

Jeder Mensch kennt die Verzerrungen aus eigener Erfahrung. Sie treten oftmals in Kombination auf. Mit dem Satz »Ich will aber unbedingt, dass es genau so passiert!« spricht der trotzige Eigensinn. Er weigert sich mit kindlichem Gebaren, die aktuelle Situation mit all ihren Widrigkeiten zu akzeptieren. Darin steckt auch immer überheblicher Stolz: »Ich halte mich für etwas Besseres – daher sollen alle anderen und die Welt nach meiner Pfeife tanzen!« Und es liegt die Furcht darin, von dem Geschehen überrollt zu werden: »Ich habe solche Angst! Ich bin verloren!« So kann jede Verzerrung im Vordergrund stehen, die anderen wirken jedoch mit hinein.

Um sich mit solchen emotionalen Verzerrungen auseinanderzusetzen, ist keine Krise als Anlass notwendig. Der Alltag ist voller Einladungen. Darin bieten sich genügend Gelegenheiten, eigene negative Emotionen zu erkennen, zu akzeptieren und zu beleuchten. Dies stärkt das Selbst: Je mehr schmerzhafte Gefühle und Schattenanteile ein Mensch integriert hat, desto souveräner und gelassener kann er sein Leben gestalten.

Praxis: Erkunden der Trias aus Stolz, Eigensinn und Angst

Ein alltägliches Ereignis, in welchem ein starkes negatives Gefühl aufgekommen ist, reicht aus, um mit den nachfolgenden Fragen zu arbeiten.

- Wie genau fühle ich mich? Wie würde ich dies beschreiben?
- Kommt in mir eine der drei Verzerrungen zum Vorschein? Spüre ich vordergründig meinen Eigensinn, meine Überheblichkeit oder meine Furcht?
- Was sagen die beiden anderen Verzerrungen dazu?

Nach solch einem Entdecken kann man anschließend nach ähnlichen früher erlebten Emotionen fragen:

- Woher kenne ich diesen trotzigen Eigensinn?
- Woher kommt meine arrogante Überheblichkeit?
- Wo ist der Ursprung dieser übertriebenen Befürchtung?

Sehr häufig stammen diese Gefühle aus der eigenen frühen Biografie. Sie lassen sich mit dem aktuellen Gefühl vergleichen – im Sinn des Übereinanderlegens zweier ähnlicher Bilder. Je stärker sie übereinstimmen, desto wahrscheinlicher ist, dass das aktuelle unangenehme Gefühl aus einer anderen Zeit stammt. In diesem Zuge kann klar werden, dass nicht der Erwachsene auf die aktuelle Situation schaut, sondern vielmehr eine kindliche, bedürftige Seite. Ist diese Seite genau erfasst, kann ihr im nächsten Schritt Aufmerksamkeit, Mitgefühl und Trost geschenkt werden.

Nicht integrierte Archetypen

Die in Kapitel 5.4 geschilderten Archetypen sind psychische Kräfte, die eine hohe Intensität entwickeln können. Sie tauchen aus dem Unbewussten auf, um dem Individuum als Potenzial zur Verfügung zu stehen. So helfen sie beispielsweise bei der Überwindung von Krisen. Allerdings liegen auch sie in verzerrter Form vor – nämlich dann, wenn sich das Ichbewusstsein mit einem Archetyp verwechselt. Jemand, der sich ganz und gar z. B. mit dem Kriegerbild identifiziert, droht sich darin zu verlieren. Dies könnte zur Folge haben, dass er eigene Schwachheiten und Verletzlichkeiten ausblendet.

Die Qualität der archetypischen Energie hängt davon ab, mit welcher Haltung man dem Urbild begegnet. Gilligan (1999) spricht von »menschlicher Präsenz«, die dem Archetyp einen Halt gibt. Geschieht dies nicht, ist eine Verzerrung möglich.

Beispiel: Verzerrung des Archetyps des Königs zum Tyrannen
Der Archetyp des Königs steht für die positiven Qualitäten gute Führung, Übersicht und eine gerechte Ordnung. In der verzerrten Form missbraucht das Ego die archetypische Kraft, um sich zu erhöhen. Dann gerät der König zu einem Tyrannen, der seine Macht um jeden Preis festigen will. Diese Verzerrung ist leider häufig in mancher Vorstandsetage anzutreffen (Kets de Vries 2009). Personen, die mit klaren Führungsqualitäten ausgestattet sind, lassen sich von ihrer Machtfülle verführen, verlieren ihren Selbstkontakt und halten sich für Herrscher über alles. Sie meinen, alle Freiheit der Welt zu haben, und vergessen ihren Dienst an der Gemeinschaft.

Entsprechende Verzerrungen finden sich auch bei den Archetypen des Liebenden, des Kriegers und des Magiers:

- Der Liebende wird zum unterwürfigen Abhängigen, der nahezu alles mit sich machen lässt.
- Der Krieger verzerrt sich zum Aggressor, der rücksichtslos wütet.
- Und der Magier wird zum Gaukler, der sich in Beliebigkeit verliert.

In der Regel entsteht die Verzerrung eines archetypischen Bildes durch eine schmerzhafte Erfahrung. Das muss keinesfalls eine Traumatisierung sein. Es reichen ganz alltägliche zwischenmenschelnde Geschehnisse: ein grober Rüffel vom Vorgesetzten oder das Tuscheln und Lachen im Team, sobald man den Raum betritt. Es sind solche Kleinigkeiten, die das eigene Ego verständlicherweise sagen lassen: »Das will ich nie wieder erleben!« Um sich vor solchen Willfährnissen zu schützen, »verklebt« sich das Ichbewusstsein dann mit einem archetypischen Bild.

Doch in jeder nicht integrierten Form befindet sich immer noch die positive Kraft des jeweiligen Archetyps. Der Zugang zu ihr besteht weiterhin. Zur Arbeit mit den Verzerrungen bietet sich das generative Coaching an (Kap. 5.3). Bei dieses Vorgehensweise lässt sich nach der positiven Absicht der verzerrten Form fragen.

Um mit Verzerrungen wie Eigensinn, Stolz und Furcht oder mit nicht integrierten Archetypen zu arbeiten, braucht der Coach entsprechende therapeutische Erfahrung. Zumindest sollte er in mehrjähriger, professionell begleiteter Selbstexploration die eigenen Verzerrungen erkundet haben.

6 Emotionen in der Organisationsberatung

Edgar Schein als einer der Altvorderen der Organisationsberatung betont, wie wichtig eine gelingende Beziehung zwischen dem Berater und seinem Kunden für den Beratungsprozess ist (Schein 2017). Beziehung ist in erster Linie ein emotionales Phänomen. Ohne beziehungsstiftende Elemente kommt das Berater-Kunden-System nicht aus. Es ist ein lebendiges, fragiles Gebilde, welches immer wieder austariert und gestaltet werden will.

6.1 Emotionaler Drahtseilakt: Resonanz und Beobachtung zweiter Ordnung

Die organisationsberatende Tätigkeit bewegt sich im Wesentlichen zwischen zwei Polen: mit der Organisation und seinen Mitgliedern in Resonanz zu gehen und gleichzeitig wie von außen auf das System zu blicken. Aus dieser Perspektive wären dann Hypothesen zu bilden und daraus abgeleitete Interventionen zu setzen (Königswieser u. Hillebrand 2004, S. 37):

> »Berater sind Beobachter zweiter Ordnung – im Gegensatz zu den Mitarbeitern des Unternehmens, die Beobachter erster Ordnung sind – und müssen sich daher bemühen, die hinter den agierenden Personen wirksamen Strukturen und Logiken des Systems zu erkennen und anschlussfähig zu intervenieren.«

Praxis: »Balcony and dance«
Organisationsberatung braucht Kontakt und Distanz. So als wäre man auf einer Party, während der man das Geschehen mit einigem Abstand betrachtet und dann wieder voll dabei ist. Im Sinne von *Balcony and dance* steht der Berater wie auf einem Balkon und beobachtet die Interaktionen. Mit diesem Abstand kann er im Getümmel Dynamiken und Grüppchenbildung sowie einzelne Zwischenmenschlichkeiten entdecken und Muster erkennen. Dann begibt er sich wieder vom Balkon und steigt in das Geschehen mit ein. So erlebt er am eigenen Leib, was passiert, wo welche Temperatur und welche Stimmung herrscht. Entsprechend »müssen wir bereit sein, hineinzusteigen in den Fluss der Interaktionen« (Tonninger u. Bräu 2016, S. 162).

Um die internen Dynamiken besser zu verstehen, nimmt der Berater am System teil – allerdings ohne sich darin zu verlieren. Denn damit würde er absorbiert werden. Stattdessen ist seine Differenzfähigkeit gefordert: Zwar ist er als ein beratendes Element vom Kundensystem eingeladen, muss aber ein Fremdes bleiben, um die systeminternen Muster erkunden und irritieren zu können. Er wirkt wie ein geliehener Blick von außen, der gegebenenfalls dafür sorgt, dass die Organisation nunmehr sieht, was sie bisher nicht sehen konnte. Bisweilen führt dies aufseiten der Systemteilnehmenden zu einem Erkennen, was ihre eigenen blinden Flecke sind. Solche Erkenntnis geht in der Regel weniger mit einem ruhigen Puls einher, vielmehr mit Überraschung oder Bestürzung. Emotionen sind auch hier beteiligt.

Beide genannten Aspekte des Beratungshandelns – Resonanz und Irritation – sind emotional geladen. Womit lässt sich dies begründen? In einer resonanten Interaktion wird das zutiefst menschliche Bedürfnis nach Bindung und Gesehenwerden gestillt. Es bringt positive Emotionen ins Spiel. Hingegen bewirkt die Irritation, dass Altbekanntes ins Stolpern gerät. Je nachdem zu welchem Grad dies geschieht, wird es kaum als komfortabel erlebt, sondern eher als emotional herausfordernd.

Unabhängigkeit des Beraters

Man braucht Fingerspitzengefühl, um sich als Berater auf produktiver Distanz zu halten. Ohne Abstand besteht die Gefahr, sich zum Lakaien der Organisation zu machen oder sich in Kumpanei zu ergehen. Der Berater braucht Unabhängigkeit, nicht zuletzt von den eigenen Ansprüchen. Denn auch er hat Bedürfnisse nach Sicherheit und Bindung, die zu einem Großteil unbewusst und unwillkürlich ablaufen. Aufgrund biografischer Erfahrung mischen sich kindliche Anteile leicht mit hinein, die sich so sehr wünschen, gemocht und anerkannt zu werden (Kap. 5.5). Einem Berater, der seinen Kunden nur glücklich und zufrieden machen will, wird es schwerfallen, seinen Finger gegebenenfalls auch in dessen Wunde zu legen. An diesem Punkt gerät er leicht in Abhängigkeit vom Kunden. Auch in dieser Hinsicht kann der Beratungsprozess als emotionaler Drahtseilakt betrachtet werden: unabhängig vom Geschehen sein und doch gleichzeitig mit ihm verbunden.

Der Organisationsberater steht vor der Aufgabe, das System und dessen subkutane Muster am eigenen Leib zu erfahren. Die angespannte Atmosphäre während eines Teammeetings muss er erleben, um nachvollziehen zu können, wie die Interaktionsmuster der Teilnehmenden gerade in emotionaler Hinsicht ablaufen. Er stellt sich in solchen Situationen gewissermaßen als Wahrnehmungsorgan zur Verfügung. Gegebenenfalls spricht er aus, was andere vielleicht nicht auszusprechen wagen. Daraus resultieren pragmatische Anforderungen.

Praxis: Kennzeichen innerer Unabhängigkeit des Beraters (nach Hauser 2014, S. 21)

- Innere Klarheit und Allparteilichkeit, Ansprechen unangenehmer Inhalte
- Wertschätzende Neugier und Offenheit für die Perspektiven der Beteiligten
- Die eigene Wahrnehmung nicht als unumstößliche Wahrheit betrachten
- Konstruktiver Umgang mit Macht, Vertrauen aufbauen und Sicherheit vermitteln
- Selbstbeobachtung ermöglichen

Die innere Unabhängigkeit des Beraters braucht als komplementären Gegenpol seine Resonanzfähigkeit. Beide Pole entfalten auf der somatisch-emotionalen Ebene ihre Kraft (Windhausen 2014). Eine Vielzahl an Konzepten und Modellen aus der Managementberatung bedient sich überwiegend der planerisch-kognitiven Ebene. Von dieser Position aus werden dem Kunden häufig kluge Ratschläge gegeben, die jedoch schnell verpuffen. Denn hier hat sich der Berater nicht an die emotionalen Lagen und Ambivalenzen der Akteure angedockt.

6.2 Affektlogiken in der Organisation

Personen nehmen in der Organisation eine bestimmte Rolle ein und sollen entsprechende Funktionen erfüllen (Simon 2007). Allerdings »gehen Menschen nicht in Organisationen auf – dazu sind sie viel zu komplex« (Zech 2013, S. 55). Nicht nur als emotionale Wesen bringen sie einen Überschuss mit sich: an all jenem, was sich im inneren Erleben ereignet, so z. B. persönliche Bedürfnisse und biografische Vorerfahrungen. Emotionen dürfen im Rahmen der Organisation keinesfalls im Mittelpunkt stehen, da die Organisation ansonsten nicht mehr ihren Zweck erfüllen könnte. Doch lässt sich gerade der emotionale Überschuss nicht verdrängen. In den üblichen Reibereien, Auseinandersetzungen, Frustrationen und kleinen Dramen des Alltags bricht er sich Bahn.

Im Miteinander der Akteure entsteht ein hochkomplexes Gewebe aus Fühl-Denk-Verhaltensmustern. Mitunter bilden sie gruppale Affektlogiken (Ciompi u. Endert 2011), die als Attraktor fortan die soziale Dynamik bestimmen. Nur ein geringer Teil davon läuft bewusst ab.

6.2.1 Tiefenschichten im Eisberg

Die Metapher des schwimmenden Eisbergs soll an dieser Stelle verdeutlichen, dass sich ein Großteil des menschlichen Miteinanders im vor- bzw. unbewussten Bereich abspielt – in der Metapher: unterhalb des Meeresspiegels (Abb. 6). Zwar unterscheidet sich die organisationale Funktionslogik eindeutig von der personalen Psycho-Logik. Doch sie kann Letztere nicht auf Dauer sedieren oder gar ausschalten. Ganz im Gegenteil: Je mehr gegen die somatisch-emotionalen Anteile angekämpft wird, desto stärker treten sie auf!

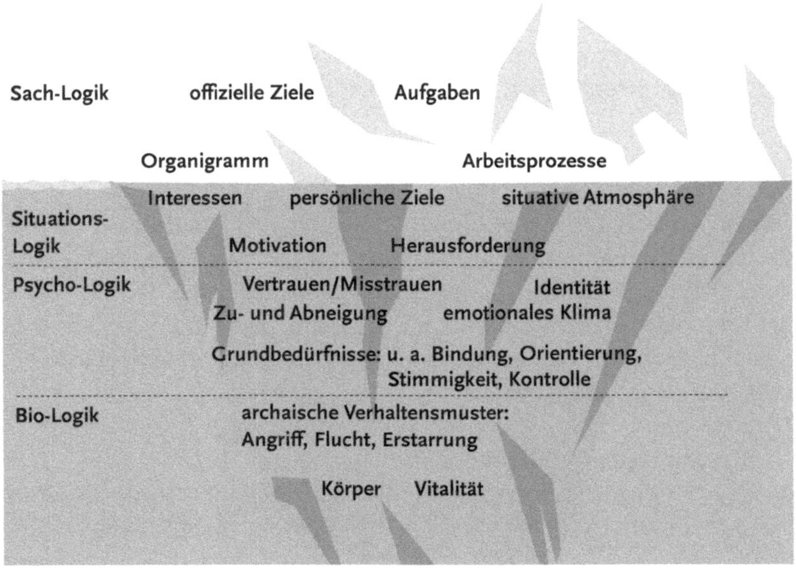

Abb. 6: Tiefenschichten im Eisberg

Die hier vorgenommene Differenzierung in verschiedene Ebenen muss kritisch gesehen werden, denn es wirken permanent alle Ebenen ineinander. Die Darstellung kann für den Berater hilfreich sein, um beim Planen seiner Interventionen die affektlogische Vielschichtigkeit der Organisation zu berücksichtigen.

Sachlogische Ebene

Auf der sachlogischen Ebene befinden sich die offiziellen Ziele der Organisation. Doppler und Lauterburg (2014) sprechen von »edlen Absichten« und »positiven Prognosen«. Sie sind in den Hochglanzbroschüren ausformuliert, mit denen sich die Organisation selbst darstellt.

Auf der Ebene der Sachlogik finden sich auch Organigramm und Stellenbeschreibungen. Hier werden Aufgaben und Arbeitsprozesse definiert. Es herrscht ein analytisch-sequenzieller Modus, der das organisationale Geschehen anhand von Kennziffern und festgelegten Standards überprüfbar macht. Jede Form von Qualitätsmanagement setzt hier an.

Situationslogische Ebene

Auf dieser Ebene kommen die Systemteilnehmenden stärker mit ihrer psychischen Seite ins Spiel. Sie verfolgen eigene Interessen und Karriereziele, die sich mit denen anderer Personen decken oder ihnen entgegenstehen. Je nach ihrer Einstellung und aktuellen psychophysischen Verfassung bringen die Akteure mehr oder weniger ihre Leistung. Ihr Grad an Motivation hängt von den situativen Gegebenheiten ab. In der Sprache der soziologischen Systemtheorie tritt das Individuum als Person in die Organisation ein, um hier bestimmte Rollen einzunehmen. Je nachdem was im Umfeld geschieht, wird dem Erfüllen jener Funktionen nachgekommen, die durch die Rolle definiert sind. Doch wenn persönliche Bedürfnisse nicht gestillt sind oder Emotionen quer liegen, wird es mit der Aufgabenerfüllung bereits schwierig.

Psycho-Logische Ebene

Hier wirkt sich zunehmend aus, was das Individuum in der Organisation empfindet und wie sich die Akteure auf der Ebene ihrer Fühl-Denk-Verhaltensmuster miteinander verkoppeln. Sie begegnen anderen Systemteilnehmenden und empfinden ihnen gegenüber

Vertrauen oder Misstrauen. Persönliche Zu- und Abneigungen entfalten ihre Wirkung. Informelle Netzwerke sind aktiv: sowohl in förderlicher wie auch in hinderlicher Weise. Die offiziellen Leitbilder der Organisation treten hier eher in den Hintergrund. Unter Umständen werden formale Rollenzuständigkeiten auf dieser Ebene ausgehebelt. Subjektive Gefühle zeigen an, inwieweit die individuellen Bedürfnisse befriedigt sind. Fühlen sich die Systemteilnehmenden sicher? Haben sie Orientierung? Fühlen sie sich wahrgenommen? Inwieweit haben sie Kontakt zu anderen Akteuren? Fühlen sie sich angemessen wertgeschätzt? Welche Ängste tauchen in ihnen auf? Auf dieser Ebene verschärfen sich persönliche Befürchtungen und Neid oder Missgunst gegenüber anderen Personen.

Somatopsychische Ebene
Hier zeigt sich der Mensch als Träger natürlicher Grundbedürfnisse. Die Dynamiken in diesem Bereich machen deutlich, dass Personen

---

Praxis: Fragen zum Erfassen des affektlogischen Geschehens in der Organisation

- Inwieweit laufen die Arbeits- und Kommunikationsprozesse reibungslos ab?
- In welchen Situationen sind sie durch emotionale Anteile beeinträchtigt oder eher unterstützt?
- Gibt es diesbezüglich Unterschiede in den Abteilungen oder Teams?
- Wo und unter welchen Bedingungen lassen sich Muster des Gelingens finden?
- Wo und unter welchen Bedingungen gibt es Reibungsverluste?
- Gibt es oder gab es Ereignisse, die den Akteuren immer noch »in den Knochen sitzen«?
- Wo, wann und von wem wird ausgedrückt, dass er sich nicht gesehen oder verängstigt fühlt? Welche Auswirkungen hat dies in der Organisation?
- Wo und unter welchen Bedingungen zeigen sich emotionale Verhaltensweisen, die auf übermäßige Aggression, Rückzug oder Resignation hinweisen? Welche Auswirkungen hat dies in der Organisation?
- Nimmt der Berater als Resonanzsubjekt an sich selbst somatisch-emotionale Regungen wahr? Inwieweit weisen sie auf Aggression, Rückzug oder Resignation hin?

in einer Organisation individuelle Organismen sind und der Mensch bei all seinen kulturell erworbenen Fähigkeiten immer ein Stück Natur bleibt. Im Kern geht es – etwas zugespitzt gesagt – um das Überleben. Bei einem Gefühl von Bedrohung schalten sich alte archaische Verhaltensmuster ein: Angreifen, Flüchten oder Totstellen. In diesem Kontext agieren Systemteilnehmende, als ob man sie gleich einem Tier in eine Ecke gedrängt hätte. Die Fähigkeit des klaren, vorausschauenden Denkens ist dann nur sehr eingeschränkt möglich. Basale emotionale Ladungen haben das Ruder übernommen.

Das Bild der vier Ebenen (Abb. 6) kann dem Berater als Orientierung dienen, mit welchen affektlogischen Kräften er es in einer Beratungssituation zu tun hat.

6.2.2 Atmosphären: Zugang zu den Tiefenschichten der Organisation

Eine Atmosphäre lässt sich nur schwerlich fassen. Und doch reden alle Leute über sie. Atmosphären entstehen in erster Linie durch das Mit- bzw. Gegeneinander von Personen. Daneben tragen die räumlichen Gegebenheiten zum Entstehen einer Atmosphäre bei. Dazu muss jedoch dieser architektonische Raum von Menschen wahrgenommen werden. Zwar wird die Atmosphäre innerlich erlebt und doch außerhalb von uns selbst verortet.

Atmosphären wahrnehmen

Für den Berater ermöglicht das Wahrnehmen des Atmosphärischen einen Zugang zum emotionalen Geschehen innerhalb der Organisation. Es ist wie ein Abtauchen. Mit Bezug zum Eisbergmodell (Abb. 6) lässt sich sagen: Der Teil der Eismasse unterhalb des Meeresspiegels wird sinnlich erfahrbar.

Die Wahrnehmung von Atmosphären ähnelt dem Betrachten eines Kunstwerks. Beim Versenken in ein Gemälde »muss der Betrachter seine Selbstmächtigkeit aufgeben« (Böhme 1985, S. 197). Ein wenig tut dies auch der Berater und lässt sich überraschen von dem, was ihm begegnet. Zwar sollte er über weite Strecken des Beratungsprozesses in der Lage sein, eine produktive Distanz zum Geschehen aufzubauen. Doch in das Atmosphärische taucht er für kurze Momente ganz ein. Will man es wahrnehmend verstehen, geschieht dies weniger durch seinen konzentrierten Blick als eher im

Modus einer freischwebenden Aufmerksamkeit. Dabei wird sein gesamter Körper zu einer Art Sensorium.

»Atmosphären werden räumlich wahrgenommen, beziehen sich jedoch nicht auf einen naturwissenschaftlichen Raum, sondern auf einen Raum gespürter Anwesenheit, der sich mathematisch nicht fassen lässt.« (Julmi 2015, S. 17).

Es bietet sich an, dass der Berater in den Gesprächen mit Akteuren aus der Organisation auf deren Metaphern und vergleichende Bilder achtet. Kompetenzen aus dem Coaching lassen sich auch in diesem Zusammenhang gut anwenden (Kap. 5.2). Die eigene »atmosphärische Kompetenz« (Knodt 1994, S. 84) lässt sich trainieren.

Praxis: Trainieren der atmosphärischen Kompetenz des Beraters (Ohler 2016, S. 95)

»– Vertrauen Sie Ihrem Gefühl, und nehmen Sie wahr, was Ihnen Ihr Körper (oder Ihr ›gefühlter Sinn‹) zu gegebenen Situationen signalisiert. [...]

– Beobachten Sie Sprachspiele, Habitusformen, Beziehungsgestaltungen der Menschen [...].

– Fragen Sie sich, ob Sie sich gegenüber einer erlebten Atmosphäre anders positionieren können [...] und was Sie tun können, wenn Sie an der Teilhabe wenig oder nichts ändern können. [...]

– Bringen Sie, wo es Ihnen günstig erscheint, Atmosphäre ins Gespräch. [...] Das Thematisieren von zwischenmenschlicher Atmosphäre oder das Reden darüber kann diese Atmosphäre schon beeinflussen.«

Vier Idealtypen von Atmosphären

Julmis phänomenologisch orientierte Beschreibung von Atmosphären (Julmi 2015) kann der Berater nutzen, um seine eigenen Wahrnehmungen einzuordnen und das Atmosphärische besser zu fassen. Julmi unterscheidet vier Idealtypen von Atmosphären (Abb. 7):

* *Einladend-engende Atmosphäre:*
  Sie wirkt anregend und ermöglicht einen angenehmen und angemessenen Kontakt. Daher kommt ihr etwas Einladendes zu. Von ihr geht etwas Helles und Warmes aus. Sie unterstützt einen fokussierten Gemütszustand. Sie gibt Halt und fördert die Produktivität.

- *Einladend-weitende Atmosphäre:*
  Diese Atmosphäre strahlt Harmonie, Ausgeglichenheit und Entspannung aus. Sie findet sich in vielen privaten Wohnzimmern. In einem öffentlichen Raum, wie z. B. einem ruhigen Kaffeehaus, ermöglicht sie eine respektvolle Distanz. Hier lädt sie zur Selbstbesinnung und zum Landen bei sich selbst ein.
- *Ausladend-engende Atmosphäre:*
  Von ihr geht etwas Bedrohliches, Aufdringliches oder Bedrückendes aus. In ihr herrscht eine unangenehm erhöhte Anspannung. Dies kann eine bleiern-hemmende Schwere oder eine invasive Überdrehtheit sein. Hier gibt es keine Sicherheit und keinen Rückzugsort.
- *Ausladend-weitende Atmosphäre:*
  Sie zeigt sich als sinnlose, unangenehme Leere. In ihr fühlt man sich ungeschützt, bedeutungslos und nichtig. Von ihr geht eine bürokratische Kälte aus. Gefühle von Verlorenheit tauchen auf. Zwischenmenschlicher Kontakt ist darin nicht vorhanden.

Praxis: Atmosphärisches erfassen

Atmosphären lassen sich nicht objektiv diagnostizieren. Der Berater braucht den eigenen Körper, um das atmosphärische Geschehen zu erfassen. Dabei ist er im wahrsten Sinne des Wortes »Resonanzsubjekt« (Nicolaisen 2013a). Beispielfragen:

- Wie wirken die Arbeitstreffen mit Systemvertretern auf den Berater?
- Was empfindet er während der Situation am Empfang?
- Wie empfindet der Berater die Räumlichkeiten, die er im Gebäude der Organisation kennenlernt?
- Inwieweit erlebt er diese Orte, Situationen oder die Interaktionen der Kunden als einladend-engend oder einladend-weitend?
- Inwieweit erlebt er diese Orte, Situationen oder die Interaktionen der Kunden als ausladend-engend oder ausladend-weitend?

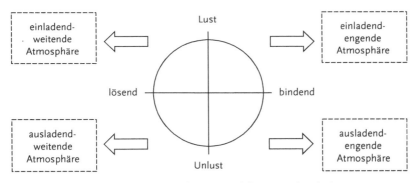

Abb. 7: Idealtypen von Atmosphären (modifiziert nach Julmi 2015)

6.3 Teams und Gruppen

Teams und Arbeitsgruppen dienen mit ihren Tätigkeiten und Kommunikationen einem organisationalen Ziel. Sie setzen sich aus einzelnen Systemteilnehmenden zusammen, die gemäß ihren Kompetenzen ausgewählt worden sind. Im Arbeitsteam wird das Individuum zur Person, die eine Rolle im organisationalen Kontext einnimmt (Simon 2007). Zugleich bleibt sie ein lebendiges Wesen mit einer eigenen Geschichte, die sich in Fühl-Denk-Verhaltensmustern niedergeschrieben hat.

In einer Gruppe oder einem Team erfahren die Mitglieder sowohl Abhängigkeit als auch Zugehörigkeit. Ihre Beziehungserfahrungen sind aufgeladen mit Emotionen. Diese sind nicht nur Begleiterscheinungen in der täglichen Arbeit, sondern wirken als eine Art Qualitätskompass für das Miteinander während der gemeinsamen Aufgabenerfüllung.

In einem Einzelcoaching mag es sinnvoll sein, Gefühle eingehender zu betrachten. Das gilt beispielsweise, wenn der Kunde sich und sein Innenleben besser kennenlernen will. Für Teams und Gruppen empfiehlt sich ein anderes Vorgehen. (Es sei denn eine Beleuchtung der emotionalen Anteile und Interaktionen wird explizit vom Kunden beauftragt. Dies kann für Teams zutreffen, die z. B. in einem aktuellen Konflikt stecken.)

Zwar spielen Emotionen auch in der Gruppenkonstellation eine erhebliche Rolle. So beeinflussen kollektive Affektlogiken massiv die Interaktionen, insbesondere in konfliktuellen Situationen. Doch langes Reden über Gefühle kann als kontraproduktives »Sich-dar-in-Suhlen« erlebt werden. Teams und Arbeitsgruppen folgen organisationalen Vorhaben und Zielen. Diese sollten während der Beratung im Mittelpunkt stehen. Eingehendes und langes Beschäftigen mit emotionalen Aspekten kann schnell als »Psychokiste« gesehen werden. Berechtigterweise fragen Gruppenmitglieder, die an der Beratung teilnehmen (müssen), wozu dieser Blick auf die Emotionen dienen soll (»Machen wir jetzt hier einen auf Psycho oder was?«). Deswegen ist eine Erläuterung des Beraters sinnvoll, inwieweit Gefühle als Hinweise auf wichtige Bedürfnisse innerhalb des Organisationsalltags verstanden werden können.

6.3.1 Thematisieren von Gefühlen

Nicht die Emotionen als solche sind das Problem, sondern die Art und Weise, wie wir mit ihnen umgehen. In der Regel werden emotionale Ladungen »blind« ausagiert. Im sozialen Raum schaukeln sie sich leicht hoch. Klassische Du-Botschaften sind dann an der Tagesordnung. Das geht einher mit Schuldzuweisungen. Die Gesprächspartner bleiben in ihrer jeweiligen Ichperspektive verhaftet. Es werden Worte gesprochen, die einer echten Begegnung im Wege stehen und das Geschehen eher noch hochpeitschen.

Sind emotionale Ladungen in der Teamsituation der Anlass für eine Beratung, benötigt der Berater ein gutes Pacing. Es ist seine Aufgabe, auf die Emotionen einzugehen, ohne zu sehr »mit der Tür ins Haus zu fallen«. Es sind die sachbezogenen Themen, die für die Teilnehmenden interessant sind. Konfliktuelle Arbeitssituationen entfachen sich häufig an einer Sache, betreffen aber immer die persönliche Bedürfnislage. Um die Teilnehmenden auf der Themenebene abzuholen und dann in die Beschäftigung mit den damit zusammenhängenden Emotionen einzusteigen, eignet sich folgendes Vorgehen nach Döring und Glasl (2005). Kleingruppen mit bis zu acht Teilnehmenden lassen sich damit gut begleiten.

Praxis: Anonyme Kartenabfrage und Alter-Ego-Kommentar (nach Döring u. Glasl 2005)

1. In aller Kürze erläutert der Berater den Zweck des Treffens. Anschließend erklärt er das methodische Vorgehen. Erst dann beginnt die Arbeit.

2. Der Berater lädt die Teilnehmenden ein, die Themen, welche sie beschäftigen, jeweilig einzeln auf eine Moderationskarte zu schreiben. Dies kann gegebenenfalls auch mit einer verstellten Handschrift geschehen, um die Anonymität zu gewährleisten. In einer kurzen Selbstbesinnung schreiben die Gruppenmitglieder dann ihre Karten. Der Berater sammelt sie ein und legt sie verdeckt auf den Tisch.

3. In der nächsten Phase nimmt der Berater eine der Karten, liest sie laut vor und wendet sich mit folgender Frage an die Gruppe:»Was könnte mit diesen Worten gemeint sein?« Der Fokus wird auf das Thema gelenkt und nicht darauf, wer die Karte geschrieben haben könnte. Dann spricht die Gruppe über das Thema. Mit der nächsten Karte wird ebenso verfahren. In der Regel werden durch diese Schritte mögliche Schweigemauern überwunden und lässt sich ein gewisses Maß an Vertrauen herstellen. Allmählich wächst der Grad an Offenheit, um Probleme direkt anzusprechen.

Um den Kontakt der Gruppenmitglieder untereinander zu verbessern, bietet sich die Kombination mit einer weiteren Methode an: dem *Alter-Ego-Kommentar*. Während der Mitteilungen zu den vorgelesenen Moderationskarten kann der Berater Teilnehmende einladen, die sprechende Person genau zu beobachten und sich in sie hineinzuversetzen. Person A, die gerade Person B zugehört hat und einen entsprechenden Impuls verspürt, könnte dann z. B. mitteilen:»Alter Ego für B: Ich bin darüber sehr enttäuscht.« Anschließend wäre Person B dann der Reihe, um zu dem Kommentar von Person A mittels einer Zustimmungsskalierung eine kurze Rückmeldung zu geben:»Stimmt zu 70 Prozent.«

Solches Vorgehen fördert das gegenseitige Verständnis in der Gruppe sowie das Sprechen über Gefühle. In der Regel werden dadurch Unterschiede in die Interaktion gebracht, die sich auch über das Treffen hinaus im Arbeitsalltag anwenden lassen.

6.3.2 Feedback »reloaded«

Teammitglieder erleben in ihrer Gruppe sowohl Zugehörigkeit als auch Abhängigkeit. Sie sind einander Teil ihres Lebensraums. Feedback ermöglicht es, sich darüber zu verständigen. Die Empfehlung, Feedback zu praktizieren, wird mitunter als alter Hut angesehen. Dann werden Kommentare geäußert wie: »Ja, das haben wir schon mal gemacht – es bringt aber nichts.« Damit Feedback soziales Lernen befördert, ist eine präzise Anleitung und ein respektvoller Umgang mit den emotionalen Anteilen der Akteure erforderlich. Sind diese Aspekte nicht berücksichtigt, geraten sogenannte Feedbackgespräche bisweilen zu Abwertungsritualen.

Es geht um eine Form, welche die Akteure einlädt, sich in einem für sie stimmigen Maß mitzuteilen und zu zeigen. Viele Menschen haben dies nicht gelernt und erleben es daher als herausfordernd. Immer wieder werden Befürchtungen geäußert,»einen Seelenstriptease hinlegen zu müssen«. Jegliche Anleitung zum Feedback sollte solche Bedenken beachten. Daher mag es in einigen Situationen angemessen sein, in einer Feedbackrunde gar nicht direkt nach Gefühlen zu fragen. Das beinahe obligatorische »Was fühlen Sie dabei?« bzw.»Was macht das mit Ihnen?« kann schon als invasiv erlebt werden und bisweilen gehörig auf die Nerven gehen. Stattdessen lässt sich auf die soziale Interaktion schauen. Gefühle kommen dann wie von selbst zur Sprache.

Praxis: Feedbackfragen (nach Stützle-Hebel u. Antons 2017, S. 72)

- Wie erlebe ich das aktuelle Geschehen?
- Wie wirkt es auf mich?
- Welche Bedeutung gebe ich der Situation?
- Gibt es eine konkrete Verhaltensweise aufseiten der Gesprächspartner, die in mir eine emotionale Reaktion auslöst?
- Wie verändert sich dadurch unsere Beziehung?

Solche Feedbackfragen fokussieren auf das Miteinander und die Auswirkungen einzelner Beiträge. Das Individuum wird emotional sichtbar – allerdings in Beziehung zu seinen Mitakteuren. Zugleich gewinnen mögliche Handlungsoptionen an Kontur. Mittels solcher Fragen entsteht eine gute Chance, »dass die Interaktionspartner ihre Lebensräume differenzieren und damit ihr Verhalten aufeinander abstimmen können. Es ermöglicht also (soziales) Lernen.« (ebd.).

6.3.3 Geschichten – Narrative Methoden

Bestehende Affektlogiken prägen die Dynamik in Teams und Arbeitsgruppen. Solange alles gut läuft, herrschen in der Regel Fühl-Denk-Verhaltensmuster vor, welche die Zusammenarbeit begünstigen bzw. nicht zu sehr irritieren. Doch wirklich ins Bewusstsein gelangt die Wirkung von Emotionen oftmals erst dann, wenn es zu Reibungen oder zum Konflikt kommt. Dabei ist es durchaus sinnvoll, auch in Phasen des Gelingens die begleitenden positiven Affektlogiken in den Fokus nehmen. Aus ihnen lässt sich lernen, wann sie in welcher Weise ein produktives Miteinander begünstigen. Narrationen eignen sich dazu, das emotionale Geschehen zu erfassen.

Mit dem Geschichtenerzählen ist eine virtuelle Bewegung auf der Zeitachse möglich. Problematisches kann betrachtet und gewürdigt werden, Ressourcen und gute Erlebnisse lassen sich entdecken. Darüber hinaus bietet das narrative Element einen Zugang zur atmosphärischen und emotionalen Dimension. Mit ihm lässt sich zu den tieferen Schichten des »Eisbergs« (Abb. 6) vordringen. Zu solchen Zwecken können Geschichten vielfältig eingesetzt werden (Müller 2017).

Geschichte realer Ereignisse erzählen lassen

Die gemeinsame bisherige Geschichte erzählen zu lassen eröffnet einen Zugang zur Historie des aktuellen emotionalen Klimas. Manchmal wird dann deutlich, inwieweit frühere Ereignisse mit der gegenwärtigen Situation zusammenhängen.

Ein Team wünscht sich aufgrund diverser Unzufriedenheiten eine Bestandsaufnahme seines Miteinanders. Ein »schlechtes Arbeitsklima« wird dem Berater als Anlass der Teamentwicklung genannt.

Nach den Vorgesprächen entscheidet sich der Berater für den Einsatz der *Timeline*-Methode. Mit ihr werden Ereignisse der jüngeren Vergangenheit in einen Erzählstrang gebracht. Karten und Objekte dienen dazu, Erlebtes sichtbar zu machen und in zeitlicher Relation zu sehen. Durch das narrative Vorgehen bekommt das emotionale Klima, welches sich über einen längeren Zeitraum aufgebaut hat, eine Kontur und wird greifbar.

Mit der Timeline als erlebnisorientiertem Instrument lassen sich Emotionen unmittelbar ansprechen.

Praxis: Timeline

1. Im Vorfeld ist auch hier der Aufbau des Beratungssystems inklusive Auftragsklärung notwendig. Zu Beginn des Treffens mit dem Team stellt der Berater einen guten Kontakt zur Gruppe her. Er fragt nach Befürchtungen und betont die Zieldienlichkeit. Dann erläutert er die Methode.

2. Ein auf dem Boden ausgelegtes Seil repräsentiert eine Zeitlinie. Der Berater markiert, wo sich Vergangenheit, Gegenwart und Zukunft befinden. Gegebenenfalls kann im Dialog mit der Gruppe der Zeitrahmen begrenzt werden. Moderationskarten mit spezifischen Ereignissen oder Zeitpunkten lassen sich zur groben Orientierung hinzulegen. Dann lädt der Berater die Teilnehmenden ein, weitere Ereignisse auf Karten zu schreiben und entlang der Zeitlinie zu positionieren.

3. Beim nächsten Schritt schauen alle gemeinsam auf die Zeitlinie. Der Berater fragt punktuell nach, bringt die Leute ins Gespräch. Vergangenes kann gewürdigt werden. Gute Erlebnisse und Ressourcen lassen sich auffinden.

4. Wenn die Teilnehmenden in dieser Phase »aufgetaut« sind und sich in gutem Kontakt miteinander befinden, kann der Berater den möglicherweise im Vorfeld genannten negativen Gefühlen einen Ort geben. Beispielsweise lassen sich einzelne Gefühle ebenso auf eine Karte schreiben und mit der folgenden Frage kombinieren: Was könnte dieses Gefühl für die tägliche Arbeit in der gesamten Gruppe bedeuten? Welches Bedürfnis mag sich darin zeigen? Auf diese Weise werden die Gefühle gewürdigt und als Informationsträger genutzt. Sie sind dann teilweise entpersonalisiert, da sie etwas über das Gruppengefüge als Ganzes aussagen.

5. Im weiteren Verlauf wird auf Zukünftiges geschaut: Welche der Entdeckungen auf der Zeitlinie könnte für die Zukunftsgestaltung wertvoll sein? Welche Botschaften für ein erwünschtes zukünftiges Miteinander mögen die Gefühlskarten mitteilen? Was sind konkrete Verabredungen?

Die *Timeline* eignet sich auch als Ritual, um in einem Changemanagementprozess mit heftigen Gefühlen zu arbeiten, die während krisenhafter Phasen auftauchen können (Kap. 6.5). Sie bietet sich zudem an, um den Veränderungsprozess sauber abzuschließen. Gefühle, die währenddessen hochgekocht und womöglich noch nicht verdaut sind, lassen sich mit ihrer Hilfe integrieren.

Metaphorische Verfremdung

Wenn die Emotionen schon sehr hochgekocht sind, empfiehlt es sich, die Geschichte von den Teilnehmenden verfremdet erzählen zu lassen. Zu Beginn könnte der Berater einige metaphorische Vergleiche als Anregung geben. Durch die Frage nach dem Genre der Geschichte entsteht sowohl ein gedanklicher Spiel- und Assoziationsraum als Projektionsfläche als auch zugleich ein Stück Distanz. Häufig kommt Humor ins Spiel.

Praxis: Fragen zur metaphorischen Verfremdung

Im Vorfeld stellt der Berater Sinn und Zweck der Methode vor, um die Teilnehmenden zum Vorgehen einzuladen. Dann lassen sich folgende Fragen stellen:

- Wenn Sie als Gruppe Ihre gemeinsame Geschichte erzählen würden: Wäre das eher eine Abenteuergeschichte? ... Oder eher ein Krimi? ... Womöglich eine Horrorstory? ... Oder ein Dokumentationsfilm? Oder ...
- Welche Ereignisse wären für die Story wichtig? Welche Entwicklungen gab es bisher, vielleicht im Sinne einzelner Kapitel oder Theaterakten? ... Gab es vielleicht einen bisherigen Höhepunkt? ...
- Wie müsste die Geschichte weitererzählt werden, damit es doch noch eine glückliche oder zumindest bessere Wendung nimmt?

Zu diesen Fragen wird in einem ersten Schritt in Kleingruppen gearbeitet. Anschließend werden die Gruppenergebnisse im Plenum vorgestellt.

Geschichte als Abschiedsritual

Das Arbeiten auf der narrativen Ebene kann hilfreich sein, um eine gemeinsam erlebte Vergangenheit zu verabschieden. Bei Anlässen wie einer Fusion oder dem Aufgliedern einer Abteilung inklusive Verteilung auf zwei andere Organisationseinheiten bietet es sich besonders an (von Schlippe u. Schweitzer 2009). Solche Ereignisse sind emotionsgeladen. Mit ihnen gehen Gefühle von Wut, Verlustschmerz oder Trauer einher.

Ein gemeinsamer Rückblick auf die Hoch- und Tiefpunkte kann helfen, besser mit der Vergangenheit abzuschließen. Voraussetzung ist, dass er einer klaren Erzählstruktur folgt und präzise angeleitet wird. Gegebenenfalls lässt sich für die heftigen Gefühle symbolisch eine Art »Gästehaus« installieren. So wird ihnen ein konkreter Platz gegeben. Gerade in emotionaler Hinsicht kann die Retrospektive helfen loszulassen, um sich aufgeräumter in die Zukunft aufzumachen (Frenzel, Müller u. Sottong 2004). Geschichten wirken wie ein Container für Emotionen. Deshalb können sie ein Gefäß sein, um Vergangenes in eine Gestalt zu bringen und zu würdigen.

6.4 Transgenerationale Perspektive

Es kommt vor, dass Emotionen, die zu einem früheren Zeitpunkt z. B. eine Gruppe von Mitarbeitenden in der Organisation stark umgetrieben haben, später aus einem ähnlichen Anlass wieder präsent und aktuell werden. Nicht selten ist dies der Ärger über einen Vorgesetzten. So genügt es, dass ein Gruppenmitglied in einer Kaffeerunde die anderen Akteure daran erinnert, wie es früher gewesen sei – nur eben leider nicht im Guten. Die mit der Erinnerung verknüpften Gefühle werden getriggert und im Gespräch unwillkürlich wieder lebendig.

Je nachdem wie lange und intensiv über vergangene emotionale Ereignisse gesprochen wird, können diese anschließend unter Umständen eine gewisse Zeit wirksam bleiben. Wiederholt sich dies in bestimmten Zeitabständen, so lässt sich von tradierten Affektlogiken sprechen. Mitunter wird auf diesem Weg sogar ein ehemaliges Mitglied der Organisation wieder gegenwärtig, obwohl es schon seit vielen Jahren nicht mehr im Unternehmen ist. Die Emotionen, die mit jener Person verbunden sind, scheinen jedoch die Zeit zu überdauern. Das ist dann der »gute Geist« von Person X. Oder aber auch Person Y, die »irgendwie noch immer durch die Büroräume spukt« oder »ihr Unwesen treibt«. Die Umschreibungen dafür sind oftmals metaphorisch.

6.4.1 Das emotionale Gewebe der Organisation
Zwischenmenschliche emotionale Erfahrungen wirken in der Organisation wie eine Art Bindegewebe. Auf der unbewussten Ebene tragen affektlogische Muster das Vermächtnis von Vorgängern und vorhergehenden Generationen in sich. Ähnlich wie körperliche Faszien eine Anspannung über einen langen Zeitraum aufrechtzuerhalten vermögen, kann das »emotionale Gedächtnis« einer Gruppe oder Organisation ein länger zurückliegendes Ereignis in Erinnerung halten.

Dies ist besonders dann der Fall, wenn die Emotion nicht integriert ist. Das kann dazu führen, dass »die in einer akuten Bedrohungssituation entstandenen Gefühle jederzeit aktualisierbar bleiben, auch wenn die Gefahr längst vorüber ist« (Ciompi u. Endert 2013, S. 114). Nun ist eine Organisation kein menschliches Individuum mit einem Körper und einem Erfahrungsgedächtnis. Und doch befindet sich in den nicht sichtbaren Tiefenschichten des Eisbergs (Kap. 6.2.1) ein intersubjektives Gewebe. Es verfügt zwar über keinen biologischen Körper, bedient sich aber der Leiber der am System teilnehmenden Personen. So entsteht ein soziales Feld mit körperähnlichen Qualitäten. Man kann ihm quasi zuhören, indem man den Geschichten lauscht, welche die Akteure erzählen. Man vermag es zu »spüren«, indem man die Atmosphären im Feld wahrnimmt. Atmosphären sind raumgreifende Gefühle (Kap. 6.2.2). Diese Informationen sind nicht im offiziell-formellen Wissensmanagement gespeichert. Sie finden sich in den ungeschriebenen mentalen Chroniken der Organisation und in ihrer emotionalen Kultur. Hier werden sie auf der unbewussten Ebene des täglichen Interagierens womöglich über Generationen hinweg bewahrt.

Um die genannten Dynamiken eingehender zu beleuchten, liefert der Mehrgenerationenansatz eine mögliche Perspektive. Er kann dem Berater als Folie dienen, um bestimmt Interaktionsmuster besser zu verstehen.

Praxis: Methodische Ansätze zur Arbeit mit transgenerationalen Emotionen

Falls es hilfreich und sinnvoll ist, die transgenerationale Perspektive in das Coaching oder die Beratung einzubeziehen, kann der Berater mit folgenden Interventionen arbeiten:

- Narratives Vorgehen (Kap. 6.3.3)
- Generatives Coaching (Kap. 5.3)
- Rituale des Würdigens und Anerkennens
- Strukturaufstellungen (Sparrer 2007)
- Timeline-Arbeit mit Vermächtnis- und Leistungskonten möglicher Akteure

Gleichzeitig ist das Fokussieren auf die Ressourcen des Kundensystems zu empfehlen. Auch hier ist ein entsprechender Erfahrungsschatz sowie ein gewisser Grad an Selbsterfahrung des Beraters notwendig.

6.4.2 Die mikrosozial-persönliche Ebene

Jede Person trägt aufgrund ihrer Biografie Erfahrungen aus früheren und aktuellen Beziehungen in sich. Insoweit erstreckt sich das individuelle psychische System über das Hier und Jetzt hinaus bis in die Vergangenheit. So werden gegenwärtig ausgeführte Handlungen und Kommunikationen von Erzählsträngen, Glaubenssätzen und Gefühlen mitgeprägt, die unter Umständen weit in die Zeit zurückreichen. Ivan Boszormenyi-Nagy hat sich als Familientherapeut intensiv mit familiären Dynamiken befasst, die sich in Loyalitätsgefühlen niederschlagen (Pfitzer u. Hargrave 2005). Im komplexen Beziehungsgeschehen zwischen einem Kind und seinen Eltern, Geschwistern und Großeltern entstehen unter anderem Schuldgefühle, nämlich dort, wo Loyalitäten verletzt worden sind. Darum ranken sich weitere Wertvorstellungen, die das Schuldempfinden entweder verstärken oder mildern.

Familiär erworbene Beziehungsmuster können in beruflichen Kontexten unbewusst reinszeniert werden. Das limbische System (Kap. 1.1.5) unterscheidet nicht zwischen beruflicher und privater Sphäre. Bisweilen reicht eine Geste oder eine bestimmte Wortwahl des Vorgesetzten oder eines Kollegen, und man erinnert sich an eine frühere emotional geladene Situation. Unwillkürlich unternimmt man eine persönliche Zeitreise. In diesem Zuge werden frühkindliche Erfahrungen mit einem Elternteil auf aktuelle Vorgesetzte übertragen (Kets de Vries 2006, 2009). Das führt dann zu Verhaltensweisen und Dynamiken, die im beruflichen Alltag auf den ersten Blick unverständlich scheinen und oftmals als Überreaktion etikettiert werden.

Natürlich sind solche Erlebensmuster von der Organisation nicht erwünscht. In ihr soll eine Person »professionell« agieren und das Persönliche außen vorlassen. Wie wenig dies gelingt, zeigt der Alltag. Nach innen wird es verleugnet, nach außen hin vermeintlich nicht gezeigt – und doch ist es wahrnehmbar: ein weiterer Geschäftsführer, der gehen muss, weil er als »Kronprinz« vor dem Vorstand in »Ungnade« fiel. Solche Beschreibungen finden sich vielerorts, mitunter schwappen sie bis in die mediale Berichterstattung. In den Metaphern leuchten die kleinen Dramen auf, die von Projektionen und Übertragungen getränkt sind.

6.4.3 Die makrosozial-organisationskulturelle Ebene

Unbewusste Vorstellungen von Vermächtnis und Verdienst wirken sich nicht nur in familiären Konstellationen aus, sondern auch in Organisationen. Hier vermögen sie über mehrere Jahre die emotionale Kultur (Julmi 2015) zu prägen. Eine neue Führungskraft wird in indirekter Weise mit den Taten ihres Vorgängers zu tun haben – ob sie es will oder nicht.

Führung bedeutet daher auch immer die indirekte und schwer greifbare Konfrontation mit den vorhergehenden Führungspersonen: mit deren Kommunikations- und Führungsstil sowie deren Leistung und Scheitern. In der Regel findet diese Auseinandersetzung nicht bewusst statt. Nicht selten wird sie eher erlitten. Die Führungsperson bekommt häufig kleine stichelnde Andeutungen zu hören wie z. B.: »Der alte Chef war da ganz anders.« Die Welt der Metaphern liefert auch in diesem Kontext sinnlich-präzise Umschreibungen des Geschehens: »Er steht im Schatten seines Vorgängers.« Oder »Er muss in seine Fußstapfen treten.«

Nicht selten kommt einer neuen Führungsperson die Aufgabe zu, die Arbeitsatmosphäre neu zu gestalten bzw. zu schaffen. Dazu gehört das Aufbauen von Vertrauen. Das gilt umso mehr, wenn der Vorgänger in den Mitarbeitenden ein starkes Misstrauen geschürt oder im Gegenteil in einem außerordentlichen Maß deren Vertrauen genossen hat. Was Pfitzer und Hargrave (2005) für den familiären Kontext formulieren, lässt sich auch für den Organisationskontext behaupten (ebd., S. 53): »Vertrauenswürdigkeit entsteht durch eine Balance des Gebens und Nehmens in der Beziehung über einen längeren Zeitraum hinweg [...].«

Ob und inwieweit der Vertrauensaufbau der Führungsperson gelingt, hängt wesentlich von ihren biografisch geprägten emotionalen Mustern ab (Kap. 7.2). Diese persönlichen Muster sind im Kontext familiärer Fühl-Denk-Verhaltensprogramme und Traditionen entstanden und unter Umständen über mehrere Generationen gewachsen. Dadurch entfalten sie ihre Wucht. Sie schlagen sich unmittelbar im Führungsverhalten nieder. Dies wiederum beeinflusst die organisationalen Kommunikationsprozesse.

6.4.4 Kontextüberlagerungen

Die genannten Überlagerungen von Erfahrungen aus verschiedenen Kontexten sind als Verwechslung von Raum, Zeit und Personen zu verstehen. Von einer Kontextüberlagerung lässt sich gemäß Sparrer (2007, S. 89) sprechen, wenn

> »– jemand so agiert, als ob er sich in einer früheren Altersstufe befände [...];
> – jemand eine gegenwärtige Situation so erlebt, als ob er sich in einer vergangenen [...] Situation befände [...];
> – jemand einer Person gegenüber so reagiert, als wäre sie jemand anderes [...]«

Solche Dynamiken sind von emotionalen Ladungen getrieben. Ohne ihre emotionale Wucht wäre eine Kontextüberlagerung nahezu unproblematisch und bliebe wahrscheinlich unbemerkt.

6.5 Changemanagement als emotionaler Prozess

Der erste Blick auf Veränderungsprozesse in Organisationen fixiert häufig die inhaltsbezogenen Anlässe und die planbaren Schritte. Dazu entwirft der Berater ein Design, welches mit Vertretern der Führungsebene rückgekoppelt wird. Erst auf einen zweiten Blick zeigt sich das Vorhaben als emotionales Unterfangen. Allein der Begriff »change« löst bereits bei manchen betroffenen Mitarbeitenden ein gewisses Unbehagen aus. Das Bekannte und Bewährte gerät ins Wanken. Damit kommen Fragen auf, wie z. B. »Was wird mit mir passieren? Werde ich sicher sein? Was werde ich gewinnen, was werde ich verlieren?« Hier melden sich grundlegende Bedürfnisse nach Sicherheit und Orientierung. Sie lösen vielschichtige Reaktionen aus.

Die anstehende Veränderung wird daher mindestens als Verunsicherung, wenn nicht sogar als Bedrohung erlebt. Dies ruft Befürchtungen, Wut, Ohnmacht und Angst auf den Plan. Emotionen, die im Kontext eines Gefühls der Bedrohung aufkommen, gehen unmittelbar mit archaischen Verhaltensreflexen einher: Angreifen, Flüchten, Erstarren bzw. Resignieren. Der Change-Prozess, der die Organisation voranbringen soll, katapultiert die involvierten Personen schnell in die »limbische Zone«. Entsprechend wird »limbisch reagiert«. So ist es nicht verwunderlich, wenn ein Veränderungsvorhaben bei den betroffenen Personen Widerstände auf den Plan ruft. Doppler und Lauterburg (2014) weisen auf die Bedeutung von Emotionen im Change-Kontext hin. In Anlehnung an die beiden Autoren lassen sich mit Blick auf sogenannten Widerstand folgende Punkte festhalten:

1) Veränderungen lösen in jedem Fall Phänomene aus, die allgemein als »Widerstand« bezeichnet werden.
2) Der sogenannte Widerstand kann sich »heiß« oder »kalt« zeigen. In jedem Fall ist er mit Emotionen verknüpft, die ihrerseits auf Bedürfnisse hinweisen.
3) Das Nichtbeachten des Widerstands bedeutet letztlich ein Ignorieren der Bedürfnisse und führt daher zu Blockaden.
4) Es empfiehlt sich, mit dem Widerstand zu arbeiten, anstatt gegen ihn anzugehen. Das bedeutet ein Arbeiten mit Emotionen und Bedürfnissen.

6.5.1 Emotionale Phasen im Veränderungsprozess

Einige Darstellungen von Phasen im organisationalen Veränderungsprozess beziehen sich auf das *Krisenbewältigungsmodell nach Elisabeth Kübler-Ross* (Döring u. Glasl 2005). Kübler-Ross hat es für die Begleitung von Menschen entwickelt, die mit einer schweren Krankheit oder mit ihrem bevorstehenden Ableben konfrontiert sind. Sie nennt verschiedene Phasen:

1) Schock und Verleugnen
2) Erschrecken und Zorn
3) Resignation
4) Allmähliches Akzeptieren
5) Einwilligung

Bei der Übertragung auf den Kontext der Organisation haben verschiedene Autoren diese Phasen ausdifferenziert. Hier ein Beispiel in Anlehnung an Stephan Roth (2000; Tab. 4):

Phase	Emotionale Tendenzen	Hauptmerkmale
1. Vorahnung	Vorahnungen, diffuse ungute Gefühle	Keine offiziellen Informationen über die Veränderung, Gerüchte, Sorgen um die Zukunft
2. Schock	Schreck, Erstarren	Nach offizieller Bekanntgabe: Schock, Einlassen auf Zukunftsszenarien ist unmöglich
3. Abwehr	Ärger, Wut und Zorn	Verzweifelte Suche nach Orientierung und Sicherheit, Suche nach Sündenbock, Schuldvorwürfe
4. Rationale Akzeptanz	Ambivalenz zwischen Einsicht und Ärger	Kognitive Erwägungen zur Veränderung
5. Emotionale Akzeptanz	Niedergeschlagenheit, Resignation, Trauer	Emotionaler Tiefpunkt und Trauerrituale ermöglichen Abschiednehmen
6. Öffnung für Neues	Neugierde, Argwohn	Allmähliche Blickweitung für Neues, kritische Distanz auf Veränderungsziele
7. Integration	Selbstvertrauen, Integrieren schmerzhafter Erfahrungen	Positive und negative Erfahrungen mit Neuem, Lernbereitschaft

Tab. 4: Phasen im Veränderungsprozess (modifiziert nach Roth 2000)

Im Prozessdesign empfiehlt es sich,»Gefäße« für die emotionalen Ladungen der einzelnen Phasen bereitzustellen. Der Change-Kommunikation kommt dabei eine entscheidende Rolle zu (Schaff u. Hojka 2018). Gemäß den oben genannten Phasen lassen sich folgende Handlungsempfehlungen formulieren (Tab. 5):

Phase	Begleitende Maßnahmen
1. Vorahnung	Frühzeitige und eingehende Informationen zum Veränderungsprozess vermitteln; Orientierung geben; Vorbereiten der Führungskräfte zum Umgang mit der emotionalen Dimension
2. Schock	Akzeptanz der aktuellen Stimmungslage; direkte Ansprache der Mitarbeitenden; Gefäße zur Arbeit mit den Emotionen schaffen, z. B. Dialoggruppen; Sichtbarsein und Ansprechbarkeit der Führungskräfte
3. Abwehr	Akzeptanz der aktuellen Stimmungslage; direkte Ansprache der Mitarbeitenden; Gefäße zur Arbeit mit den Emotionen schaffen, insbesondere für Wut; Dialoggruppen; Sicherheit geben; besonders in dieser Phase: Sichtbarsein und Ansprechbarkeit der Führungskräfte, professionelle Moderation
4. Rationale Akzeptanz	Anstatt einseitig die Vorteile der Veränderung darzustellen: ambivalente Gefühle zulassen und Trauerarbeit einleiten
5. Emotionale Akzeptanz	Anhand von Trauerritualen Abschiednehmen ermöglichen; Einzelgespräche mit Führungskräften ermöglichen
6. Öffnung für Neues	Partizipative Maßnahmen, z. B. Großgruppenmoderation
7. Integration	Abschlussveranstaltung und Dialoggruppen; Rückblick auf die vollbrachten Schritte: Würdigen der Anstrengungen; Konsolidieren und Ruhe bringen (statt weitere Veränderungen zu starten)

Tab. 5: Phasenbezogene Maßnahmen

In erster Linie geht es um ein Wahrnehmen und Akzeptieren der Emotionen. Hierzu sind die Führungskräfte einzubeziehen. Es reicht keinesfalls, wenn allein der Berater die Systemteilnehmenden in ihrem Befinden akzeptiert. Denn es braucht das Signal aus der Leitungsebene, welches ausdrückt: »Hallo Mitarbeitende, wir sehen euch!« Die Führungskraft teilt den Mitarbeitenden mit, dass es ganz natürlich ist, emotional zu reagieren. Sie gibt möglichen Gefühlen die Erlaubnis, da sein zu dürfen.

Praxis: Emotionen im Veränderungsprozess konstruktiv einbeziehen (nach Grossmann, Bauer u. Scala 2015)

1. *»Gefühle zum Denken nutzen«* (ebd., S. 42): den Gefühlen einen Platz geben. Mit ihnen kann das Wahrnehmen von Problematiken geschärft und zukünftig Relevantes identifiziert werden.

2. *Den Gefühlen Aufmerksamkeit schenken:* Gerade stark betroffene Personen gilt es in ihrem Befinden wahrzunehmen und nichts schönzureden. Es lassen sich besondere Veranstaltungen planen, in denen die Betroffenen ihre Sorgen und Nöte mitteilen. Die Führungspersonen hören zu und gehen darauf ein.

3. *Übergangsrituale schaffen:* Darin kann das Alte verabschiedet und das Neue begrüßt werden. Hier wäre ein Rahmen, in welchem der bisherige Weg Würdigung erfährt und gegebenenfalls auch betrauert werden kann. Gefühle und emotionale Ladungen lassen dadurch besser verarbeiten.

Mit Blick auf diese drei Arbeitsfelder kann der Berater Interventionen entwerfen, welche in einem kulturell verträglichen Maß das Arbeiten auf der »limbischen Ebene« ermöglichen. Dies sollte mit einer guten Portion Kontextsensibilität auf die Teilnehmenden abgestimmt sein.

Praxisszenarien

- In kleinen Gruppen ist z. B. eine anonyme Kartenabfrage inklusive Alter-Ego-Kommentare möglich (Kap. 6.3.1).
- In einer größeren Gruppe ließe sich mit Geschichten oder Abschiedsritualen arbeiten (Kap. 6.3.3).
- Mit einem Großgruppenformat kann das gesamte System in einen Raum gebracht werden. Anhand einer Zukunftswerkstatt lässt sich das bisher Erreichte aus der Vergangenheit würdigen und das Zukünftige mit seinen Grenzen und Möglichkeiten konturieren.

6.5.2 Vertrauensbildung

Im Dialog mit der Führungsebene sollte der Berater bezüglich des Veränderungsprozesses Maßnahmen entwickeln und umsetzen, die für Vertrauen, Akzeptanz und klare Kommunikation sorgen. Dazu schlagen Döring und Glasl (2005, S. 212 ff.) folgende Interventionen vor:

- Vertrauensbildende Maßnahmen
- Offene Kommunikation auf formaler und informeller Ebene
- Entwickeln einer fehlerfreundlichen Kultur
- Balancierendes Voranschreiten

Vertrauensbildende Maßnahmen
Soweit es möglich ist, gibt die obere Führungsebene Übersicht und Orientierung hinsichtlich der langfristigen Ziele und der einzelnen Schritte. Zu diesen Schritten werden Meilensteine formuliert, an denen das Vorankommen sichtbar wird. Damit erhalten die Betroffenen die Möglichkeit zu einem Überblick sowie zur Kontrolle im Sinne der Fragen: »Haben wir erreicht, was wir erreichen wollten? Hat die Leitungsebene Wort gehalten?« Günstigenfalls lassen sich begleitende Meilensteinveranstaltungen einrichten, in denen Führungskräfte und Mitarbeitende in einen Dialog treten.

Offene Kommunikation auf formaler und informeller Ebene
Die Informationen über den Veränderungsprozess werden möglichst auf verschiedenen Bahnen übermittelt. Was an Information soll wann, wo und mit welchen Medien vermittelt werden? Es ist davon abzuraten, Mitteilungen ausschließlich über E-Mail, Video und andere digitale Wege zu verbreiten. Viel geeigneter ist die persönliche Begegnung. Zu diesem Zweck lassen sich Großgruppenveranstaltungen, Teambesprechungen oder Dialoggruppen einrichten.

Die Gründe zur geplanten Veränderung werden so klar wie möglich dargestellt. Transparenz hinsichtlich Erwartungen, weiterer Schritte und zukünftiger Anforderungen ist in der Regel hilfreich, um Orientierung zu geben. Je schwerwiegender eine Botschaft ist, desto empfehlenswerter ist der persönliche Dialog zwischen Führungskräften und Mitarbeitenden. Am besten ist es, die Personen körperlich-real in einen Raum zu bringen (was in Zeiten betriebsinterner Social-Media-Netzwerke und Skype-Übertragungen keine Selbstverständlichkeit mehr ist). Hier kann die Reibung ausgetragen werden und Resonanz entstehen.

Entwickeln einer fehlerfreundlichen Kultur
Um zu lernen, müssen Menschen Fehler machen. Dies gilt umso mehr in größeren Veränderungsprozessen, die von den System-

teilnehmenden neues Denken und Verhalten fordern. Im optimalen Fall zeigen sich die Führungskräfte selbst als Lernende, denen ebenso Fehler unterlaufen. Ihnen kommt hier im besonderen Maße eine Vorbildfunktion zu. Wichtig ist, dass sie sich erkennbar zeigen. Wenn Mitarbeitende sehen, dass es dem Vorgesetzten ähnlich ergeht wie ihnen, werden sie weniger Sanktionen befürchten. Wenn sie von der Leitung Nachsicht erfahren, bewirkt es ein tieferes Einlassen auf die Veränderung.

Balancierendes Voranschreiten
Bei großen organisationalen Umstrukturierungen dürfen die Mitarbeitenden nicht mit einem Übermaß an Unsicherheit überfrachtet werden. Dies führt häufig in einen paralysierenden Zustand. Stattdessen ist eine Balance zwischen inneren und äußeren Sicherheiten und Unsicherheiten herzustellen. Zur Illustration liefern Döring und Glasl einen Vergleich (ebd., S. 213):

> »Als Metapher [...] weisen wir auf das Gehen eines Menschen hin: Während der linke Fuß fest auf der Erde steht, kann der rechte Fuß angehoben und in der Luft vorwärtsbewegt werden, bis er aufsetzt. Jetzt stützt der rechte Fuß, und der linke kann angehoben und nach vorne bewegt werden. Fortschreiten – und damit Fortschritt – ist möglich, wenn im ständigen Wechsel ein Bein Stütze geben kann, während sich das andere dem Risiko in der Luft aussetzt.«

Demnach sollten in einem Veränderungsprozess die einzelnen Maßnahmen so aufeinander abgestimmt sein, dass die Unsicherheit nicht gleichzeitig auf der inneren wie auch auf der äußeren Ebene gegeben ist. Um in der Metapher zu bleiben: Bei allem Wandel braucht es eine gute Bodenhaftung.

Beispiel: Balancierendes Voranschreiten

Ein internationaler Konzern führt Formen agilen Managements ein. In diesem Kontext kommt den Führungskräften und Teamleitungen eine neue Rolle zu: Sie sollen künftig als Coach für ihre Mitarbeitenden agieren.

Der strukturelle Umbau sowie die neuen Rollenanforderungen verursachen bei den Betroffenen ein hohes Maß an Verunsicherung. Es entsteht sogar Angst um den eigenen Arbeitsplatz. Die obere Führungsebene führt Dialoggespräche mit den betroffenen Führungskräften.

Darauf aufbauend plant sie die nächsten Maßnahmen. Dabei wird ein besonderes Augenmerk auf die Auswirkungen hinsichtlich Sicherheits- und Unsicherheitserleben gelegt (Tab. 6).

Maßnahmen		Innere versus äußere Sicherheit / Unsicherheit
1a	Arbeitsplatz, Vergütung und eigenes Büro sind garantiert	Äußere Sicherheit
1b	Erarbeiten eines neuen Führungsverständnisses	Innere Unsicherheit
2a	Neues Führungsverständnis ist geklärt und wird unternehmensintern akzeptiert	Innere Sicherheit
2b	Inhouse-Training für Coachingkompetenzen läuft an	Äußere Unsicherheit
3a	Rahmen für Coachinggespräche ist definiert und kommuniziert	Äußere Sicherheit
3b	Führungskräfte sammeln in ihrer Coachrolle mit ihren Teams und einzelnen Mitarbeitenden erste Erfahrungen	Innere Unsicherheit
4	Weitere Maßnahmen	...

Tab. 6: Balance zwischen Sicherheit und Unsicherheit (modifiziert nach Döring u. Glasl 2005)

Die soziale Realität der Organisation wird in einer Vielzahl einzelner Interaktionen konstruiert. Dies ist das Feld, in welchem der Berater agiert. Wirkung wird nur dann entfaltet, wenn sich die Interaktionen der betroffenen Akteure in Bezug auf das erwünschte organisationale Ziel hin verändern. Auf diesem Feld findet der eigentliche Change-Prozess statt, nämlich als Veränderung im Fühlen, Denken und Verhalten der Mitarbeitenden und der Führungspersonen. Dies bildet sich im täglichen Miteinander ab. Findet diese Dimension zu wenig Beachtung, führt das dazu, dass sogenannte Change-Prozesse ins Stocken geraten oder sogar im Sand verlaufen. Daran ändern auch große Zukunftsvisionen nichts. Solange Menschen mit ihren Bedürfnissen sowie ihren alltäglichen affektlogischen Mustern keine wirkliche Beachtung finden, wird eine Veränderung nur mühsam, stockend und eingeschränkt stattfinden – von Nachhaltigkeit ganz zu schweigen.

Changemanagement – doch nur »mehr vom selben«?
Im real existierenden Organisationsalltag stellen die raffiniertesten Pläne und Modelle zu einem Changemanagement-Vorhaben häufig nur »mehr vom selben« auf kognitiver Ebene dar (Kühl 2015, S. 48):
»Man trennt sich nicht von Vorstellungen der Steuerbarkeit, sondern entwickelt elaboriertere Formen der Steuerung: noch kürzere Feedbackschleifen und Regelkreise, noch feinere Sensorien und flexiblere Steuerungszentralen [...]«
Solch ein Vorgehen im Changemanagement wird weniger zu einem tatsächlichen und nachhaltigen Wandel führen, als es nach außen hin propagiert wird. Ihm wohnt der Charakter einer Lösung erster Ordnung inne: neue Prozesse, neue Strukturen, neue Zuständigkeiten, neue bis in den Mikrobereich gehende Formen von Kontrolle. Allerdings wäre »etwas anderes« dringend nötig: die Arbeit auf der Ebene emotional geprägter Interaktionen und bisheriger mentaler Modelle. Das Einbeziehen dieser Ebenen führt mit guter Wahrscheinlichkeit zu Lösungen zweiter Ordnung.

Ein Wandel, der die Bezeichnung verdient, kann nicht als Topdown-Prozess vonstattengehen. Er benötigt die Auseinandersetzung mit Emotionen als Lebenselixier. Er braucht den Dialog der Akteure über die Hierarchieebenen hinweg. Eine Veränderung mentaler und emotionaler Muster ist im Kontext der Organisation nur über Laborsituationen möglich, in denen ganz konkret neue Formen der Interaktion erprobt werden. Dabei ist die Qualität des gegenseitigen Zuhörens entscheidend (Kahane 2004). Mit Dialog ist hier eine wirkliche Begegnung im Gespräch gemeint – und nicht der Monolog eines Vorstandsvorsitzenden oder Geschäftsführers von der Podiumsbühne herab.

Im Kontext von Changemanagement wird häufig formuliert, dass »man aus Betroffenen Beteiligte machen müsse«. Das mag gut gemeint sein, geht aber unter Umständen an den Bedürfnissen der Betroffenen vorbei. Vielleicht sollte man die Betroffenen fragen, ob sie überhaupt »zu Beteiligten gemacht werden« wollen. Denn das klingt weniger nach einem respektvollen Eingehen auf autonome Wesen, sondern eher nach einer direktiven Verordnung von oben. Die vermeintlich Beteiligten wären dann unter Umständen emotional sehr betroffen. Daher ist eher zu empfehlen, Formen des Dialogs einzuführen, in welchen persönliche Begegnung stattfinden kann, um über Bedürfnisse und ausgelöste Emotionen zu sprechen. Dann lässt sich verhandeln, ob und inwieweit die Betroffenen im Kontext des Veränderungsprozesses tatsächlich Beteiligte sein wollen.

6.5.3 Restriktionen

Wo es den Akteuren im Geschäftsalltag gelingt, Bewegung in ihre Interaktionen und gemeinsamen Affektlogiken zu bringen, gelingt der Veränderungsprozess. Dies geschieht jedoch nur bis zu einer bestimmten Grenze. Diese Grenze ist mit den mentalen Modellen der Führungsperson gegeben: Wenn diese als Initiator der Veränderung nicht bereit ist, sich in den persönlichen Selbstverständnissen zu hinterfragen und zu verändern, kommt der Prozess hier zum Erliegen. Das wirksame Handelns des Organisationsberaters reicht nur bis zu den bestehenden Fühl-Denk-Verhaltensmustern der jeweiligen Führungsperson, welche den Berater beauftragt hat. Der vielerorts gepriesene »kulturelle Wandel« kommt zum Erliegen, wenn die ranghöchsten Sinnstifter nicht bereit sind, ihre eigenen mentalen Modelle loszulassen. Dann bleibt es bei halbherzigen Ankündigungen, die lediglich auf einen Imagegewinn oder Marketingeffekt schielen.

Es dient der organisationalen Veränderung, wenn Führungspersonen den Change-Prozess im wahrsten Sinne des Wortes »persönlich nehmen«, im Sinne eines Anlasses zur persönlichen Entwicklung. Dies ist ein hochgradig emotionales Unterfangen. Denn es bedeutet auch, sich den eigenen Gefühlen zu stellen und sich auf die Emotionen der betroffenen Mitarbeitenden einzulassen.

Daher ist zu empfehlen, dass ein groß angelegter Veränderungsprozess in einer Organisation Coaching für Führungspersonen vorsieht. Veränderung findet durch Selbstveränderung statt (Arnold 2011).

7 Die emotionale Dimension von Führung

In der Regel bringen Führungspersonen die fachlichen Kompetenzen mit, die sie zum Ausüben ihres Berufs brauchen. Doch das reicht nicht aus, um eine Führungsrolle wirkungsvoll auszufüllen. Vielmehr zeigt sich, »dass über Erfolg und Misserfolg von Führungskräften [...] nicht die Fachkompetenz, sondern die Fähigkeit zur Selbstreflexion und Selbststeuerung – also ganz wesentlich die Fähigkeit zum Umgang mit den eigenen Emotionen – entscheidet« (Krone 2013, S. 165).

7.1 Ausloten von Spannungsfeldern

Tagtäglich stehen Führungspersonen vor vielfältigen Herausforderungen. Sie organisieren und managen Arbeitsprozesse, treffen strategische Entscheidungen, sorgen für ein produktives Miteinander und bringen Veränderungsprozesse voran. Es ließen sich zahlreiche weitere Aufgaben nennen. In Zeiten zunehmender Komplexität, nicht vorhersehbarer Ereignisse und vielfacher gesellschaftlicher Umwälzungen scheint die Selbstkompetenz von Führungspersonen stärker denn je gefordert zu sein. Nicht selten gerät die Führungstätigkeit zu einem emotionalen Drahtseilakt.

Praxis: Fragen zu den Spannungsfeldern von Führungstätigkeit
- Wenn Sie auf ihre Führungstätigkeit schauen, welches der folgenden Spannungsfelder spricht Sie unmittelbar an?
  - Steuern versus Selbstorganisation
  - Taktik versus Authentizität
  - Partnerschaft versus Chefposition
  - Anerkennung versus Kritik
  - Vision versus operative Nähe
- Welche Gedanken kommen Ihnen dazu in den Sinn?
- Womöglich tauchen Emotionen auf?
- Vielleicht finden Sie eine Metapher oder einen Vergleich, der oder die beschreibt, wie es Ihnen in diesem Spannungsfeld ergeht?
- Was wäre eine erwünschte Entwicklung?

Die Begleitung von Führungskräften im Kontext von Coaching und Organisationsberatung erzielt eine höhere und nachhaltigere Wirkung, wenn sie die emotionale Dimension einbezieht. Dazu kann es nützlich sein, Spannungsfelder (Kannicht u. Schmid 2015, S. 65 ff.) auszuloten.

7.2 Führungsstil und persönliche Muster

Die Führungskraft übernimmt als Person verschiedene Funktionen in der Organisation. Darüber hinaus bringt sie auch ihre Biografie inklusive eingeschliffener Fühl-Denk-Verhaltensmuster mit. Diese wirken sich unmittelbar auf die Interaktionen aus, welche notwendig sind, um die berufliche Rolle mit Leben zu füllen. Das Thema Selbsterkenntnis für Führungspersonen wird mittlerweile als hoch relevant eingeschätzt (Fröse, Kaudela-Baum u. Dievernich 2015).

Der Führungsstil hat erheblichen Einfluss auf die Zusammenarbeit sowie auf das soziale Klima der Organisation. Die Sozialpsychologie liefert dazu eindeutige Hinweise (Stützle-Hebel u. Antons

---

Praxis: Fragen des Coachs an die Führungskraft zum Bewusstwerden des eigenen Führungsstils

Zu welchem Kommunikationsstil neigen Sie als Führungsperson in herausfordernden Situationen:
- Eher versachlichend, einen Konflikt herunterspielend?
- Eher beschwichtigend und harmoniebedürftig?
- Eher aufbrausend und anklagend?
- Oder eher ablenkend, scherzend?
- Inwieweit sind Sie bereit, sich auf Feedback Ihrer Mitarbeitenden wirklich einzulassen? – In welchen Kontakten geht Ihnen Feedback eher auf die Nerven? Welche emotionalen Anteile werden dann in Ihnen präsent?
- Was vermuten Sie, wie ihre Mitarbeitenden Sie als Führungskraft sehen? Welche Ihrer emotionalen Anteile können jene wohl in erster Linie an Ihnen beobachten?
- Was vermuten Sie, wie Sie von Ihren Vorgesetzten gesehen werden? Welche Ihrer emotionalen Seiten zeigen Sie ihnen eher? Welche vermeiden Sie zu zeigen?

2017). Der Führungsstil ist geprägt von den emotionalen Mustern der Führungsperson (Kets de Vries 2006). Seine Wirkung entfaltet er über den direkten Kontakt hinaus. Gerade aufbrausendes Chefverhalten brennt sich in die kollektive Affektlogik ein. So muss die Führungsperson keinesfalls körperlich anwesend sein, um Arbeits- und Kommunikationsprozesse zu beeinflussen oder zu behindern. Der Führungsstil trägt erheblich dazu bei, dass ein einladendes oder aber einengendes Klima entsteht (Julmi 2015).

7.3 Egothematik

Das Innehaben einer Führungsposition kann mitunter zu Allmachtsfantasien oder zur Icherhöhung einladen (Kets de Vries 2009). Der betriebliche Alltag zeigt jedoch jedem Einzelnen seine Grenzen auf. Erfahrungen von Frustration und Scheitern gehören zum Ausüben von Führung dazu. Allerdings werden sie weniger beachtet, bisweilen sogar geleugnet. Sie passen anscheinend nicht in die »Egopolitur« der gegenwärtigen Leistungsgesellschaft. Dies mag darin begründet liegen, dass sie mit negativen Emotionen verknüpft und vielerorts als Schwäche gedeutet werden. Die Furcht vor einem vermeintlichen Gesichtsverlust führt nicht selten in den schweigenden Rückzug oder zu einem Stillhalten. Organisationale Kulturen halten in der Regel keinen Umgang mit Gefühlen wie Niedergeschlagenheit oder Verletztheit vor.

Nichtsdestoweniger bieten Frustrationserlebnisse eine gute Möglichkeit zur Auseinandersetzung mit den eigenen Grenzen. Und mehr noch: Als zutiefst menschliche Erfahrung weisen sie auf persönliche Einstellungen hin, die dem Kontakt mit der Umwelt im Weg stehen, als da z. B. wären Eigendünkel oder Überheblichkeit.

Loslassen vom Ego
Vielleicht sind Führungskräfte, die eine Vielzahl an Mitarbeitenden führen und die Organisation lenken sollen, im besonderen Maß aufgefordert, sich auf den Weg zur emotionalen Selbsterkenntnis zu machen. Manches Mal ist es erforderlich, einen kleinen Tod zu sterben – wenn man vom eigenen Ego oder von eingeschliffenen Gewissheiten loslässt.

»Die indoeuropäische Wurzel des englischen Wortes *leadership* ist *leith*, was ›weitergehen‹, ›eine Schwelle überschreiten‹ oder ›sterben‹ bedeutet. Etwas loszulassen fühlt sich häufig wie sterben an. Dieser tiefe Prozess der Führung, des Loslassens des Alten und Kommenlassens des Neuen und Unbekannten, des Sterbens und Wiedergeborenwerdens hat sich im Laufe der Menschheitsgeschichte vermutlich nicht wesentlich verändert.« (Scharmer u. Käufer 2014, S. 135).

Vor diesem Hintergrund lässt sich mit Führungskräften, die dazu bereit sind, auf der Grundlage folgender Fragen arbeiten.

Praxis: Fragen des Coachs an die Führungskraft

- Wann und wo geraten Sie mit Ihrem gewohnten Führungsverhalten an eine Grenze? Wie gehen Sie dann mit sich um? Wie reagieren Sie dann auf Ihre Mitarbeitenden?
- Wenn Sie Ihre eigene Meinung um jeden Preis durchsetzen wollen: Zu wem werden Sie dann?
- In welchen Kontexten geraten Ihre eigenen Ansprüche eher zu einer Erschwernis?
- In welchen Situationen tauchen in Ihnen Befürchtungen auf? Inwieweit haben Sie einen Umgang damit?

Die folgenden Fragen bewegen sich in eine existenzielle Richtung. Sie nehmen die Gesamtpersönlichkeit noch stärker in den Fokus:

- Was ist Ihre größte Sehnsucht?
- Was ist Ihre größte Befürchtung?
- Was löst der Umstand Ihrer eigenen Endlichkeit bei Ihnen aus?
- Für welche Art von Welt wollen Sie Beiträge leisten?
- Was bereitet Ihnen in Ihrem Leben Sinn?

Führungspersonen, die an ihrer Selbstveränderung arbeiten, unterstützen auf diese Weise organisationale Veränderungsprozesse (Arnold 2011). Denn Veränderungen im Außen kommen häufig zum Erliegen, wenn auf der inneren Erlebensebene der beteiligten Personen alles beim Alten bleibt. Das »*mindset*« (Haltung, Denkweise, Mentalität) der Führungskraft stellt häufig die Grenze für den Wandel dar (Kap. 6.5.3). Organisations- und Persönlichkeitsentwicklung können als zwei Seiten derselben Münze gesehen werden.

7.4 Stimmige Führung aus dem Selbst

Im Selbst (Kap. 3.3) sind all jene Ressourcen gespeichert, die ein Mensch im Laufe seines Lebens hat sammeln können. Der Zugang zu ihnen erhöht die Selbstsicherheit. Alltägliche Redewendungen wie »gut bei sich selbst sein« weisen auf die positiven Auswirkungen des Selbstkontakts hin. Ist dieser eingeschränkt oder im Moment nicht vorhanden, heißt es daher auch: »Ich bin nicht mehr ich selbst.«

Hat eine Führungsperson einen guten Zugang zu ihrem Selbst, gelingt es ihr besser, in komplexen Situationen intuitiv und angemessen zu handeln. Selbstführung (Laloux 2015) trägt dazu bei, den Überblick zu behalten und Gelassenheit zu bewahren. Die Führungsperson handelt in einem höheren Maß in Deckungsgleichheit mit sich selbst.

Elemente zum Aufbau einer Steuerungsposition
Mit Blick auf die vorhergehenden Kapitel können verschiedene Aspekte zusammengebracht werden, um eine sichere Steuerungsposition aufzubauen. Dazu lädt der Coach die Führungsperson ein, mit sich selbst »Limbisch zu sprechen« (Kap. 5.2). Es leistet auch in diesem Zusammenhang gute Dienste.

Praxis: Aufbau einer Steuerposition

1. Somatische Zentrierung:
Zunächst bringt eine somatische Zentrierung Ruhe in den Körper. Die Aufmerksamkeit wird für einige Minuten z. B. auf die Wirbelsäule, Bewegungen des Atems, den Unterbauch oder den Solar plexus gelenkt.

2. Imaginationen:
In diesem angenehmen Zustand wird dann ein sicherer Ort bzw. eine Position imaginiert, welche ein Empfinden von »den Überblick haben« vermittelt. Das innere Erleben während der Imagination sollte mit Gefühlen von Sicherheit und Akzeptanz einhergehen. Wäre dies nicht der Fall, bräuchte es andere innere Bilder. Gegebenenfalls können sich in der Vorstellung noch unterstützende Figuren hinzugesellen (Kap. 5.4). Alles dient dazu, den sicheren Ort des Wohlergehens möglichst eindrücklich präsent werden zu lassen.

---

3. *Körperkoordination:*
Den Imaginationen folgend oder parallel zu ihnen lassen sich passende Gesten und Körperbewegungen finden (vgl. Schritt 2: Intentionsbildung der »Fünf Schritte im generativen Coaching« in Kap. 5.3).

4. *Begegnung mit Herausforderungen:*
Im Kontakt mit dem inneren Ort kann eine herausfordernde Situation, ein unangenehmes Gefühl oder ein Anteil wie z. B. ein innerer Antreiber betrachtet werden. Einerseits bedarf dies eines akzeptierenden Kontakts zu ihnen, andererseits eines gesunden Abstands. Letzterer kann ebenfalls imaginiert werden. Sollte es sich als hilfreich erweisen, ist es weiterhin möglich, sich eine Art Schutzhülle oder einen Bannkreis vorzustellen.

Diese Position ist auch für die Bewältigung alltäglicher Anforderungen nützlich: gerade wenn eine Vielzahl an Aufgaben und Anfragen auf die Führungskraft einprasseln. Von dem sicheren Ort aus lässt sich Übersicht bewahren. Die Bedürfnisse der anderen Akteure wie auch die eigenen bleiben im Blick.

Aufgaben, die im Außen zu erledigen sind, lassen sich immer wieder mit Rückmeldungen aus dem eigenen Organismus koppeln:

- Wenn ich von meinem inneren sicheren Ort aus auf die Situation oder auf mein Handeln schaue, was sagt mir mein Körper dazu?
- Woran merke ich, dass es gut ist?
- Welche inneren Kräfte erlebe ich als besonders unterstützend?
- Was dient meiner intuitiven Wahrnehmung?

Auf diese Weise können Arbeitsbeziehungen zu Kollegen und Mitarbeitenden betrachtet werden. Mögliche Konflikte lassen sich mit der inneren Steuerungsposition leichter angehen.

7.5 Emotionaler Stil

Der emotionale Stil einer Person prägt ihr Führungsverhalten. Er ist sehr eng mit der eigenen Biografie verknüpft und tief in den synaptischen Verbindungen verankert. Es ist möglich, ihn punktuell zu verändern – obgleich dies einigen Aufwands bedarf. Keineswegs geschieht es über normative Aufforderungen. Dieser Aspekt wird in der Formulierung von Führungsleitbildern oftmals komplett übersehen. Zwar ist es wichtig, Normen für das Führungsverhalten zu definieren. Doch davon auszugehen, dass sich die betroffenen Akteure ab sofort bis in alle Ewigkeit an diese halten werden, ist geradezu naiv. Es widerspricht komplett dem Stand der neurowissenschaftlichen Forschung (Roth 2007). Eher selten formuliert eine Führungskraft explizit als ihr Coachinganliegen, den eigenen emotionalen Stil ändern zu wollen. Indirekte Hinweise finden sich häufiger:»Ich muss anders mit meinen Leuten umgehen.« oder »So geht es nicht weiter – aber ich stecke so sehr in meiner Haut.« Knapp formuliert: Der Kunde will einen besseren Job machen und registriert, dass dies mit seinen Fühl-Denk-Verhaltensmustern zu tun hat.

Dimensionen des emotionalen Stils

Den Begriff »emotionaler Stil« hat der US-Amerikaner Richard Davidson geprägt. Er gilt als einer der renommiertesten Hirnforscher. Davidson verbindet seine jahrzehntelange neurowissenschaftliche Forschung zu Emotionen mit Untersuchungen zur Persönlichkeitspsychologie. Er kommt zu der Schlussfolgerung, dass es keine feststehenden Eigenschaftstypen gibt. Vielmehr entsteht die Persönlichkeit aus dem Zusammenwirken verschiedener emotionaler Stildimensionen. Jeder Mensch findet im Laufe seines Lebens einen einzigartigen emotionalen Stil.

Davidson nennt *sechs Stildimensionen* (Davidson u. Begley 2012):

- *Resilienz:* Wie gehe ich mit Rückschlägen um? Wie schnell regeneriere ich mich? Hänge ich noch lange trübseligen Gedanken nach, oder komme ich relativ zügig wieder auf die Beine?
- *Grundeinstellung:* Neige ich eher zu einer positiven oder negativen Sicht auf die Welt und mein Leben? Inwieweit bewahre ich meine Zuversicht, auch wenn sich die Dinge nicht in meinem Sinn entwickeln?
- *Soziale Intuition:* Wie weit bin ich empfänglich für das Befinden meiner Mitmenschen? Wie gut erkenne ich an der Stimmlage und anhand von Körpersignalen, wie es meinem Gegenüber geht?
- *Selbstwahrnehmung:* Wie gut nehme ich meine eigenen Gedanken und Gefühle wahr? Habe ich ein gutes Körperempfinden? Habe ich einen guten Zugang zu mir selbst? Nehme ich meine gefühlsmäßigen Stimmungen wahr?

- *Kontextsensibilität:* Inwieweit spüre ich, was in einer Situation ein angemessenes Verhalten ist? Habe ich ein gutes Gespür für das, was sich in meinem direkten Umfeld abspielt?
- *Aufmerksamkeit:* Lasse ich mich leicht ablenken, oder bleibe ich trotz Ablenkungen konzentriert bei einer Sache? Schwirren mir immer wieder tausend Gedanken durch den Kopf? Wie gut kann ich mich fokussieren?

Es ist möglich, Ausschnitte dieser Dimensionen zu betrachten und an ihnen zu arbeiten. Ein wichtiges Element für diese Arbeit bildet

---

Praxis: Verändern einzelner Muster des emotionalen Stils

1. Im Dialog zwischen Kunde und Coach wird eine der sechs Stildimensionen festgelegt, die für die persönliche Entwicklung des Kunden relevant ist.

2. Im nächsten Schritt wird innerhalb der ausgewählten Stildimension ein konkretes Fühl-Denk-Verhaltensmuster identifiziert, welches der Kunde als emotional schwierig erachtet.

3. Der Coach bittet den Kunden, sein identifiziertes Muster konkret zu erinnern. Auf der inneren Vorstellungsebene lässt es sich im Detail betrachten: Was genau passiert auf der emotionalen Ebene? Welche Gedanken kommen auf? Welches Verhalten geht damit einher? Während der Kunde die Details mit dem inneren Auge betrachtet, leitet der Coach ihn an, das begleitende Atemmuster zu verändern: Der Kunde möge tiefer und gleichmäßiger atmen. Gleichzeitig hält er Kontakt zu seinen inneren Vorstellungen.

4. Nach drei bis vier Minuten lädt der Coach den Coachee ein, das Atemmuster in einem weiteren Aspekt zu verändern, während er nach wie vor sein inneres Erleben anschaut: Zusätzlich zur Vertiefung verlangsamt er den Atemrhythmus, und zwar in einem für ihn angenehmen Maß.

5. Nach weiteren drei bis vier Minuten bittet der Coach seinen Kunden um eine zusätzliche minimale Veränderung des Atemmusters: Zwischen dem Ein- und Ausatmen möge der Kunde eine kleine Pause einlegen. Auch dies wird wieder drei bis vier Minuten praktiziert.

Diese fünf Schritte bittet der Coach seinen Kunden regelmäßig, wenn möglich sogar täglich zu trainieren. Die Atemübung kann auch gesondert praktiziert werden. Die emotionale Reaktion auf bestimmte Anlässe lässt sich dadurch relativieren. Schritt für Schritt kann der eigene emotionale Stil verändert werden – wenn auch in den Grenzen des Möglichen.

---

das Achtsamkeitstraining. Davidson bezieht sich auf das Konzept nach Jon Kabat-Zinn (2011), welches er in Forschungsprojekten untersucht hat.

Stark vereinfacht lässt sich eine Variante der Arbeit am emotionalem Stil für den Coachingkontext wie oben im Kasten skizzieren.

7.6 Zentrales Beziehungskonfliktthema

Der Niederländer Manfred Kets de Vries gilt als einer der weltweit einflussreichsten Denker im Bereich von Führungskräfteentwicklung. Seit über 30 Jahren begleitet er Führungspersonen in ihren persönlichen und organisationalen Veränderungsprozessen. In diesem

---

Praxis: Erfassen des zentralen Beziehungskonfliktthemas (nach Kets de Vries 2009)

Eine Führungsperson schildert dem Coach ihre fortwährenden Konflikte und die Probleme, die daraus für sie entstehen. Sie beauftragt den Coach, sie bei der Erhellung ihrer konfliktuellen Muster zu unterstützen. Neben den Coachingsitzungen, in denen im Dialog konkrete Konfliktsituationen beleuchtet werden, schlägt der Coach folgendes Vorgehen vor:

Über einen längeren Zeitraum möge sich die Führungskraft immer wieder Zeitfenster zur Selbstbesinnung nehmen. Für diese Phasen sucht sie sich mindestens fünf bis sieben Episoden intensiver Beziehungserfahrungen, die für sie mit unangenehmen oder schmerzhaften Gefühlen verknüpft gewesen sind. Jede einzelne Episode wird wiederholt eingehend betrachtet und hinsichtlich der emotionalen Reaktionen erkundet. Folgende Leitfragen unterstützen diese Erforschung:

- Was ist mein Wunsch an die andere Person gewesen?
- Welche Reaktion habe ich erwartet, vielleicht auch im schlimmsten Fall befürchtet?
- Was ist meine Reaktion auf die Reaktion des Gegenübers gewesen?

Entlang dieser Fragen macht sich der Kunde ausführliche Notizen. Dies soll die Wahrnehmung emotionaler Details schärfen. Wiederkehrende Reaktionen gewinnen an Kontur. Aus dem Vergleich der emotionalen Reaktionen lässt sich im Laufe der Zeit ein zentrales Muster identifizieren. Auf der Basis solcher Selbsterkenntnis ist es einfacher, einen konstruktiven Umgang mit jenem Muster zu entwickeln.

Kontext hat er das von ihm so bezeichnete »klinische Paradigma« eingeführt, welches aus einer tiefenpsychologischen Perspektive auf die Führungsperson und ihre Wirkung im Umfeld schaut. In seiner Arbeit nutzt er das klinische Paradigma jenseits von Therapie. Er bietet Führungskräften an, sich auf eine Spurensuche nach eigenen typischen emotionalen Mustern zu begeben. Kets de Vries postuliert, dass alle Menschen das Produkt ihrer Vergangenheit sind. Darin spielt die eigene Kindheit eine ausschlaggebende Rolle. Während früher Lebensphasen prägen wir individuelle Beziehungsmuster aus, so auch unseren Umgang mit Konflikten. Das zentrale Beziehungskonfliktthema rührt aus der eigenen Kindheit her. Auf der unbewussten Ebene kreieren erwachsene Menschen in ihrem Privat- und Berufsleben Situationen, in denen sie alte, schmerzhafte Gefühle erneut erleben.

Unbewusstes Konstellieren
Jede neue Position im Berufsleben ruft alte Fühl-Denk-Verhaltensmuster auf den Plan. Viele dieser Muster sind hilfreich. Einige erscheinen eher problemhaft. Bisweilen können sie konfrontierend sein. Doch Gefühle und emotionale Stimmungen weisen immer auf Entwicklungsmöglichkeiten hin. Mit ihnen bietet sich die Chance, eigene Muster zu erkennen und zu transformieren. Häufig wird diese Lernmöglichkeit aber nicht wahrgenommen.

Das Unbewusste trägt dazu bei, dass sich eine Person in eine bestimmte Konstellation manövriert, in der sie alten Gefühlen begegnen kann (Kets de Vries 2009). Das psychische System des Menschen scheint darauf angelegt, unerlöste Gefühle wieder auftauchen zu lassen, damit sie verändert werden können.

> **Beispiel: Bewusstwerden emotionaler Muster**
> Eine Führungskraft übernimmt eine neue Stelle. Auch zwei Monate nach ihrem Start bekommt sie keinen wirklichen Kontakt zu ihren Mitarbeitenden. Sie kann sich keinen Reim darauf machen. Allmählich empfindet die Führungsperson darüber Ärger und Enttäuschung. Immer wieder fühlt sich alleingelassen. Auf ihre Mitarbeitenden reagiert sie nunmehr kühl und schottet sich von ihnen ab. Bereits kleinen Auseinandersetzungen geht sie aus dem Weg. All dies verstärkt ihr Gefühl von Isoliertheit.

Nach weiteren Monaten fühlt sich die Führungskraft mit der Situation zunehmend unwohl. Auch ihr Vorgesetzter spricht sie darauf an. Sie beschließt, ein Coaching zur Unterstützung zu nehmen. Im Coaching schildert sie die Situation. Auf die Frage des Coachs, was sie sich von dem Coaching erwünscht, nennt sie ein höheres Maß an Klarheit und Verständnis der Situation. Mit dem Coach erkundet die Führungskraft ihre persönlichen Konfliktmuster. Im Verlauf der Sitzungen wird ihr deutlich, dass ihre Gefühle zu ihren Mitarbeitenden exakt jenen Gefühlen entsprechen, die sie als Kind gegenüber ihren beiden jüngeren Geschwistern empfunden hatte. Auch damals hat sie unterkühlt sowie mit Abschottung reagiert und die direkte Konfrontation vermieden.

Der Coach fragt nach der positiven Absicht jener Gefühle. Im Dialog werden die Bedürfnisse der Führungskraft herausgearbeitet und vom Coach wertgeschätzt. Erst nach dieser emotionalen Klärung schauen Coachee und Coach in weiteren Sitzungen darauf, wie sich der Coachee anders als bisher gegenüber seinen Mitarbeitenden verhalten kann.

Containment für Gefühle

Wie Kets de Vries (2013) betont, sollte die Dimension emotionalen Lernens Teil der Entwicklung von Führungskräften sein. Er sieht die Führungsperson in der Verantwortung, sich selbst zu erkennen und einen konstruktiven Umgang mit Emotionen zu entwickeln – und zwar nicht nur hinsichtlich der eigenen Gefühle, sondern auch der Gefühle der Mitarbeitenden (Kets de Vries 2009, S. 94):

>»Abgesehen davon, dass der CEO in der Lage sein sollte, Richtungen aufzuzeigen und Orientierung zu vermitteln, muss er auch als Container für die Gefühle seiner Untergebenen dienen. Insofern ist eine gute Führungskraft eine Art Sozialarbeiter.«

7.7 Die Heldenreise – Archetypische Selbstführung

Führung ist nicht nur mit Managementfähigkeiten verknüpft, sondern ebenso mit Haltungen und Werten: Was ist mir wichtig? Wer bin ich? Wovon bin ich ein Teil, und wozu möchte ich beitragen? Ein Element von Führung besteht darin, »Sinnfindungsprozesse« (Buer 2007, S. 126) zu organisieren: sowohl für die Mitarbeitenden als auch für sich selbst. Oftmals ist dafür eine Arbeit auf der Identitätsebene erforderlich. Sie wiederum erfordert ein gewisses Maß an Selbsterfahrung.

Die Heldenreise als Weg zu sich selbst
Das Ausüben einer Führungstätigkeit kann einer Abenteuerreise zu sich selbst gleichkommen. Es geht um das Überwinden innerer und äußerer Hindernisse, das Identifizieren unterstützender Kräfte und die Sinnhaftigkeit des eigenen Tuns. Heftige Emotionen bleiben da nicht aus. Hier ist eine gute Form von Selbstbegegnung gefragt.

In Coaching und Beratung lässt sich ein archetypisches Modell heranziehen, das gerade Führungspersonen anspricht: die Heldenreise. Sie kann als »nützliche methodische Struktur für Gespräche über Veränderungen« (Müller 2017, S. 40) angesehen werden. Darüber hinaus eignet sie sich als narrative Methode in der Organisationsberatung (Frenzel, Müller u. Sottong 2004).

Die Heldenreise bedient sich archetypischer Bilder und Gestalten. Sie nützt einer Beleuchtungsarbeit, die auf der Identitätsebene ansetzt und fragt: Woher kommst du? Was hat dich geprägt? Wie und wohin willst du deine Reise fortsetzen? Daher bietet sich dieses Modell besonders dann an, wenn man ein gewohntes Terrain zu verlassen hat oder sich entscheidet, zu sich selbst zu stehen und den eigenen Weg zu gehen. Darüber hinaus kann man es zu Hilfe nehmen, um dem eigenen Schatten oder unliebsamen Persönlichkeitsanteilen zu begegnen.

Wie der US-amerikanische Mythenforscher Joseph Campbell (1904–1987) aufzeigte, lässt sich die Heldenreise als mythische Erzählung weltweit in einer Vielzahl von Kulturen finden. In ihr ist nach Campbell eine Grundstruktur erkennbar, die sich mit den nachfolgenden Phasen beschreiben lässt. Die Fragen zum Transfer für Coaching und Organisationsberatung sind Frenzel, Müller und Sottong (ebd.) sowie Lindemann (2014) entnommen.

Praxis: Anleitung zur Heldenreise in drei Akten

Der Coach erläutert dem Coachee, inwieweit die Heldenreise als Format dienen kann, um den eigenen Weg zu klären. Mit ihr lässt sich auf bereits getane Schritte blicken und auf Zukünftiges schauen, um sich besser vorzubereiten.

1. Akt: Der Aufbruch

1. *Der Ruf des Abenteuers:* Der Protagonist lebt sein gewohntes Leben in einer Umgebung, die einem Dorf ähnelt. Sein Horizont ist eher begrenzt. Alltägliche Abläufe und Routinen geben seinem Leben Sicherheit. Alles ist vertraut. Doch unerwartet erhält der Protagonist eine Art Ruf. Er erfährt von einem Schatz oder einer Bedrohung. Der gewöhnliche Gang der Dinge ist nun gestört.

   Transfer: Was ist der Status quo, und um was geht es? Was steht auf dem Spiel? Was ist das diffuse Unbehagen, die Bedrohung oder die Verheißung?

2. *Die Weigerung:* Zunächst verweigert sich der Held dem Ruf, weil dieser sein beschauliches Dasein stört. Zu groß erscheint die Gefahr. Er will seine alltägliche Sicherheit nicht aufgeben. Oder er hält sich für nicht würdig. Doch er ist ambivalent, denn es lockt das Abenteuer.

   Transfer: Muss die Veränderung wirklich sein? Was sind die beharrenden Kräfte? Wäre es nicht besser, wenn alles beim Alten bliebe? Worin genau zeigt sich die Ambivalenz zwischen Veränderungswunsch und Beharrungstendenz?

3. *Begegnung mit dem Mentor:* Bald tritt eine weitere Person auf. Sie hat den Charakter eines weisen Mentors. Diese Helferfigur stattet den Helden mit magischen oder technischen Werkzeugen aus. Sie ist es auch, die ihm Mut zuspricht, das Wagnis einzugehen. Schließlich entscheidet er sich für die Reise.

   Transfer: Welches sind innere und äußere Ressourcen? Wer bringt Unterstützung? Welche ungewöhnlichen Hilfsmittel und Ideen gibt es?

4. *Überschreiten der ersten Schwelle:* Mit dem Zuspruch und der Unterstützung des Mentors macht sich der Protagonist auf den Weg. Er überschreitet die erste Schwelle, nach der es kein Zurück mehr gibt. Damit verlässt er seinen Bereich des Gewohnten und begibt sich in fremde Welten.

   Transfer: Wann ist ein guter Startpunkt? Was ist der erste Schritt? Wie wird das Verlassen der eigenen Komfortzone erlebt? Wie wird der Abschied vom Bisherigen gestaltet?

2. Akt: Im Land des Abenteuers

5. *Bewährungsproben und Gefährten:* Der Held findet Gefährten. Gemeinsam erleben sie Abenteuer, in denen sie manche Hindernisse zu überwinden haben. Darin meistert der Held verschiedene Aufgaben: Er muss Kämpfe bestehen und Rätsel lösen. Diese Erlebnisse sind beständig von Gefühlen begleitet.

Transfer: Welche Stolpersteine stehen im Weg, welche Meilensteine säumen ihn? Welches sind innere und äußere Hindernisse? Welche Hilfen gibt es? Wie geht der Protagonist mit seinen Gefühlen um?

6. *Die entscheidende Prüfung:* Alles Bisherige scheint jedoch nur eine Vorbereitung zu sein. Denn auf seinem weiteren Weg hat der Held eine noch größere Prüfung zu bestehen. Sie wird ihn in seinen Grundfesten erschüttern und von ihm eine weitreichende Entscheidung verlangen. Es ist die Begegnung mit seinem größten Widersacher bzw. mit der »dunklen Seite der Macht«, die oftmals für den eigenen Schatten steht. Diese Erfahrung ist ein hoch emotionales Ereignis.

Transfer: Was ist die größte Herausforderung bzw. Angst? Welches Selbstverständnis ist loszulassen? Was will geboren werden?

7. *Die Belohnung:* Im entscheidenden Kampf erlangt der Held wertvolle Einsichten. Ihnen wohnt eine transformierende Kraft inne. Er ist nun nicht mehr derselbe wie vor Antritt seiner Reise. Seine Persönlichkeit hat sich entwickelt. Die Belohnung zeigt sich als Transformation, Befreiung oder im Erwerb eines Schatzes.

Transfer: Wie wird es sein, die Herausforderung überwunden zu haben? Was ist der höhere Gewinn? Was wurde im Inneren errungen?

3. Akt: Die Rückkehr

8. *Der Rückweg:* Doch damit ist die Reise noch nicht beendet, denn nun ist der Held herausgefordert zurückzukehren. Auch in der Rückkehr lauern letzte Gefahren. Das Abenteuer ist noch nicht vorbei. Es gilt das Gewonnene zu schützen und mitzunehmen.

Transfer: Was könnten Situationen oder Versuchungen sein, die zu alten Gewohnheiten einladen? Was könnte den Erfolg zunichtemachen? Wie lässt sich das Gewonnene langfristig und nachhaltig bewahren?

9. *Die Rückkehr zum Alltag:* Schließlich gelingt dem Held die Heimkehr. Er lässt die Abenteuerwelt hinter sich. Nun gilt es das Neue in den Alltag zu integrieren.

Transfer: Was wird im Alltag anders sein? Auf welches Unverständnis könnte der Held stoßen? Was erinnert ihn an seine Errungenschaft?

Im Coaching lässt sich diese Erzählstruktur nutzen, damit der Kunde seine eigene Geschichte erzählen kann. Sie hilft, um sich eigener Ressourcen und Unterstützer bewusst zu werden. Sie stellt ein Gefäß dar, um schmerzhafte Erfahrungen rituell zu verarbeiten. Sie bietet Orientierung in bedeutsamen Übergangsphasen, etwa bei einem Stellenwechsel oder schwerwiegenden Entscheidungen.

Selbstkonfrontation

Die Heldenreise kann als emotionales Unterfangen gesehen werden. Zwar dient sie auch der Selbstreflexion, doch ist sie primär eine erlebnisorientierte Methode. Manche Gefühle bekommen durch die Heldenreise ein Gesicht und treten deutlicher hervor. Daher birgt sie nicht selten die Konfrontation mit persönlichen Ängsten und Eigendünkel. Persönliche Annahmen, wie es in der Welt zu laufen habe, stellt sie infrage. Damit wird sie zu einer Reise in die eigene *Terra incognita*. Mehr als einmal macht der Protagonist die Erfahrung, dass seine Sicht der Dinge nicht die letztgültige ist. Und als sei dies alles noch nicht anstrengend genug: An einem bestimmten Punkt der Geschehnisse ist der Held herausgefordert, durch seine größte Angst hindurchzugehen. Dies ist notwendig, um ein anderer zu werden. Sein bisheriges Ego muss sterben. Dieser kleine Tod führt direkt ins Selbst und zum Erfahren größerer Zusammenhänge.

So geht es in der Heldenreise auch um das Integrieren schmerzhafter Erfahrungen sowie um das Einnehmen einer Weitwinkelperspektive auf Lebensverknüpfungen, die sich dem rationalen Verstand des Egos verschließen. Was an dieser Stelle lyrisch anmutet, lässt sich mit Ergebnissen aus der differenziellen Persönlichkeitspsychologie und der Handlungspsychologie begründen: Julius Kuhl zeigt in seiner PSI-Theorie auf, wie das Selbst als Teil des Extensionsgedächtnisses integrierend wirkt (Kap. 3.3.1).

Gleichwohl diverse psychologische Forschungsbereiche die Dynamik von Persönlichkeitsentwicklung wissenschaftlich belegen und mit Empirie ausstatten, können sie bei Weitem nicht sämtliche Dimensionen der Heldenreise erklären. Jeder Mensch, der vor der Herausforderung stand, sich auf den eigenen Weg zu machen, ohne zu wissen, wohin dies ihn führt, jede Situation, in der man dachte: »Ach du dickes Ei! Wie konnte ich nur in solch einen Schlamassel geraten?!«, jede Stunde tiefster Verzweiflung, in der es kein Licht mehr zu geben schien – solche Momente, nach denen es irgendwie doch weiterging, lassen vielleicht erahnen, dass es Zusammenhänge des Lebendigen und Existierenden gibt, die sich nicht mit dem Verstand fassen lassen. »Das Leben ist hinter uns her« (Gilligan 1999) und bringt jeden Einzelnen in Situationen, die ihn dazu herausfordern, sich für den persönlichen Entwicklungsweg zu entscheiden – und den ersten Schritt zu tun.

Die Heldenreise ist eine Metapher für eine Auseinandersetzung mit den eigenen Emotionen. Bleibt dieser Aspekt ausgeklammert, ist sie nur ein Gedankenspiel ohne stärkere Wirkung. Gewiss ist die Heldenreise nicht nur für Führungskräfte hilfreich. Jeder einzelne Mensch hat seine eigene Reise zu unternehmen. Mit jedem herausfordernden Gefühl, das einem begegnet, ruft das Leben. Es will, dass wir uns selbst anschauen, uns akzeptieren und uns wandeln. So entwickelt sich eine reife Persönlichkeit, die ein erfülltes (Berufs-)Leben führt: nicht trotz des Ungemachs im Leben, sondern aufgrund eines kreativen Umgangs mit eben diesem Ungemach. Es bietet an allen Ecken und Enden Lernanlässe und Möglichkeiten zur Persönlichkeitsentwicklung. Die Gefühle laden uns zur Selbsterkenntnis ein. Das »kleine Ich« zu überwinden und immer wieder bei seinem »Selbst« zu landen ist wesentlicher Teil des Weges.

Verzeichnis der Praxistipps

Literatur

Argyris, C. u. D. A. Schön (1999): Die Lernende Organisation. Grundlagen, Methode, Praxis. Stuttgart (Schäffer-Poeschel), 3. Aufl. 2008.

Aristoteles (2017): Nikomachische Ethik. Stuttgart (Reclam).

Arnold, R. (2009): Seit wann haben Sie das? Grundlinien eines Emotionalen Konstruktivismus. Heidelberg (Carl-Auer), 2. Aufl. 2012.

Arnold, R. (2011): Veränderung durch Selbstveränderung. Impulse für das Changemanagement. Baltmannsweiler (Schneider Verlag Hohengehren).

Auszra, L., I. R. Hermann u. L. S. Greenberg (2017): Emotionsfokussierte Therapie. Ein Praxismanual. Göttingen (Hogrefe).

Bachkirova, T. (2016): Developmental coaching: theory and practice. In: R. Wegener, S. Deplazes, M. Hasenbein, H. Künzli, A. Ryter u. B. Uebelhart (Hrsg.): Coaching als individuelle Antwort auf gesellschaftliche Entwicklungen. Wiesbaden (VS Springer), S. 295–310.

Bargh, J. A., M. Chen a. L. Burrows (1996). Automaticity of social behavior: Direct effects of trait construct and stereotype activation on action. *Journal of Personality and Social Psychology* 71 (2): 230–244.

Barnow, S., E. Reinelt u. C. Sauer (2015): Emotionsregulation: Manual und Materialien für Trainer und Therapeuten. Berlin/Heidelberg (Springer).

Bateson, G. (1985): Ökologie des Geistes. Anthropologische, psychologische, biologische und epistemologische Perspektiven. Frankfurt a. M. (Suhrkamp), 5. Aufl. 1994.

Bauer, J. (2005): Warum ich fühle, was Du fühlst. Intuitive Kommunikation und das Geheimnis der Spiegelneurone. München (Heyne), 11. Aufl. 2008.

Beaulieu, D. (2005): Impact-Techniken für die Psychotherapie. Heidelberg (Carl-Auer), 7. Aufl. 2017.

Birgmeier, B. R. (2010): Sozialpädagogisches Coaching. Theoretische und konzeptionelle Grundlagen und Perspektiven für Soziale Berufe. Weinheim/München (Juventa).

Blakeslee, S. u. M. Blakeslee (2009): Der Geist im Körper. Das Ich und sein Raum. Heidelberg (Spektrum Akademischer Verlag).

Böhme, G. (1985): Anthropologie in pragmatischer Hinsicht. Darmstädter Vorlesungen. Frankfurt a. M. (Suhrkamp).

Böning, U. (2005): Coaching: Der Siegeszug eines Personalentwicklungs-Instruments – Eine 15-Jahres-Bilanz. In: C. Rauen (Hrsg.): Handbuch Coaching. Göttingen (Hogrefe), S. 21–54.

Bohne, M. (2016): Prozess- und Embodimentorientierte Psychologie (PEP) – weit mehr als eine Klopftechnik. In: M. Bohne, M. Ohler, G. Schmidt, B. Trenkle (Hrsg.): Reden reicht nicht?! Bifokal-multisensorische Interventionsstrategien für Therapie und Beratung. Heidelberg (Carl-Auer). S. 13–27.

Bowlby, J. (2005): Frühe Bindung und kindliche Entwicklung. München (Ernst Reinhardt), 5. Aufl.

Bucci, W. (2002): The referential process, consciousness, and the sense of self. *Psychoanalytical Inquiry* 22 (5): 776–793.

Buer, F. (2007): Coaching, Supervision und die vielen anderen Formate. Ein Plädoyer für ein friedliches Zusammenspiel. In: A. Schreyögg u. C. J. Schmidt-Lellek (Hrsg.): Konzepte des Coaching. Wiesbaden (VS Verlag für Sozialwissenschaften), S. 117–136.

Bundesministerium für Justiz und Verbraucherschutz (o. J.): Gesetz über die Berufe des Psychologischen Psychotherapeuten und des Kinder- und Jugendlichenpsychotherapeuten (Psychotherapeutengesetz – PsychThG). Verfügbar unter: https://www.gesetze-im-internet.de/psychthg/BJNR131110998.html [Zugriff: 29.03.2018].

Carter, R., S. Aldridge, M. Page u. S. Parker (2010): Das Gehirn. München (Dorling Kindersley).

Ciompi, L. (1997): Die emotionalen Grundlagen des Denkens. Entwurf einer fraktalen Affektlogik. Göttingen (Vandenhoeck & Ruprecht), 2. Aufl. 1999.

Ciompi, L. (2002): Symbolische Affektkanalisation. Eine therapeutische Grundfunktion von Ritualen. In: R. Welter-Enderlin u. B. Hildenbrand (Hrsg.): Rituale. Vielfalt in Alltag und Therapie. Heidelberg (Carl-Auer), S. 54–70, 3. Aufl. 2011.

Ciompi, L. (2013): Gefühle, Affekte, Affektlogik. Ihr Stellenwert in unserem Menschen- und Weltverständnis. Wien (Picus).

Ciompi, L. u. E. Endert (2011): Gefühle machen Geschichte. Die Wirkung kollektiver Emotionen – von Hitler bis Obama. Göttingen (Vandenhoeck & Ruprecht).

Damásio, A. R. (2000): Ich fühle, also bin ich. Die Entschlüsselung des Bewusstseins. München (List).

Damásio, A. R. (2003): Der Spinoza-Effekt. Wie Gefühle unser Leben bestimmen. München (List).

Damásio, A. R. (2011): Selbst ist der Mensch. Körper, Geist und die Entstehung des menschlichen Bewusstseins. München (Siedler).

Davidson, R. u. S. Begley (2012): Warum wir fühlen, was wir fühlen. Wie die Gehirnstruktur unsere Emotionen bestimmt – und wie wir darauf Einfluss nehmen können. München (Arkana).

Davidson, R. J., K. R. Scherer a. H. Hill Goldsmith (2009): Handbook of affective sciences. Oxford (Oxford University Press).

Descartes, R. (2018): Die Passionen der Seele. (Franz.-dt.) Hrsg. und übers. von Christian Wohlers. Hamburg (Meiner) [Orig.: Les passions de l'âme (1649)].

DBVC – Deutscher Bundesverband Coaching e. V. (2007): Leitlinien und Empfehlungen für die Entwicklung von Coaching als Profession. Osnabrück
(DBVC), 4. Aufl. 2012.

Dijksterhuis, A. (2010): Das kluge Unbewusste. Denken mit Gefühl und Intuition. Stuttgart (Klett-Cotta).

DIMDI – Deutsches Institut für Medizinische Dokumentation und Information (2003): ICD-10-GM . Systematisches Verzeichnis. Köln (Deutscher
Ärzte Verlag).

Dinzelbacher, P. (2003): Europa im Hochmittelalter 1050–1250. Eine Kultur-
und Mentalitätsgeschichte. Darmstadt (Wissenschaftliche Buchgesellschaft).

Döring, W. u. F. Glasl (2005): Psycho-soziale Prozesse. In: F. Glasl, T. Kalcher,
H. Piber (Hrsg.): Professionelle Prozessberatung. Das Trigon-Modell der
sieben OE-Beraterprozesse. Bern/Stuttgart/Wien (Haupt/Freies Geistesleben), S. 197–239.

Doppler, K. u. C. Lauterburg (1994): Change Management. Den Unterneh-
menswandel gestalten. Frankfurt a. M./New York (Campus), 13. Aufl.
2014.

Ebner, K. (2016): Veränderungen durch Coaching: Wie lernt ein Coachee im
Coaching-Prozess? In: C. Triebel, J. Heller, B. Hauser, A. Kock (Hrsg.):
Qualität im Coaching. Denkanstöße und neue Ansätze: Wie Coaching
mehr Wirkung und Klientenzufriedenheit bringt. Berlin/Heidelberg
(Springer), S. 82–91.

Erpenbeck, M. (2017): Wirksam werden im Kontakt. Die systemische Haltung
im Coaching. Heidelberg (Carl-Auer), 2. Aufl. 2018.

Frenzel, K., M. Müller u. H. Sottong (2004): Storytelling. Das Harun-al-
Raschid-Prinzip. Die Kraft des Erzählens fürs Unternehmen nutzen. Mün-
chen/Wien (Carl Hanser).

Fröse, M. W., S. Kaudela-Baum u. F. E. P. Dievernich (2015): Emotion und
Intuition in Führung und Organisation. Wiesbaden (Springer Gabler),
2. Aufl. 2016.

Gallwey, T. (2011): Inner Game Coaching. Warum Erfahrungen der beste Lehrmeister sind. Staufen (allesimfluss).

Gergen K. J. u. M. Gergen (2009): Einführung in den sozialen Konstruktionis-
mus. Heidelberg (Carl-Auer).

Gilligan, S. G. (1999): Liebe dich selbst wie deinen Nächsten. Die Psychotherapie der Selbstbeziehungen. Heidelberg (Carl-Auer), 4. Aufl. 2015.

Gilligan, S. G. (2014): Generative Trance. Paderborn (Junfermann).

Glasl, F., T. Kalcher, H. Piber (2005): Professionelle Prozessberatung. Das Trigon-Modell der sieben OE-Beraterprozesse. Bern/Stuttgart/Wien (Haupt/
Freies Geistesleben).

Grawe, K. (2004): Neuropsychotherapie. Göttingen (Hogrefe).

Greenberg, L. S., L. N. Rice u. R. Elliott (2003): Emotionale Veränderung fördern. Grundlagen einer prozess- und erlebensorientierten Therapie. Paderborn (Junfermann).

Greif, S. (2008): Coaching und ergebnisorientierte Selbstreflexion. Theorie,
Forschung und Praxis des Einzel- und Gruppencoachings. Göttingen
(Hogrefe).

Greve, W. (2000): Psychologie des Selbst. Konturen eines Forschungsthe-
mas. In: W. Greve (Hrsg.): Psychologie des Selbst. Weinheim/Basel (Beltz
PVU), S. 15–36.

Grimmer, B. u. M. Neukom (2010): Coaching und Psychotherapie: Grenzen
und Gemeinsamkeiten. Coaching Magazin 3: 44–48.

Grossmann, R., G. Bauer u. K. Scala (2015): Einführung in die systemische
Organisationsentwicklung. Heidelberg (Carl-Auer).

Haan, de E. (2013): Coaching-Studie: Auf die Beziehung kommt es an. Wirt-
schaft und Weiterbildung 7/8: XY–YZ.

Hartmann, M. (2005): Gefühle. Wie die Wissenschaften sie erklären. Frankfurt
a. M./New York (Campus).

Hauser, B. (2014): Critical Action Learning. Das Selbst in der Arbeit des Verän-
derungsbegleiters. OrganisationsEntwicklung 33 (1): 18–22.

Heyn, N. u. B. Grimmer (2009): Zur Funktion von Coaching in Großunternehmen. In: B. Grimmer u. M. Neukom (Hrsg.): Coaching und Psychotherapie. Gemeinsamkeiten und Unterschiede – Abgrenzung oder Integration? Wiesbaden (VS Verlag), S. 77–96.

Ineichen, F. u. B. Grimmer (2009): Psychotherapie im beruflichen Umfeld.
In: B. Grimmer u. M. Neukom (Hrsg.): Coaching und Psychotherapie. Gemeinsamkeiten und Unterschiede – Abgrenzung oder Integration? Wiesbaden (VS Verlag), S. 147–198.

James, W. (1884): What is an emotion? Mind 9: 188–205.

Julmi, C. (2015): Atmosphären in Organisationen. Wie Gefühle das Zusam-
menleben in Organisationen beherrschen. Bochum/Freiburg (projekt).

Kabat-Zinn, J. (2011): Gesund durch Meditation. Das vollständige Grundlagen-
werk zu MBSR. München (Barth).

Kahane, A. (2004): Solving tough problems. An open way of talking, listening
and creating new realities. San Francisco (Berrett-Koehler), 2nd ed. 2007.

Kandel, E. (2008): Biologie und die Zukunft der Psychoanalyse. In: Ders.:
Psychiatrie, Psychoanalyse und die neue Biologie des Geistes. Frankfurt
a. M. (Suhrkamp), S. 119–183.

Kannicht, A. u. B. Schmid (2015): Einführung in systemische Konzepte der
Selbststeuerung. Heidelberg (Carl-Auer).

Kast, V. (2012): Imagination. Zugänge zu inneren Ressourcen finden. Ostfil-
dern (Patmos).

Katz, J. (1999): How emotions work. Chicago (University of Chicago Press).

Kets de Vries, M. (2006): The leader on the couch. San Francisco (Jossey-Bass).

Kets de Vries, M. (2009): Führer, Narren und Hochstapler. Die Psychologie der Führung. Stuttgart (Schäffer-Poeschel).

Kets de Vries, M. (2013): Am Wendepunkt. Ein Experten-Gespräch mit Manfred Kets de Vries über die Veränderungskraft von Coaching. *Organisations-Entwicklung* 32 (3): 4–12.

Knodt, R. (1994): Ästhetische Korrespondenzen. Denken im technischen Raum. Stuttgart (Reclam).

Königswieser, R. u. M. Hillebrand (2004): Einführung in die systemische Organisationsberatung. Heidelberg (Carl-Auer), 9. Aufl. 2017.

Körber, K. (2012): Gefühle nach Plan? In: R. Arnold u. G. Holzapfel (Hrsg.): Emotionen und Lernen. Die vergessenen Gefühle in der (Erwachsenen-) Pädagogik. Baltmannsweiler (Schneider Verlag Hohengehren), S. 57–71.

Kreszmeier, A. H. (2008): Systemische Naturtherapie. Heidelberg (Carl-Auer), 2. Aufl. 2012.

Kriz, J. (1999): Systemtheorie für Psychotherapeuten, Psychologen und Mediziner. Wien (Facultas).

Kriz, J. (2001): Grundkonzepte der Psychotherapie. Weinheim (Beltz PVU), 5. Aufl. 2001.

Kriz, J. (2017): Subjekt und Lebenswelt. Personzentrierte Systemtheorie für Psychotherapie, Beratung und Coaching. Göttingen (Vandenhoeck & Ruprecht).

Krizanits, J. (2013): Einführung in die Methoden der systemischen Organisationsberatung. Heidelberg (Carl-Auer), 2. Aufl. 2014.

Krone, A. (2013): Warum es so wichtig ist, sich selbst beruhigen zu können. Emotionsmanagement als erfolgskritische Selbststeuerungskompetenz. In: T. Hake (Hrsg.): Von der Herausforderung, die Lösung (noch) nicht zu kennen. Entwicklungskonzepte für Organisationen und Menschen in Zeiten rapiden Wandels. Heidelberg (Carl-Auer), S. 163–180.

Krüger, E. (2010): Die Kunst des Fragens. In: D. Bindernagel, E. Krüger, T. Rentel u. P. Winkler (Hrsg.): Schlüsselworte. Idiolektische Gesprächsführung in Therapie, Beratung und Coaching. Heidelberg (Carl-Auer), S. 27–46, 3. Aufl. 2017.

Kuhl, J. (2001): Motivation und Persönlichkeit. Interaktionen psychischer Systeme. Göttingen (Hogrefe).

Kuhl, J. (2010): Lehrbuch der Persönlichkeitspsychologie. Motivation, Emotion und Selbststeuerung. Göttingen (Hogrefe).

Kuhl, J., C. Schwer u. C. Solzbacher (2014): Professionelle pädagogische Haltung: Persönlichkeitspsychologische Grundlagen. In: C. Schwer u. C. Solzbacher (Hrsg.): Professionelle pädagogische Haltung. Historische, theoretische und empirische Zugänge zu einem viel strapazierten Begriff. Bad Heilbrunn (Klinkhardt), S. 79–106.

Kuhl, J. u. A. Strehlau (2014): Handlungspsychologische Grundlagen des Coaching. Anwendung der Theorie der Persönlichkeits-System-Interaktionen (PSI). Wiesbaden (Springer VS).

Kühl, S. (2015): Entzauberung der lernenden Organisation. *OrganisationsEntwicklung* 34 (1): 44–51.

Künzler, A. (2010): Neurokörperpsychotherapie? In: A. Künzler, C. Böttcher, R. Hartmann u. M.-H. Nussbaum (Hrsg.): Körperzentrierte Psychotherapie im Dialog. Springer (Heidelberg). S. 121–136.

Küpers, W. (2015): Zur Kunst praktischer Weisheit in Organisation und Führung. Die Relevanz von Leiblichkeit, Emotion und Intuition für eine relevante Weisheitspraxis. In: M. W. Fröse, S. Kaudela-Baum u. F. E. P. Dievernich (Hrsg.): Emotion und Intuition in Führung und Organisation. Wiesbaden (Springer Gabler), 2. Aufl. 2016, S. 65–100.

Lakoff, G. u. M. Johnson (1997): Leben in Metaphern. Konstruktion und Gebrauch von Sprachbildern. Heidelberg (Carl-Auer), 9. Aufl. 2017.

Laloux, F. (2015): Reinventing Organizations. Ein Leitfaden zur Gestaltung sinnstiftender Formen der Zusammenarbeit. München (Vahlen).

Laux, L. (2003): Persönlichkeitspsychologie. Stuttgart (Kohlhammer), 2. Aufl. 2008.

LeDoux, J. (2001): Das Netz der Gefühle. Wie Emotionen entstehen. München (DTV), 4. Aufl. 2006.

Lindemann, H. (2014): Die große Metaphern-Schatzkiste. Systemisch arbeiten mit Sprachbildern. Göttingen (Vandenhoeck & Ruprecht).

Moore, R. a. D. Gillette (1990): King, warrior, magician, lover. Rediscovering the archetypes of the mature masculine. New York (Harper Collins).

Moskau, G. (1992): Aus Virginia Satirs Werkzeugkasten. In: G. Moskau u. G. Müller (Hrsg.): Virginia Satir – Wege zum Wachstum. Handbuch für die therapeutische Arbeit mit Einzelnen, Paaren & Familien. Paderborn (Junfermann), 3. Aufl. 2002, S. 79–92.

Motschnig, R. u. L. Nykl (2009): Konstruktive Kommunikation. Sich und andere verstehen durch personenzentrierte Interaktion. Stuttgart (Klett-Cotta).

Müller, M. (2017): Einführung in narrative Methoden der Organisationsberatung. Heidelberg (Carl-Auer).

Nicolaisen, T. (2011): Systemische Perspektiven auf Veränderungsprozesse. *Journal für Schulentwicklung* 15 (4): 33–39.

Nicolaisen, T. (2013a): Lerncoaching-Praxis. Coaching in pädagogischen Arbeitsfeldern. Weinheim/Basel (Beltz Juventa).

Nicolaisen, T. (2013b): Lerncoaching als Element von Organisationsentwicklung. In: B. Uebelhart, u. P. Zängl (Hrsg.): Praxisbuch zum Social-Impact-Modell. Baden-Baden (Nomos), S. 245–255.

Nicolaisen, T. (2017): Einführung in das systemische Lerncoaching. Heidelberg (Carl-Auer).

O'Broin, A. a. S. Palmer (2010): Exploring key aspects in the formation of coaching relationships: Initial indicators from the perspective of the coachee and the coach. *Coaching* 3 (2), 124–143.

O'Connor, J. u. A. Lages (2009): Der große Coaching-Atlas. Schlüsselkonzepte für effektives Coaching: Was wirklich funktioniert. Kirchzarten (VAK).

Ohler, M. (2016): Atmosphären lesen – Vom Verstehen und Behandeln menschlicher Umgebungen. In: M. Bohne, M. Ohler, G. Schmidt, B. Trenkle (Hrsg.): Reden reicht nicht!? Bifokal-multisensorische Interventionsstrategien für Therapie und Beratung. Heidelberg (Carl-Auer), S. 73–105.

Pfitzer, F. u. T. D. Hargrave (2005): Neue Kontextuelle Therapie. Wie die Kräfte des Gebens und Nehmens genutzt werden können. Heidelberg (Carl-Auer).

Poimann, H. (2010): Ressourcenorientierung in der Idiolektik. In: D. Bindernagel, E. Krüger, T. Rentel u. P. Winkler (Hrsg.): Schlüsselworte. Idiolektische Gesprächsführung in Therapie, Beratung und Coaching. Heidelberg (Carl-Auer), S. 129–141, 3. Aufl. 2017.

Reckwitz, A. (2015): Praktiken und ihre Affekte. *Mittelweg 36 (Zeitschrift des Hamburger Instituts für Sozialforschung)* 24 (1–2): 27–45.

Reddemann, L. (2001): Imagination als heilende Kraft. Zur Behandlung von Traumafolgen mit ressourcenorientierten Verfahren. Stuttgart (Klett-Cotta), 14. Aufl. 2008.

Reemtsma, J. P. (2015): Warum Affekte? *Mittelweg 36 (Zeitschrift des Hamburger Instituts für Sozialforschung)* 24 (1–2): 15–26.

Rentel, T. (2010): Bilder und Metaphern. In: D. Bindernagel, E. Krüger, T. Rentel u. P. Winkler (Hrsg.): Schlüsselworte. Idiolektische Gesprächsführung in Therapie, Beratung und Coaching. Heidelberg (Carl-Auer), S. 56–68, 3. Aufl. 2017.

Riegas, V. u. C. Vetter (1990): Gespräch mit Humbert R. Maturana. In: V. Riegas u. C. Vetter (Hrsg.): Zur Biologie der Kognition. Ein Gespräch mit Humbert R. Maturana und Beiträge zur Diskussion seines Werkes. Frankfurt a. M. (Suhrkamp), S. 11–90.

Roth, G. (2007): Persönlichkeit, Entscheidung und Verhalten. Warum es so schwierig ist, sich und andere zu ändern. Stuttgart (Klett-Cotta), 12. Aufl. 2017.

Roth, G. (2011): Bildung braucht Persönlichkeit. Wie Lernen gelingt. Stuttgart (Klett-Cotta), 4. Aufl. 2011.

Roth, G. u. A. Ryba (2016): Coaching, Beratung und Gehirn. Neurobiologische Grundlagen wirksamer Veränderungskonzepte. Stuttgart (Klett-Cotta).

Roth, S. (2000): Emotionen im Visier: Neue Wege des Change Management. *OrganisationsEntwicklung* 19 (2): 14–21.

Rothermund, K. u. A. Eder (2011): Motivation und Emotion. Wiesbaden (VS Springer).

Rüegg, J. C. (2010): Mind & Body. Wie unser Gehirn die Gesundheit beeinflusst. Stuttgart (Schattauer).

Runde, B. (2004): Coaching als synergetischer Prozess. In: A. von Schlippe u. W. Kriz (Hrsg.): Personenzentrierung und Systemtheorie. Göttingen (Vandenhoeck & Ruprecht), S. 118–133.

Saarni, C. (2002): Die Entwicklung von emotionaler Kompetenz in Beziehungen. In: M. von Salisch (Hrsg.): Emotionale Kompetenz entwickeln. Grundlagen in Kindheit und Jugend. Stuttgart (Kohlhammer), S. 3–30.

Schachinger, H. E. (2002): Das Selbst, die Selbsterkenntnis und das Gefühl für den eigenen Wert. Einführung und Überblick. Bern (Huber), 2. Aufl. 2005.

Schaff, A. u. Z. Hojka (2018): Emotionen als Erfolgsfaktor im Change-Prozess. *OrganisationsEntwicklung* 37 (2): 66–72.

Scharmer, C. O. u. K. Käufer (2014): Von der Zukunft her führen. Theorie U in der Praxis. Von der Egosystem- zur Ökosystem-Wirtschaft. Heidelberg (Carl-Auer), 2. Aufl.

Schein, E. H. (2003): Prozessberatung für die Organisation der Zukunft. Der Aufbau einer helfenden Beziehung. Bergisch Gladbach (EHP), 3. Aufl. 2010.

Schein, E. H. (2017): Humble Consulting. Die Kunst des vorurteilslosen Beratens. Heidelberg (Carl-Auer).

Scherer, K. R. (2001): Appraisal considered as a process of multi-level sequential checking. In: K. R. Scherer, A. Schorr a. T. Johnstone (eds.): Appraisal processes in emotion: theory, methods, research. Oxford (Oxford University Press), S. 92–120.

Schiewer, G. L. (2014): Studienbuch Emotionsforschung. Theorien – Anwendungsfelder – Perspektiven. Darmstadt (Wissenschaftliche Buchgesellschaft).

Schlippe, A. von u. J. Schweitzer (2006): Lehrbuch der systemischen Therapie und Beratung II: Das störungsspezifische Wissen. Göttingen (Vandenhoeck & Ruprecht), 6. Aufl. 2015.

Schlippe, A. von u. J. Schweitzer (1996, 2012): Lehrbuch der systemischen Therapie und Beratung I: Das Grundlagenwissen. Göttingen (Vandenhoeck & Ruprecht), 3. Aufl. 2016.

Schlippe, A. von u. J. Schweitzer (2009): Systemische Interventionen. Göttingen (Vandenhoeck & Ruprecht), 2. Aufl. 2010.

Schmidt, G. (2005): Einführung in die hypnosystemische Therapie und Beratung. Heidelberg (Carl-Auer). 8. Aufl. 2018.

Schmidt, G. (2007): Liebesaffären zwischen Problem und Lösung. Hypnosystemisches Arbeiten in schwierigen Kontexten. Heidelberg (Carl-Auer), 7. Aufl. 2017.

Schmidt-Lellek, C. J. (2007a): Coaching als Profession und die Professionalität des Coach. In: A. Schreyögg u. C. J. Schmidt-Lellek (Hrsg.): Konzepte des Coaching. Wiesbaden (VS Verlag für Sozialwissenschaften), S. 221–232.

Schmidt-Lellek, C. J. (2007b): Coaching und Psychotherapie – Differenz und Konvergenz. Beratung zwischen arbeits- und persönlichkeitsbezogenen Fragestellungen. In: A. Schreyögg u. C. J. Schmidt-Lellek (Hrsg.): Konzepte des Coaching. Wiesbaden (VS Verlag für Sozialwissenschaften), S. 137–146.

Schreyögg, A. (2007): Die Kernkompetenzen des Coachs. In: Deutscher Bundesverband Coaching e. V. (DBVC) (Hrsg.): Leitlinien und Empfehlungen für die Entwicklung von Coaching als Profession. Osnabrück (DBVC), 4. Aufl. 2012, S. 34–36.

Schreyögg, A. u. C. J. Schmidt-Lellek (2015): Die Professionalisierung von Coaching. Ein Lesebuch für den Coach. Wiesbaden (Springer VS).

Schreyögg, B. (2015): Emotionen im Coaching. Kommunikative Muster der Beratungsinteraktion. Wiesbaden (Springer VS).

Segers, J., D. Vloeberghs a. E. Hendrickx (2011): Structuring and understanding the coaching industry: the coaching cube. Academy of Management Learning and Education 10: 204–221.

Senge, P. M., A. Kleiner, B. Smith, C. Roberts u. R. Ross (2008): Das Fieldbook zur Fünften Disziplin. Stuttgart (Schäffer-Poeschel).

Simon, F. B. (2007): Einführung in systemische Organisationstheorie. Heidelberg (Carl-Auer), 6. Aufl. 2017.

Solzbacher, C. (2014): Selbstkompetenz als zentrale Dimension im Bildungsprozess: Wie lernen (besser) gelingen kann. In: C. Solzbacher, M. Lotze u. M. Sauerhering (Hrsg.): Selbst – Lernen – Können. Selbstkompetenzförderung in Theorie und Praxis. Baltmannsweiler (Schneider Verlag Hohengehren), S. 1–20.

Sparrer, I. (2007): Einführung in Lösungsfokussierung und Systemische Strukturaufstellungen. Heidelberg (Carl-Auer), 4. Aufl. 2017.

Stierlin, H. (1989): Individuum und Familie. Frankfurt a. M. (Suhrkamp).

Storch, M. (2006): Wie Embodiment in der Psychologie erforscht wurde. In: M. Storch, B. Cantieni, G. Hüther u. W. Tschacher (Hrsg.): Embodiment. Die Wechselwirkung von Körper und Psyche verstehen und nutzen. Bern (Huber), 2. Aufl. 2010, S. 35–72.

Storch, M., B. Cantieni, G. Hüther u. W. Tschacher (2006): Embodiment. Die Wechselwirkung von Körper und Psyche verstehen und nutzen. Bern (Huber), 3. Aufl. 2017.

Storch, M. u. F. Krause (2002): Selbstmanagement – ressourcenorientiert. Bern (Huber). 6. Aufl. 2017.

Storch, M. u. J. Kuhl (2013): Die Kraft aus dem Selbst. Bern (Huber), 2. Aufl. 2013.

Storch, M. u. W. Tschacher (2014): Embodied communication. Kommunikation beginnt im Körper, nicht im Kopf. Bern (Huber).

Stützle-Hebel, M. u. K. Antons (2017): Einführung in die Praxis der Feldtheorie. Heidelberg (Carl-Auer).

Tonninger, W. u. U. Bräu (2016): Wegmarken im Möglichkeitenland. Wie der narrative Zugang Menschen und Unternehmen beweglicher macht. Heidelberg (Carl-Auer).

Trautmann-Voigt, S. u. B. Voigt (2009): Grammatik der Körpersprache. Ein integratives Lehr- und Arbeitsbuch zum Embodiment. Stuttgart (Schattauer), 2. Aufl. 2012.

Ulfert, A.-S. (2016): Effekte von Priming auf Selbstwirksamkeit und Zielsetzung. Justus-Liebig-Universität Gießen (Dissertation). Verfügbar unter: http://geb.uni-giessen.de/geb/volltexte/2016/12292/pdf/UlfertAnna Sophie_2016_09_12.pdf [Zugriff: 11.09.2018]

Wassmann, C. (2002). Die Macht der Emotionen. Wie Gefühle unser Denken und Handeln bestimmen. Darmstadt (Wissenschaftliche Buchgesellschaft), 2. Aufl. 2010.

Watzlawick, P., J. H. Weakland u. R. Fisch (1974): Lösungen. Zur Theorie und Praxis menschlichen Wandels. Bern (Huber), 7. Aufl. 2009.

Weber, A. (2007): Alles fühlt. Mensch, Natur und die Revolution der Lebenswissenschaften. Berlin (Berlin Verlag).

Welter-Enderlin, R. u. B. Hildenbrand (2002): Rituale. Vielfalt in Alltag und Therapie. Heidelberg (Carl-Auer), 3. Aufl. 2011.

Wilk, D. (2013): Die Ruhe im Wasserglas. Entspannungs- und Trancegeschichten, die Seele und Körper harmonisieren. Heidelberg (Carl-Auer), 2. Aufl. 2015.

Wilson, T. (2007): Gestatten, mein Name ist Ich. Das adaptive Unbewusste – eine psychologische Entdeckungsreise. München/Zürich (Pendo).

Windhausen, C. (2014): Der Körper – Terra incognita im Change Management. Die Macht des Physischen in Beratungsinterventionen. *OrganisationsEntwicklung* 33 (1): 42–48.

Winkler, B. (2014): Mit dem Unbewussten arbeiten. Übertragungsphänomene in Beratungsprozessen verstehen und nutzen. *OrganisationsEntwicklung* 33 (1): 23–27.

Wittfoth, M. (2016): Über die Wiederentdeckung des Körpers. In: M. Bohne, M. Ohler, G. Schmidt, B. Trenkle (Hrsg.): Reden reicht nicht?! Bifokal-multisensorische Interventionsstrategien für Therapie und Beratung. Heidelberg (Carl-Auer), S. 61–72.

Zaboura, N. (2009): Das empathische Gehirn. Spiegelneuronen als Grundlage menschlicher Kommunikation. Wiesbaden (VS Verlag für Sozialwissenschaften/GWV Fachverlage).

Zech, R. (2013): Organisation, Individuum, Beratung. Systemtheoretische Reflexionen. Göttingen (Vandenhoeck & Ruprecht).

Über den Autor

Torsten Nicolaisen, universitär zertifizierter Coach und Trainer für Coaching und pädagogisches Coaching, zertifizierter systemischer Organisationsberater, Zertifikat »Generative Coaching«, Zertifikat »Pfadhelfertraining«, Zertifikat »Hypnosystemische Konzepte für Coaching, Persönlichkeits-, Team- und Organisationsentwicklung«; Geschäftsführer von »Context Vertrauen & Entwicklung«, Kiel.

Arbeitsschwerpunkte: Coachingausbildungen (Konzeption und Durchführung), Lerncoaching, Organisationsentwicklung, Selbstkompetenztraining.

Kontakt: *https://context-prozessberatung.de*

CONTE✕T
Vertrauen & Entwicklung

Dialoge gestalten,
Kompetenzen fördern

CONTEXT eröffnet und unterstützt Veränderungsprozesse für Einzelpersonen und Teams sowie in
Organisationen und Regionen.

In folgenden Beratungsfeldern bieten wir
Aus- und Weiterbildungen an:

- Systemisches Coaching
- Business Coaching
- Lerncoaching
- Mediation

Mehr Infos auf:
www.context-prozessberatung.de
www.lerncoaching.de

Kontakt:
CONTEXT Vertrauen & Entwicklung
Eichhofstr. 1 • 24116 Kiel • Fon + 49-431-220092-5
welcome@context-prozessberatung.de

Wilhelm Geisbauer

Führen mit Neuer Autorität

Stärke entwickeln für sich und das Team

166 Seiten, Kt, 2018
ISBN 978-3-8497-0219-9

Autoritäre Führung war gestern. Heute brauchen Organisationen „gestandene" Menschen in leitenden Positionen. Um ihre Führungsrolle effizient gestalten zu können, müssen sie eine neue Form der Autorität finden. In Zeiten von schnell wechselnden Bedingungen, komplexen Zusammenhängen und unberechenbaren Entwicklungen gilt das umso mehr.

Wilhelm Geisbauer ermutigt zu einem neuen Verständnis von Autorität, aus dem konstruktives Führungshandeln organisch entspringt. Auf der Basis des Konzepts von Haim Omer stellt er die tragenden Säulen der Neuen Autorität vor: Präsenz, Transparenz, Beharrlichkeit, Entschiedenheit, Selbstführung, Deeskalation, Vernetzung. Mithilfe eines persönlichen Leitfadens kann der Leser den eigenen Entwicklungsprozess hin zu Neuer Autorität strukturieren und vertiefen.

Aus der so gewonnenen Klarheit und Stabilität ergeben sich für Führungskräfte alternative Handlungsweisen, die auch die Mitarbeiter überzeugen. Kurz: „Neue Autorität" ist das Führungskonzept der Zukunft in Unternehmen, Non-Profit-Organisationen und in Teams.

Carl-Auer Verlag • www.carl-auer.de